牛股模型

子麟 著

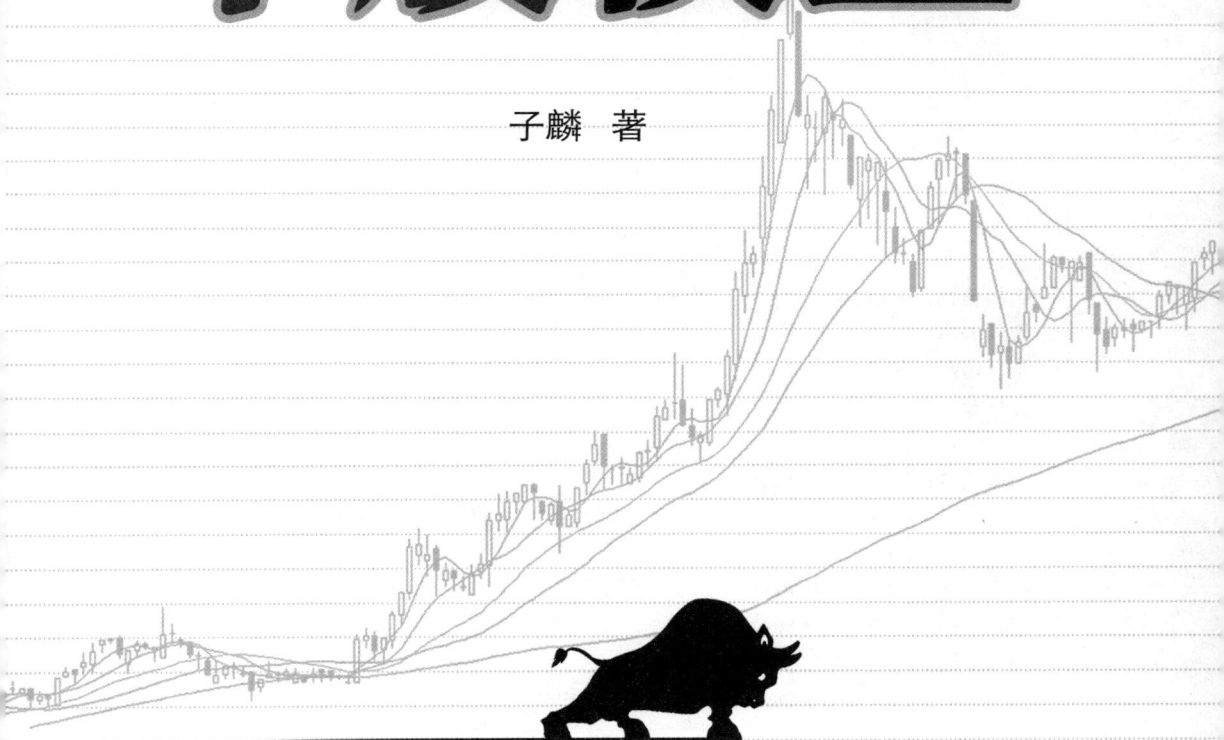

经济管理出版社
ECONOMY & MANAGEMENT PUBLISHING HOUSE

图书在版编目（CIP）数据

牛股模型/子麟著. —北京：经济管理出版社，2015.2

ISBN 978-7-5096-3620-6

Ⅰ①牛… Ⅱ.①子… Ⅲ.①股票投资—研究 Ⅳ. F830.91

中国版本图书馆 CIP 数据核字（2015）第 022778 号

组稿编辑：王格格

责任编辑：谭　伟　王格格

责任印制：黄章平

责任校对：车立佳

出版发行：经济管理出版社

　　　　　（北京市海淀区北蜂窝 8 号中雅大厦 A 座 11 层　100038）

网　　　址：www. E-mp. com. cn

电　　　话：(010) 51915602

印　　　刷：三河市延风印装厂

经　　　销：新华书店

开　　　本：710mm×1000mm/16

印　　　张：14.25

字　　　数：255 千字

版　　　次：2015 年 4 月第 1 版　　2015 年 4 月第 1 次印刷

书　　　号：ISBN 978-7-5096-3620-6

定　　　价：38.00 元

前言
云在青天水在瓶

几经周折，书稿终于完成了。拂卷而思，内心不免感慨良多。

"证得身形是鹤形，千株松下两函经。我来问道无余话，云在青天水在瓶！"

之所以把唐代李翱的这首诗放在卷首，是因为笔者想通过这本书传达一种思想、一份股市老兵的感悟。正像有位老师说的那样："悟道还是求术，这是一个人有没有悟性的'分水岭'。"交易之道是很多人知道、很少人做到的，交易是一个不断缩小广度但永恒增加深度的过程，充分放大了人性的优缺点，贪嗔痴疑慢展现得淋漓尽致。有人把交易上升到了交易哲学的范畴，有人还在苦苦追寻传说中的交易圣杯，放眼望去，资本市场金戈铁马，其实道在一价一股，道在一K一线，交易之道就在自己的洗尽铅华慧然独悟之中。

四季交替，涨跌循环，广大的投资者从中收获了盈利的喜悦也经历了失败的痛苦，乐此不疲地沉浸在股市探索之中，梦想自己成为其中的佼佼者并从中收获成就和财富。可以说股市中寻宝的人非常多，但寻到宝的人少之又少，可谓凤毛麟角，那么说到底什么才是股市中的宝呢？百花齐放，百家争鸣，股市中门派众多，K线、均线、指标、成交量等研究方向各有不同，也诞生了众多股神，每个人都有自己的股市秘籍和方法，成为各自心中秘不外传的"法宝"。由于各自研究角度不同，也产生了一定的局限性和特定性，那么在这个纷繁复杂的市场中有没有这样的一种"武功"，可以让大众投资者"笑傲庄家"、"跨越牛熊"，从此不再在熊市里被套得一塌糊涂、在牛市里只赚指数不赚钱呢？答案就在你的面前。此书向读者展示了一个全新的投资世界，为全世界投资者开辟了数字化炒股的先河——数论。

数论是笔者历经多年苦心研究和实战的成果，是不同于西方投资理论的独一无二的预测体系，对中长线和短线操作都极有用处，其特点是简单易学，适用范围广（可广泛用于股、期、汇和权证等金融衍生品），而且准确率非常高，小小一张图涵盖了价、时、空三大要素，既可以测算股价的大顶大底，也可测算股价上涨过程中的重要阻力位和下跌过程中的重要支撑位。这是一本破译了股市密码的奇书，用独创的方法，为读者解析市场重要转折点位的来龙去脉。本着多角度、多方位解释市场的新思路，看完此书，读者会对盘中跳动的数字有另一种感觉！对于高低点的预期、压力与破位时的止损止盈都有了自己的主见，接下来需要的就是胆量与果断执行，买入与卖出后耐心等待下一机会的来临。机会是等出来的，不是抢出来的，数论的目的就是把复杂的事情变为简单，我们完全可以简化纷繁复杂的图形、K线、指标、时间周期、均线。盘面跳跃的是数字，既然是数字便可用数来解：取一些基本的数值，运用特殊的方法找出基本的规律，结合一些基本符合实际的算法，方可通盘解决股市一切涨跌问题，并以数字化的形式反映出它的真实面貌，从另一个角度解读股市、期市、汇市等投资领域的真貌！

股市盈利之道莫不过捕捉牛股，捕捉牛股又以猎取主升浪为上，那么面对每天涨跌轮替、多如牛毛的个股该如何下手？俗话说大道至简，股市技术之精髓全在于"象（形态）、数（价格时间）、理（规律）"三大要素，象显于外，数蕴其中，理贯穿始终，笔者以历年来股价翻几倍的大牛股为蓝本，提炼归纳总结出短、中、长线的几大牛股模型。牛股模型根植于庄股时代，来源于坐庄、跟庄的模式，并顺应了新时代技术发展的要求，不断繁衍变形，但其核心本质并没有变化，是站在主力的角度来分析和研究形态问题，并辅以缠论三类买点解决短线和主升起爆点问题，上升或下跌利用数字法来控制支撑压力，选之有据、进退有度，可谓三剑合一，是投资投机之利器。

余已过而立之年，面壁十年图破壁，在交易市场虚度近十年不敢说悟道，只是略有心得而已，虽不是前无古人后无来者的理论，但确是笔者多年金钱和血汗换回来的经验，今天以书籍的方式结缘于世，不敢谈高台教化，只愿尽绵力传达一种思路，给那些苦苦追寻而亏损累累的投资者一种新的选择和希望，笔者希望这本书能为读者的股市投资生涯带来"一米阳光"，将来收获到喜悦、财富和境界。笔者相信，有缘的读者如能潜心领悟本书的奥秘，在不久的将来，不但能成为令周围人羡慕的交易高手，财富也将像浪潮般涌到身边，笔者衷心祝愿本书的每一位读者都能成为股市中的佼佼者！

子 麟

2014 年 8 月 13 日于北京

目录

第一篇　价格篇
价格密码——价格定量分层法

第二篇　模型篇
大牛有形——牛股模型

第三篇　结构篇

结构的秘密——缠论三买

第四篇 心态篇
股票投资战略和投资策略

价 格 篇
价格密码——价格定量分层法

许多人都知道,任何股票的走势行情都具有价、量、时、空四大要素,这四大要素又因为在不同的阶段有不同的标准,所以其变数是非常复杂的。其实自资本市场诞生以来,人类对技术预测和分析领域的探索就从未停止过,其间涌现出查尔斯·道、嘉洛兰、威廉·江恩、艾略特、利费摩尔、约翰·墨菲等一大批技术分析大师和投机巨匠,他们都在价、量、时、空不同领域的深度和广度上做出了不朽的贡献。然而,大师毕竟是大师,俗话说能从细节看到大局的人一定是天才,而天才,毕竟是凤毛麟角的。作为普通投资者的我们,只有站在巨人的肩膀上,探寻属于我们自己的交易方法和模式。那么有没有一种方式或方法是既简单又有效的呢?答案是肯定的,这就是笔者另辟蹊径,潜心研究的价格运动的规律,价、量、时、空的四大要素的本源,价格波动方面的秘密——价格密码。

第一章

股市中的数学演进模式

第一节　股市中的阴阳象数

《易经》有云："一阴一阳之谓道。"宇宙是一个阴阳两种力量的统一体，阴阳的对立统一是宇宙的总规律。

宇宙万物，内部都存在着阴阳对立而又密不可分的两种力量，这两种力量永恒不断地相互作用着。阴阳物质即是两性物质，宇宙万物从宏观到微观无一不是两性物质的对应合一体，无一例外。古人说"孤阳不生，独阴不长"，是说没有阴阳两性就没有万物的组合与存在。"阳中有阴，阴中有阳"就是老子所说的"万物负阴而抱阳"。负阴抱阳是宇宙万物，不管是自然物还是生命体组合、存在的一个定律。宇宙多层次物质从宏观到微观，大至星系星球，小至原子粒子，其阴阳配位莫不如此。易经有云，"凡天地之物，无不在道中生成往来，无一事不有道在，盖天下物物事事，无不在气中行运，而自然生成往来，故曰：一阴一阳之谓道。万事万物皆由阴阳结合而成，自然界讲求阴阳互补，万事万物皆如此，阴阳相合，股市亦是如此，我们打开交易软件第一眼看到的就是蜡烛图，以红色或白色表示股价上涨，蓝色或绿色表示股价下跌。升极则降，降极则升，涨跌互

相循环，阴阳相互转换，正所谓"阴中有阳，阳中有阴"，"阴极生阳，阳极生阴"，这样的设计，恰恰和我们伟大祖国的先贤所创立的阴阳哲学思想一致，是偶然还是必然，是巧合还是刻意？

中国古代，人类对自然的认识大多都围绕着象进行，以象为核心，以象取信息，以象测事，以象断事。通过对自然现象、事物物象的观察，认知事物，认识自然，了解世界。研究自然与自然现象以及自然本身的变化、研究事物与事物之间以及事物本身的变化，就能掌握和捕捉自然、事物的本质，通过象看到事物的本质和事物质与质之间的区别与变化。象重在质，研究象就是研究事物的本质，透过现象得到本质。我们对事物质（象）的变化的研究，对发生质（象）变过程（时间）的研究，可以发现自然的奥秘，也可以发现自然界的一些规律。可见，象的研究是多么重要，八卦象数预测法就抓住了象，抓住了本质性的东西。对这些本质进行把握，然后用数来加以表达，可以形成一些量化的结果。

股市中同样如此，证券市场和金融衍生品市场延生已过百年，在中国也有20多年的历史了，可以说股市中的象无时无刻不呈现在我们面前，不管是我们天天用得到的形态理论，还是难以驾驭的周期理论，都是在"象"的基础之上发展演化而来的，这是人类资本市场发展演变数百年积淀下的精华。那么股市中的"象"是什么？股市之象，是过去的市场价格、消息、人气等诸多因素变化形成的图像，是对过去市场中一切的真实记录。具体地说可以是一只股票（包括深沪两市大盘）每时每刻的成交量、涨跌K线、均线、指标、经典图形等，构成了我们一切分析和研究的本源，这是人类资本市场发展演变数百年积淀下来的精华，在交易的过程中起着举足轻重的作用。股市的象是投资者选择和决定投资的出发点。

《道德经》云："道生一，一生二，二生三，三生万物。"《易经》云："无极生太极，太极生两仪，两仪生四象，四象生八卦，八卦生六十四卦。"这两部经典是中国传统文化的根源和起始，都是以"数"为基础，通过"理、象、数"来阐述天地间万事万物发生、发展、变化规律的。自古先贤就有结绳记事的方式，这恐怕是人类最早的理解、解释数字的方法，也是有文字记载的最古老的记数方式。西方数学家鲍维特从数学的角度研究发现了易经的数理现象，并把易经中的这种数理纳入现代微积分的理论，从而为现代计算机语言的发展奠定了基础。从易经的阴阳理论中，现代计算机学借鉴了这一普遍而又简捷的二进位制的数学计算方式，把易经的太仪这个整体，生出以阴爻为0，阳爻为1的两仪；两仪又生出老阴、老阳、少阴、少阳的四象，这个四象其实就是2的二次方，用现代语言来描述就是体现了三维空间的图像；其后周文王又将四象发展成后天八卦，每卦又演变成八卦成为64卦，成为2的六次方，达到了现代科学想象的六维空间。这种数学式计算方法，我们现代人可能都无法知晓，在远古时代几乎没有任何科学技术的情况下我们的祖先却发明了令现代人无法理解破译的数字科学，这是何等的神奇。与祖先的发明相似的理论，在对现代化学有着极大贡献的俄国化学家门捷列夫的元素周期表中得到了印证，易经64卦与化学元素的对应关系竟然如此吻合，可见古人与现代人的思维在某一个时空点上是极其对应的，只是现代人晚了数千年。而英国科学家克里斯托夫·巴克特在《易经——第一号成功预测》一文中总结指出："我们发现传统的西方关于现实的模式在很大方面不符合科学事实。而同时，我们的科学巨匠认识到，古老的《易经》却令人惊讶地接近真理。更令人惊奇的是所有地球生命的秘诀同《易经》的教导十分相似，64卦象严格地对应着遗传秘码中64个DNA密码。"

　　自意大利数学家斐波那契发现神奇数列后，该数列便在当今的生活中起着不可思议的作用。中国老子是最早发现数字奥妙的先驱，老子的道家学说，与当今的计算机开发原理有异曲同工之妙。计算机的发明，更开创了人类的顶极新纪元。其实，放眼当今时代，我们现在身处一个数字化时代，无时无刻不生活在数字的世界里，时时刻刻被数字所影响，数字已经渗透到生产生活的每一个角落，被广泛运用到各行各业，成为人们生活中必不可少的工具，如用数字代替电脑语言的传送，既准确又快捷；用数字简谱代替五线谱，使得许多人从深奥难记的曲谱中脱离出来，使得音乐被越来越多的普通人享用，使得生活变得丰富多彩。投资领域更是如此，炒股、炒汇、炒期货等，数字始终在左右我们的生活！数字已经渗透到生产生活的每一个角落，在各个领域中都得到了广泛的运用。因此许慎在《说文解字》里对数字的解释为："唯初太始，道立于一，造分天地，化成万物。"所以说股市之道也离不开数字的研究和阐述，归根结底莫不过"象、数、理"三大要素，象为形态、走势、趋势等一切形态化的东西，为外在；数为价格、波动、时间，为内里；理为规律、法则，为象和数交替演化出的道理，所以本书通过唯物的科学理念，以"象（牛股模型）"和"数（数论）"的方式来阐述股市运行的规律。抛开外在复杂的表象，以"数"（数字）的形式将股价运行规律呈现给大家。关于"数"，其中蕴含着丰富的数学内涵，本书中将介绍一些奇妙的数字，这些数字在股价涨跌过程中起着神奇的压力或支撑作用，读者只要从头到尾耐心跟随笔者的思路读下去，就会逐渐从书中所列举的案例中领悟到数字的奥秘。看完此书，面对股市盘中跳动的价格数字会有另一番感觉！本书的目的是把复杂的事情变为简单，比如周易很复杂，股票投资就更复杂，我们完全可以化繁就简把股市中的阴阳象数以数字化的形式加以反映，从另一角度解读股市的真貌。掌握本书所介绍的方法，就能在实战中做到心里有"数"，就能达到"临危不乱、指点江山"的快乐投资的境界！

第二节　树立股市数字投资的理念

正如前文所述，股市本身是一个生命体，它的生命机理与自然界的万物生命一样，有规律可循。我们不妨看一下市场：其实，证券市场是由无数个数字组合而成的，这些数字形成了一个庞大的数字体系，而每天这些成千上万的数字都在无休止地跳动。每个人可能都没有去思考这样一个问题：这无数的数字链之间是什么关系？它们跳动的背后有没有规律？这个规律是什么？笔者在股市十年的摸爬滚打，不仅对这些问题有所认识和感悟，而且还发现，股市的每一只股票都有它的个性，我们如果想把握它，就要去认真地、个别地研究它，研究它的个体，研究与它关联的周边的市场环境等，包括世界的宏观经济、经济数据、主力资金、心理行为，等等。而所有这些都必须从数字入手，研究每天都在发生变化的股市背后的数字，研究这些数字变化的规律。研究结果发现，每一只股票的价格变化都是由一系列有着内在变化规律的数列组成，它们遵循着单数位阶而上下波动，主要表现为演进性特征。

演进法是事物发展的一种方法。当万物混沌时，没有觉醒，皆为虚无，我们可以用阿拉伯数字 0 表示；万物开始复苏了，有了源头，表示为 1（我们可以把 1 理解为事物发展的真正起点），我们用数学方式表示其实就是 $0+1=1$；万物缘此而变，并延伸着进化演变的各种形态，就用阿拉伯数字 3 表示，为什么不用 2 表示呢？因为当事物有形态后就是有机的整体，不能单独用阴或阳表示，要用一阴一阳，单数 1 是阳，双数 2 是阴，1（阳）+2（阴）= 3。其实万物的道理是相通的，老子云，一生二，二生三，三生万物。生活中有这么一句话：事不过三。3 是老子的思想中所认为的滋生万物的基础。3 之后顺延都以加 4 为基础，即可形成数字化排列表格，它的节点数差值为 4。为什么用 4 呢？由于宇宙中，最小的数字节点是 4，所以我们的法则一切由它演进。用 4 控制表中的重要数值就形成了我们所说的用于指导市场操作的方法。结合一定的定形法则即可形成一套投资分析与决策的方法。

现今的时代用数字解释生活中的一切，也可以这样说，我们的生活中的一切都在用数字诠释，像经济学理论出现数学模型、华尔街招聘物理学博士等，不胜枚举。从理论的角度去分析，阿拉伯数字无穷无尽，达到一定数量后就是数字的重新组合，重复使用对我们意义不大。多年的发现与总结，也为了方便记忆，我们只需从 0 到 100 这组自然数中提取重要的数字就足够用来理解和解决股市之中的问题了。很多人将股市的数字系列与天文学、几何学等联系在一起，甚至认为某只个股的活动范围、运动方向、强度、成交量等，全都受到"数学控制"，而"数学控制"的能量，源自一个神秘之物，其实那是人为地将其神秘化和复杂化。实际上，易经、天文学、几何学都具有一般性和抽象性，用它们来解释和分析自然的时候，它们必然具有一定的相似性，甚至近乎相同，因为抽象至极致，终归于一。但是自然界的每一事物，又都具有个性，股市也是如此，所以，我们不能抛开股市的个性，必须要针对它们自身所具有的特点来进行分析。笔者的数字理论，从股市行为原则的客观主义出发，就股市本身的特性，用数字原理进行客观的分析，能够解决很多股市上的问题，而这些问题恰恰很受投资者的关注，此前却没有被得到很好的解决。有人提出了这样一个质疑，认为太多重要的数字反而说明数字并不重要，并以江恩的理论来分析推演，甚至得出江恩理论本身的不完善特征：一只股票从 10 元跌到 1 元，到底最重要的支撑是百分之几？有人可能会把波浪理论反过来用，倒推出 1 元来，那又需要经过几个波浪才能完成？用这些技术指标可能无法解释这个简单的事实，没有一个系统的理论能解释 10 元的股票怎么能跌到 1 元。对此，笔者能够用自己的模型和理论解释这些看似简单而又难以回答的问题。

万物皆为数，这个结论看起来好像太玄妙，跟股市也似乎并没有多大关系，其实不然。正如人们所期待的，希望股市天天都能变奏凯歌，但是这并不可能。从《周易》的角度来说，这是不符合阴阳互长的规律的。股市要生生不息，一定要阴阳互动。世界上不可能全阳，也不可能全阴，因为"孤阴不生，独阳不长"。所以，在股市上，我们必须要面对这个现实，要走实际的路，要坚持客观主义原则。这样，我们慢慢就会发现，股市中永远是由阳代表一种理想，但需要用阴来实现，因此，股市的变化就是一阴一阳。

股市中的"数"，总是处于不断的变化当中，由于数的多变，构成了股市的复杂性。如果我们能够找到促使"数"不断变化的原因，即其中的内在机理，我们就可以找到解开股市密码的金钥匙。数字本身是静态的、精确的，但是也不能将数字绝对化，这是我们要时刻注意的道理，因为市场是动态的、时刻变化的，因此反映在数字上，其必然也具有生命体特征，是"活"的。这就要求我们在对股市进行分析时，无论是针对股市中的"象"还是"数"，必须把握其背后的规律，即掌握股市"象"和"数"背后的内在机理。只有达到这一境界，投资者在股市才能够力挽狂澜，纵横捭阖。

第二章

股市数理分析的理念和规则

第一节　股市数字波动的理论来源

当今世界已进入了数字化时代，身处数字化时代，以计算机为代表的数字科技产品在生产生活的各个领域不一而足，可见数字化的威力，大有数字可解决一切之趋势。我们生活在数字的世界；同时，我们也被数字所围困，我们生活的每一件事，都与数字有关，数字左右着人们的生活！在投资领域更是如此，炒股、炒汇、炒期货等，人的一生总是在追求财富，并想长久地增值下去，有什么好方法吗？当然有，就是投资，包括投资股票、期货、炒汇、存款等。但对一般人而言，只有股市最直接也最现实。大多数人参与股市都进行过学习研究，而市面上解析股市的书不胜枚举，但能在此领域出成绩的成功者并不多。很多人读书成堆也很难找出一劳永逸的方法。原因很简单，因为多数人多多少少地都掉进了走势图的圈子里，进而走修改指标之路，从而没法跳出先行的美国人设定的路径，永远达不到从战略高度看待股市的高度。

数字化在股市的应用，起源于美国，美国人1998年左右，就用个人数字化自动股票交易机了，最多可交易几十个账号，完全是数字化自动交易，美国根据统计模型用于计算机的自动交易，收益率据说高过很多市场名人。但是它的理论公式模型是高级机密，有些书只能透露些理论的东西，计算机的运算法，是与人类胚胎和原子的分裂一样，有一定规律可循的。计算机虽是西方人的发明，但其原理与中国古老的周易有着不解之缘。中国老子是最早发现数字奥妙的先驱，老子的道家学说与当今的计算机开发原理有异曲同工之妙，计算机的发明，更开创了人类的顶极新纪元。比如：计算机内核是从 0 到 1 或从 1 到 0 开始，以 2 的倍数 4，8，16，32，64，128，256，512……放大。无纸化的股市，同样是计算机在替我们撮合交易，大量交易通过机器运算快速达成。交易完成时，一定会以某种数字形式，排列大量数字，既快速又有条不紊。由此可知，数字是可规范无序的股市纷繁的大批量快速交易。从 1 开始到 4，8，16，32，64，128，256……里，就包含着可用于股市分析的重大机密，只是一般人会忽略此基础数据的重要性，而进行表面的形态分析，在图表中找寻短期趋势和试图找寻中长期趋势。

投资是一种大众行为，理应轻松愉快，但多数人其实并非如此。是否有比较现实的好方法可以使之简单化？笔者从 2003 年开始进入股市操作股票，经历了很多次盈亏，针对每次买卖点决策过程的回顾和跟踪，逐渐意识到，股票的走势，其实是有一定规律的。经过多年的摸索和研究，终于找到了一种非常好的系统分析思路，发明出了一套十分有效的方法，这就是价格波动交易法。它可以使投资变得轻松愉快，风险很低，同时获得丰厚的利润。这套方法以数字化分析为基础，从价格角度看股市涨跌轮回，其中包括周天法、价格分层法、价格之轮等，这些法则可以有效解决投资领域的一些难题，并且简单易行，便于学习和操作。值得注意的是，目前，市场上采取数字化方法分析股市的并非笔者一人，但把大盘与个股用数字化法则通盘考虑和研究，是由笔者首创的。虽然有点"剑走偏锋"的意味，但是笔者认为，凡事应以实用为要。在十几年的实际操作中，这些方法不仅十分实用，而且产生了巨大的效益。在该方法创立之初，为了对方法的可靠性、准确性完成验证，笔者花费了大量的时间，对 100 个数组在不同领域和阶段，进行了全方位的测试，务求里面的所有参数都是精准的。2005~2008 年，中国股市的大起大落，让笔者的数组完整地经历了一次极端牛、熊转换的过程，为笔者的方法提供了一次最好的大周期测试。应该说，多年来，在经历了多次不同周期的大小牛、熊市场，并付出了巨大的交易成本后，笔者终于完成了这套可以量化证券操作的系统工具——价格波动数列。

第二节　股市数字波动原理

"数论"，顾名思义就是用数字价格的方法解释股市的市场行为，并用这种神奇的数列理论来帮助我们去理解股票市场，摸清市场的发展方向和趋势，最终做到在股市能够顺势而为，赚取丰厚的利润。数论是把握未来的方法，知道一个价格基点就能预知上涨或者下跌的压力和支撑价格，就像算术公式一样，它具有提前分类预知功能，可以达到不测而测的效果。笔者研究认为，数字交易法属于等比关系进级，在任何时候股价的起动倍率级是一样的，不一样的是起动价格与起动时间。这是一种以不变应万变的新奇测市方法，以波段低点或高点的价格为起点，代入基数列表得出关键系数价格节点（4，8，12，24，48……），以提前预知的关键系数节点价格等待和观察股价到达该区域价格时的支撑压力，既像我们开车时挂前进或是倒退挡，又像将要起飞的飞机在跑道上加速上升。俗话说大道至简，股市投资，简单操作是根本。数字法的宗旨，是完全用数字解决一切证券市场交易问题。我们在证券市场上，所看到的在盘面跳跃的是数字，既然是数字，也就可以用数字来解读。我们取一数值，结合一些基本符合实际的算法，就可通盘解决证券市场一切涨跌问题。笔者已把严密精算出来的数字，简化成数字列表，这也是数字法应用的基础。数档数字炒股方法的成功，还得益于计算及程序设置的一些启发。

笔者在前面讲过计算机内部运算法则，在此将用通俗的语言和科学的态度去除封建迷信，把周易法与计算机法合并演算，使之可以成系统地用于测算股市与金融市场。计算机内部法则运算是：从 0 到 1 开始以 2 的倍数 4，8，16，32，64，128，256……以倍数放大，我们取它的前三位来作系数。按周易的基础三生万物，三之后走势将波澜壮阔，但在它最终起动时还会有一个小阻力，那就是第二数与第三数相加的和 12。能否跨越 12，这是一切行情能否继续的根本，它也算一个"假 4"位置，是属于 8 和 16 之间的中值位置，因为所有的中间位都是极其重要的最佳进出位置，所以如能在此处突破，之后将是一切大涨翻番甚或翻几番的根基！以后的一切涨跌都将以它为基础，它的重要性无论怎么形容都不为过！起于系数 1，4，8，12，24，48，96……是上升的倍数也相当于涨升的级数。那么 96 位于系数第 7 位是个不上即下的位置，下位数既是第 8 位数也是相

当重要的变向之地，被称为分水岭。9为级地，是很难见到的突破之地。股市就有7跌8平9突破之说，就是源自于此。事实上96后的中值位144，也是斐波那契神奇数列的第10位数字。10是个双整数，144又属于96~192的中值位。8为分水岭位置，所以多数的涨跌在这里会有阶段性收敛！这就是为什么12为基础系数的核心。冲破第一整数后所面对的第一重压力区（如10~12，100~120，1000~1200）以后的涨跌都会以它的倍数上升且逐级放大。但无论处于涨或跌都会随着它倍数的上升而逐级放大，或随着倍数的下跌而逐级缩小！关键是所有的关口都是12之后的各级档（两数相加除以2的中值数），也称最佳买卖点，排列起的数就是股市升跌的秩序和法规！

那就是：1，4，8，12，24，48，96……此种数群就是数字化在测股市时最重要的分层阶梯数列，统称为系数。再用此种系数法从头接着数后面要讲的基础数（也叫基数）是所有的未来重要的压力中枢，不可小视！那么系数8和系数9都将担负起一手托两头的重任。对此，笔者将其比做山峰行情之分水岭，过去与过不去你要做一选择。同时大盘自己也要做出选择，大盘做出的选择永远是正确的。但它的选择，其实是你、我和众多的机构共同的意愿。它只是客观地选择了多数，这包括多空中的胜方和多数人的意愿也就是资金的意愿！分水岭在股市无处不在，所以考验我们定力的决策机会随时伴随着我们的投资过程！

第三节 中国内生性数字炒股法

数字炒股法是对中国股市的内在量的把握，是广大散户应对市场风险的根本武器。中国股市有一个显著的特点，就是牛短熊长，在这样的情况下，准确把握行情，适时地抓住机会，是每一个投资者都极其希望的事情。但是，"顶三月，底三年"的基本市场特征往往会让投资者无所适从。中国股市的另外一个特点是它是一个新兴的市场，跟国外成熟的市场相比，这个市场有很多缺陷，如主力操纵行为特征明显，散户投资者不成熟，市场投机气氛严重，市场将是一个非有效市场，因此信息方面也存在着严重的问题，所有这些都制约着散户投资者的投资行为，股市上赚钱的少、赔钱的多也就不足为奇了。在上述情况下，中小散户往往是市场的受害者，他们在市场上十分无助，宛如待宰的羔羊。以市场信息方面存在的问题为例，境外资本市场发展的经验表明，在市场发育不健全、信息不对称问题比较突出、信息质量不高的情况下，中小投资者是最可能的受害者。面对日新月异、蜂拥而至、鱼龙混杂的信息，中小投资者根本无法选择。在市场信息不对称的情况下，很多投资者甚至用"人肉搜索"的方法来了解有关市场信息，有时成本十分高昂。

数字炒股法是立足于中国股市的上述特征，以解决散户投资者的炒股难题为目的的全新炒股方法，它能使新手快速掌握市场变化，准确做出投资应对措施，价格定量分层法有一组数字序列，类似于神奇数字数列，构成价格因子列表，这是该方法的重要组成因素，它高度概括了市场所有要素。其要素包括对价、量、时、空四个方面的分析和判断，是四位一体的全方位分析股票市场法则，使散户投资者能够很快晋级，迅速达到专业炒股水准。总体上来说，它不仅可以判断大盘与个股，还可以进行实时监测，止损、止盈一目了然。它的思路类似于大家所知的恩格尔系数，是评判一国国民的富裕程度的方法。它以国民平均收入达到某一位置为基础，测出这个国家的国民消费指数，由基数和系数构成，这些内容在后面会有详细论述。

数字，在生活中多见，大家也都知道其意义和用法。但数字在股市中如何使用，是我们本书讨论的问题关键。目前有很多人在研究周易八卦，试图使之用于股市，也很成功，但往往过于复杂，不易为大众掌握，且多数不能自成体系，缺乏变通，或者在使用方法上偏于单一，不能成套，也有的走入歧途，近于算卦。其实股市尽管很复杂，但是远没有你想的那样简单，相对来说，还是有章可循的，只是投资人没有发现而已。多数生活中的俗语，也都能在股市中得到运用，比如"事不过三"、"73与84"、"底部三连阳"等。这些俗语，也就是人们将周易运用于生活的长期的总结和概括。又如平常所说股市三浪下跌理论，即a、b、c浪后的反弹，也是日常生活中所说的"事不过三"之翻版，用周易中的理论，就是一生二，二生三，三生万物。

第三章

数论数字演进法

演进法是事物发展的一种方法。当万物混沌时，没有觉醒，皆无，我们可以用阿拉伯数字 0 表示；万物开始复苏了，有了源，表示为 1（我们可以把 1 理解为事物发展的真正起点），我们用数学方式表示其实就是 0+1=1；当源演变为形态时，就用阿拉伯数字 3 表示，为什么不用 2 表示呢？因为当事物有形态后就是有机的整体，不能单独用阴或阳表示，要用一阴一阳，单数 1 是阳，双数 2 是阴，1（阳）+2（阴）=3。其实万物的道理是相通的，老子云，一生二，二生三，三生万物。生活中有这么一句话：事不过三。3 是老子思想中所认为的滋生万物的基础。3 之后顺延都以加 4 为基础，即可行成数字化排列表格，它的节点数差值为 4。为什么用 4 呢？由于宇宙中，最小的数字节点是 4，所以我们的法则一切由 4 演进。用 4 控制表中的重要数值就形成了我们所说的用于指导市场操作的方法。结合一定的定形法则即可形成一套投资分析与决策的方法。

第一节　单升数列的基本规则

我们介绍数字化炒股方法不能不说斐波那契（Fibonacci）的神奇数列。斐波那契数列又被称为"斐波那契神奇数列"，是由 13 世纪的意大利数学家斐波那契提出的，当时他思考一个与兔子的繁殖相关的问题，如今已经演变成为一个数学模型。这个问题是：有一对兔子，若第 2 个月它们成年，第 3 个月生下小兔一对，以后每月生产一对小兔，而所生小兔亦在第 2 个月成年，第 3 个月生产另一对小兔，以后亦每月生产小兔一对，假定每生产一对小兔必为一雌一雄，且均无死亡，试问一年后共有小兔几对？由这个问题引出，斐波那契演算出来了一串数字，后来被称为斐波那契数列，也就是数列 1，1，2，3，5，8，13，21，34，55，89，144，233，377，610，987，1597……直至无限。

这串数列的特点是：其中任一个数都是前两数之和，以两个相邻数字相加的方式无限推演，从上述数字看，系列由 1，2，3 开始，继而产生无限数字系列，这与老子的"道生一，一生二，二生三，三生万物"所包含的道理不谋而合。而更加不可思议的是，由神奇数列演变出来的比率（黄金分割率，Golden Ratio），是 0.236，0.382，0.5，0.618，0.764，1.618，2.618 等，上述比率不仅是建筑学上的重要数据，而且有助推断未来高点或低点。后人正是基于这个原理，提出了股市的黄金分割率理论。

斐波那契数列的神奇之处在于：

（1）从第三项起，神奇数列的模式是两个相邻数字相加：$1+2=3$，$3+2=5$，1，3，5，8，13，21，34，55，89，144，233，377，610……依此法推算的数字可无限延伸。神奇数列推算出的数字间隔越推越大，直至推演出天文数字。

（2）任何两个相隔的数字彼此顺序相除或倒序相除，所得数字分别接近 0.382 及 2.618。

比率接近 0.382，例如：$8÷21=0.381$；$13÷34=0.382$；$21÷55=0.382$ 等。

比率接近 2.618，例如：$21÷8=2.625$；$34÷13=2.615$；$55÷21=2.619$ 等。

（3）除首四个数字（1，1，2，3）外，两个相邻数字彼此相除，所得数字分别接近 0.618 及 1.618。

比率接近 0.618，例如：$5÷8=0.625$；$8÷13=0.615$；$13÷21=0.619$ 等。

比率接近 1.618，例如：$8÷5=1.6$；$13÷8=1.625$；$21÷13=1.615$ 等。

在股市中，斐波那契数列的作用在于预测股市未来走势的升跌幅。若配合波浪理论，可以神奇数列计算出预期的升跌幅度；借此投资者可推测短线、中线或长线走势的支持位或阻力位，及早趁低吸纳或趁早卖出。

笔者所论述的单升法与神奇数列没有关系，但是在没有了解斐波那契的神奇数列之前，笔者数年使用单升法在股市炒股，取得了很大的成果，因此想把此法介绍给广大投资者，与大家一起分享成功的快乐，单升法使用的是全新的数字列式。

由于斐氏的神奇数列推算方法的原因，导致推算出的数字间隔太大，而且越来越大，最后简直是推演出天文数字，所以笔者在长期的研究中，发现了单升法之数列中的数字序列。

取阿拉伯数字 0 到 100 内的所有单数组成数列，即 1，3，5，7，9，11，13，15，……，99。我们可以把这组数列理解为阿拉伯数字 0 到 100 内的数，两个临近数字的和组成的数列，即 1（0+1），3（1+2），5（2+3），7（3+4），9（4+5），……，99（49+50），此规律表示的就是我们所讲的单升数列。为什么取单数而不取双数呢？单数为阳代表上升，双数为阴代表下降，因此我们只选择单数，也即是阿拉伯数字 100 内的所有单数由此形成。用阿拉伯数字隔四取一，也可以得到相同数字组合即单升数列。因为前面我们讲过，1 是万物之源，3 是万物开始升发的形态，4 是一个演进节点数，由有源头到形态初现用数学方式表达为：1（0+1）+2=3。当事物有了雏形就要在自然中谋求发展壮大，此时演进的关系即可用 4 表示，用数学方式描述为：3（雏形）+4（演进节数）=7，7+4=11，11+4=15，15+4=19，19+4=23……这样形成的数列为单升法采用的是在有序排列的单数里面隔四取一的数列模式，如：

1，5，9，13，17，21，25，29，33，37，41，45，49，53，57，61，65，69，73，77，81，85，89，93，97，101

数列中的数字都是很重要的。数字可以用来设均线周期，也可用于日线级别的操作，非常实用。此方法的数字，像 11、27 等都是比较重要的支撑点位，多用于判断大级别的支撑与压力阻碍。单升法在本书中是所介绍的几种预测方法的抽象概括，其中包括四种预测方法：圆周预测法、价格定量分层法、短线数字预测法、划线法，其中前两种是中长线方法，后者是短线方法，书中主要介绍的是价格定量分层法。

圆周预测法用于大盘指数的中长期预测。价格定量分层法用于大盘与个股的中短期预测，主要用来预测个股。短线数字预测法是在买卖的关键位置使用，我们事先用价格定量分层法算出中短线高、低点区域后，在行情的末端再用短线预测法来确定当天的压力或支撑在哪里，就可以在波段的高低点成交于一个理想的价点，主要作用就是保证具体的买卖点，从而在那个位置进行有计划的交易。这三种方法是可以相互结合使用的，而且这些方法一切都是定量化的，在实战中绝对不会模棱两可。

在本节，我们简单了解了奇妙数列的来历，读者可以有全面的概括性印象。数字来源尽管仍然没有被清晰的认识，但是掌握这种方法对投资者来说意义重大。

第二节　圆周预测法

圆周预测法是指提取 360 这个系数作为常数，和单升数列相乘所得出一组数列来对应预测股市的方法，这也是笔者在多年的股市操作实践中总结出来的判断股市涨跌趋势的方法，这种方法不但简单而且准确，并且对于各种操作方式，无论短、中、长线都有很好的借鉴意义。同时，360 是个特别的数字，既代表一个周期，也代表一个循环，圆的起点就是终点，终点就是起点。360 这个数字将和单升法数列进行配合使用，也常和价格定量分层法中的重要数字配合使用。基本原理是：将 360 作为系数，与上面我们所说的单升数列（1，5，9，13，17，21，25，29，33，37，41，45，49，53，57，61，65，69，73，77，81，85，89，93，97，101）相乘，得出一组新的圆周数列，即（360，1800，3240，4680，6120……）。这组新的数列的数值即是大盘运行中的重大压力位置。

此外，由 360 派生出的二分位 180，三分之二位 240 是在价格走势上升与下降时的第一阻力或支撑，和 360 有相同的用法。因为国内外所有金融交易市场都是以数字、价格呈现的走势图表，因此圆周预测法包括后面要介绍的价格定量分层法等均适合国内外任何市场。也许，有些读者朋友看到这可能不太理解，不过没关系，笔者将在后面用实际案例来解疑释惑，读者朋友也可登陆笔者的博客去浏览以往的案例，需要注意的是，圆周预测法用在股指中长线预测最好，对短线来说只具有指导意义。

第三节　数字密码中的系数与基数

股市投资，简单操作是根本。数字交易法的宗旨，是完全用数字解决一切证券市场交易问题。我们在证券市场上，所看到的盘面跳跃的是数字，既然是数字，也就可以用数字来解读。可取一数值，结合一些基本符合实际的算法，就可以阐释和解读股市中的涨跌问题。笔者已把严密精算出来的数字，简化成数字列表，这也是价格定量分层法应用的基础。

价格定量分层法中有几个数字非常重要，笔者将其统称为系数，它们以 1 为起点，包括 4，8，12，24，96，我们在运用价格定量分层法进行预测时离不开这些数字，它们在实际操作中起着中流砥柱的作用，下面简单了解一下这几个数字。

一、六大系数

4：4 是宇宙中最小的节点数字，地球每 4 分钟运行一度，这是最小的天体运行节律；一天有 1440 分钟，是 4 的 360 倍；一年有春夏秋冬四个季节。

8：《易经》云："四象生八卦。"8 是《周易》中最重要的数字，八卦分别为乾、坎、艮、震、巽、离、坤、兑。八卦对应着一年中最重要的节气，即乾为立冬、坤为立夏、震为春分、巽为立夏、坎为冬至、离为夏至、艮为立春、兑为立秋。8 的外形也是数学中的无限符号，代表着无数的可能性。古希腊哲学家毕达哥拉斯发现，如果将一根发出特定音符的弦对分成两半，一直对分下去的话就会得到 7 个不同的音，而第 8 个音符恰恰就是第一个音，只不过比原来的音高了一阶，因此 8 也代表向完成和最后的变动前进的过程。

12：一年有 12 个月，代表 12 星座，一天有 12 个时辰，中国有 12 属相，人体有 12 经络。

24：一天有 24 个小时，中国历法有 24 节气，名称和顺序是：立春、雨水、惊蛰、春分、清明、谷雨、立夏、小满、芒种、夏至、小暑、大暑、立秋、处暑、白露、秋分、寒露、霜降、立冬、小雪、大雪、冬至、小寒、大寒。24 节气在自然界起着神奇的作用。

48：48 是第四大系数 24 的双倍数，前面我们列举了 4、8、12、24 这 4 个原始系数，24 为一个系数单元，就像一年为 365 天，由每天 24 小时组成，对应到股票市场交易中，由 4 到 24 是股价初始涨幅的内部波段规则，而由 24 到 48 的涨幅跨越是股价升级的阶段，往往牛市市场中很多股票都能达到 48 档的价位。

96：与系数 48 的道理相同，96 是第五大系数的双倍数，包括 4 组原始系数（4、8、12、24），在股票市场中只有超级大牛股才能达到该系数位。

股市涨跌自有数，4、8、12、24、48、96 这些"系数"是数字交易法中的精髓，可以称其为数论里的母数，是数字交易法一切的根基，在 6 个母数中 12 又尤其重要，其原因是什么？笔者在前面讲过计算机内部运算法则，把周易与计算机法则合并演算，使之可以成系统地用于测算股市与金融市场。计算机内部法则运算是从 0~1 二进制开始，按 1，4，8，16，32，64，128，256……以倍数放大，笔者取它的前三位来作系数。按周易的基础三生万物，3 之后走势将波澜不惊，但在涨幅之前还有一个不小的阻力，也就是行情的分水岭，那就是第二数与第三数相加的和 12 能否跨越 12，这是一切行情能否继续上涨的基础，将是一切大涨翻番甚或翻几番的根基！

在系数数列 1，4，8，12，24，48，96……中，还隐藏着一个非常重要的密码，那就是系数之间的中值位。什么叫中值位？就是两个系数价格相加除以 2 的位置，特别是系数 12 之后各级系数的中值位（两数相加除以 2 的中值数），也称最佳买卖点。中值位是隐藏在系数之中掌握着数字变化规律和秩序的重要节点位，因此我们在选取和确定最后系列数列时，从系数 8 以后全部取用系数中值位作为后期系数，例如原系数（1，4，8，16，32，64，128……），那么我们从 8 开始取 8 和 16 的中值位 12 作为新系数数列的第 4 位［(8+16)÷2］；取 16 和 32 的中值位 24［(16+32)÷2］作为系数数列的第 5 位，依此类推，这种选取方式放弃了原系数数列里第 4 位 16 后面的续升而是用中值位数，那就是：1，4，8，12，24，48，96……此种数群就是数字化在测股市时最重要的分层阶梯数列，统称为系数。

基数也叫基础数，是未来所有重要的压力中枢，不可小视。我们后面将要介绍价格因子列表中的提取数列，用"系数"去数"基数"就能找到股市涨跌波动中的压力和支撑，这看似简单的动作却包含和花费了笔者相当长的时间去构建和摸索，以求做到大道至简，接下来我们将介绍基数的来龙去脉，让大家知其然也知其所以然。

二、数字法中基数的前世今生

股市盘面是以数字反映市场全貌（包括指数与股价以及汇率和期货），那么数字就是市场之根本。数档法顾名思义就是用数字的方法解释市场行为，并用这种神奇的数字理论来辅助我们理解市场，摸清市场的方向，最终做到顺势而为。其早期的开发思维来源于空间的维度分割思想，后又从斐波那契数列和老子的道的思想中得到了灵感，经过长时间的不断完善和年复一年的验证，已确认完美无缺，特出此书供投资者研究、共同提高。

以阿拉伯数字为例：

1	2	3	4	5	6	7	8	9	10
11	12	13	14	15	16	17	18	19	20
21	22	23	24	25	26	27	28	29	30

31	32	33	34	35	36	37	38	39	40
41	42	43	44	45	46	47	48	49	50
51	52	53	54	55	56	57	58	59	60
61	62	63	64	65	66	67	68	69	70
71	72	73	74	75	76	77	78	79	80
81	82	83	84	85	86	87	88	89	90
91	92	93	94	95	96	97	98	99	100

早期的数字法是以 100 个数为基数外加系数的算法来预测股价：使用 8 作为系数，8 是分水岭，好像大学录取的分数线，具有两面性和方向性，过了 8 方向将是向上的，过不了还要回到原来的走势节奏中，这是最早期的数字交易法雏形，并让笔者在市场中有所斩获，但还是存在问题和盲区，尤其是测中长线时指示相对模糊一些，这些经验使笔者产生了更大动力和信心开始开发下一代数字操作表的艰苦旅程。

开发第二代数字操作表的中心思想是抓住数字化这条主线，并完善它的缺点和不足，阿拉伯数字可分为单数如：1、3、5、7 等；双数如 2、4、6、8 等依此类推。用阴阳理论去分类的话，单数为阳、双数为阴，此所谓阴阳平衡。

单数易升是奇数的特性；双数显柔，表示中庸。单双数既对立又统一，双数是在单数里隔四取一后所剩的数列模式。即使是双数，在使用中也包含着单数的概念，当把 100 的阿拉伯数字按单数与双数分开时，将得到各 50 个数列分成两队的基数，奇数与双数，弃奇数不用（1 除外），这就是数字化法的基础数：1，2，4，6，8，10，12，14，16，18，20，22，24……共 50 个。再把这 50 个数隔二取一，得到的即是数字化法的重要上限基础数 25 个数：1，4，8，12，16，20，24，28，32，36……后面的一切都与之有千丝万缕的联系！这 25 个提炼出的数字组是将来盘整或盘升乃至下跌的数位！这些是突破上升数，每个数都是升限或叫作转点数，在股价涨跌过程中突破上升数是重要买入时机。25 个升数起着巨大的压力作用，不可小视，有效突破即升势开始并上台阶，剩下 25 个数 1，2，6，10，14，18，22，26，30……既是支撑或止损数，又能起支撑和止损作用。在作短线时 1，4，8，12，16，20，24，28，32，36……每个都是强压力，而 1，2，6，10，14，18，22……也都是支撑数。实盘用于操作显然太短，所以我们就需要用前面所讲的系数来作用于上限的压力数，即：1，4，8，12，16，20，24，28，32，36……这样就拉大了投资时间与投资空间。重要的是，这样一来也正好基本符合股市之涨跌规律，支撑和压力不是数字化法则的唯一关

键，更重要的是股价与点位在支撑和压力面前的位置变化，它会如何进行演变才应给予格外的关注。

当然这 100 个数也可细分成每隔四取一，并加进两数之中值数使它达到 25 个数位，把 50 个总基础数提炼成 25 位基础数，其分布是：1，5，9，13，17，21，25，29，33，37……以这 25 个提炼出的数字无限开发下去就形成了数字化测试的基础数列表，如下：

0.10　0.50　0.90　1.30　1.70　2.10　2.50　2.90　3.30　3.70　4.10　4.50
4.90　5.30　5.70　6.10　6.50　6.90　7.30　7.70　8.10　8.50　8.90　9.30　9.70
……

至此是 100 内的 25 个数值，后面的数列无限复制前面的数字，直至 3600 圆满周天为一玄（周天一玄为第一大台阶），加点为钱数不加为点数，更多的数字依此类推。上表若折合成价格是 36 元，若折合成指数是 3600 点。上面这些数字为基础数列，使用时要以前面介绍的系数列法数之，才能起到我们所要求的功能，因为数字化基础数列配合系数可直接对股票进行操作，所以该数列是本书中非常重要的数据，后面案例的推算法，都将以这些数字加系数为基础来进行演算，具体使用的方法是以个股的价格基点为起点，对应基数列表中的位置顺势进行推数，以六大系数的 4、8、12、24、48、96 及中值位为波动转点计算重要压力位和支撑位。例如某只股票近期的波段低点为 4.3 元，我们以预测波段上涨的压力位为例，将 4.3 元代入前面的基数数列中，它的位置在 4.1~4.5 元，那么以刚才的波段低点价格 4.3 元为 1，向后排列基数数列，4.5 元即为 2，4.9 元即为 3，5.3 元即为 4，这个 4 就是我们前面介绍的系数数列（1，4，8，12，24……）中的第 4 位，也就是说在股价上涨的过程中 5.3 元很可能是一个压力位，在这个位置容易出现阶段顶或者调整。依此类推，第 8 位是 6.9 元，6.9 元将是从 4.3 元开始上涨的一个较大的压力价格，下跌反之亦然，这就是"用系数数基数"的方法，简单而实用，俗话说大道至简，就是这个道理，数字化炒股最重要的是发明了系数，没有系数数字化就没有了灵魂，这也是数字法的精髓所在。

三、系数在确定前的五种用法

（1）如强势数法是用系数 1，4，8，12，24，48 去数：1，5，9，13，17，21，25，29，33，37……

（2）比较弱的方法是用系数 1，4，8，12，24，48 去数支撑与止损数，即剩下的 25 个数：1，2，6，10，14，18，22，26，30，34，38，42……

（3）用阿拉伯数字 100 自身作系数去数基础数的每一个数：1，4，8，12，16，20，24，28，32，36……或者用 100 当系数去数每一个数：当每个数都是压力、最弱的数法超短线时才使用。

（4）如果用第二种和第三种比较弱的数法，比较安全但易出现早卖问题。如果用基础数作为系数去数自身，就是第四种方法［即1，4，8，12，16，20，24，28，32，36……或 0.1（1），0.4（4），0.8（8），1.2（12），1.6（16），2.0（20），2.4（24），2.8（28），3.2（32），3.6（36）……］，这种保守的数法适中偏弱，但可安全出局，早卖是不可避免的！

（5）什么是强势数法？就是用选出的系数去数奇数是最强的，也就是用前述的相同法则，把阿拉伯数字 100 隔四取一，去双数不用只要奇数即可，但不够中庸，过于激进，容易出现还未到价位时股价已提前出现回落的现象，在本书基础数表的基础上，每数加 1 即是全奇数表格，是每层股价上升时的极限位，也称天花板价，容易出现傻等、价未到却坐了电梯的情况，如每数减 1 就是全奇数支撑数图表，这种数位设制止损位在回落时可保住胜利果实。但要分清是否真的破位下行，在升势中用此种偏弱法则时，股价都能打到位，但有早出掉的可能。

鉴于以上种种，所以几经反复筛选最后确定的结论是不用超强，也不用太弱，而用第一种，以系数 1，4，8，12，24，48，96 的七大系数台阶法则，去数基础数 1，5，9，13，17，21，25，29，33，37……如特大行情突过此台阶时，可再按前法去倍加第一台阶即 24（例如涨幅超过系数 96，那么下一个压力和支撑位为 96＋24＝120，再下一个压力和支撑位为 120＋24＝144），但它会在 144 档位的费氏极限数处有所收敛。此法比较柔和，也符合计算机的原理算法，在中国人的思维中叫中庸，可兼顾上下。上可照顾奇数级限位列表法，下可顾及奇数弱支撑表法。算上升找压力时可加一位，算下降时找支撑时可减一位，需要注意的是：真正好的买卖点是两数相加除以 2 的中值位置，在使用时短线与长线的区分是以前后移动小数点来实现转换的。0.01 为短线，0.10 为中线，1.00 为长线或是期货级别的标的物。灵活转换是你真正掌握数字法的开始！

第四节　数字法对行情的分类

六大系数和基数列表是数字法算法的精要，笔者抛开复杂的算法而采用化繁

为简的递推数数的方式来寻找价格波动中的支撑与压力，判断股价走势的来龙去脉，就是想让更多的人能学习和掌握，不至于让这些方法止于殿堂，而变成阳春白雪，在本方法中六大系数递数的价格我们称为"档"，包含阻挡、关键点的意思。例如，我们将 4 称为第 4 档，将 8 称为第 8 档，依此类推。我们由六大系数形成的档位可以将涨、盘整、下跌行情做如下分类：

（1）反弹行情：一年当中，至少有一次 8~12 档的指数行情，如果看多的话应该能达到所数出的第 8 档到第 12 档的基数高度，如果这个基数高度都不能有效到达或者突破，那将还是在原下跌趋势当中。

（2）上涨行情：我们前面已经说了系数 12 是一个"分水岭"，所以突破 12 档到 24 档为普通行情。

（3）大波段行情：24~48 档为大行情，请注意，现在是个股的时代，每年都会有 24~48 档的大牛股脱颖而出。

（4）超级行情：48~96 档为超级行情，一般在超级牛市才能遇到，例如 998~6124 点的行情。

了解了用系数档位区分行情以后，还要强调一点，那就是我们在实际操作中，要敢于参与和操作热点龙头，因为笔者的这套方法，越是强势股越符合，越是龙头股越准确，热点龙头股是各路游资和主力竞相争夺的标的，只有它们才能体现出数字交易法的神奇。

第五节　短线预测法中的数字密码

我们在前面提取基数的时候，100 个自然数字排列之中有 50 个单数，从 1 开始，隔四取一，得到单数数列 1，5，9，13，17，21，25，29，33，37，41，45，49，53，57，61，65，69，73，77，81，85，89，93，97 一直到极限 97 以上，这是 1 元内的极限，当然也可以把 1~100 看成是 100 元，或者无限延伸到更高的数字，依此类推，不要局限于一个定式思维当中。

我们隔四取一得到了 25 个单数，在这个普通的数列当中隐藏着对股价短期支撑和压力的几个数字密码，到底是哪几个呢？我们再用隔四取一提取方式，得到 13、25、37、49、61、73、85、97 这八个重要数字，也许你会问为什么？在这里笔者就不公开了，留给大家思考。我们将提取得到的这八个数字分成两组，其中 25、49、73、97 是股价上涨过程中的重要阻力价格。以这些数为底时是短线最强之时；其中 13、37、61、85 是上涨趋势中回落时的重要支撑价格（注意：这里的支撑是指上涨市的支撑位，在下跌趋势中，这些支撑属于弱支撑，可取的意义不大）。在这两组数中尤其以 25 和 85 最为关键，在 1 元钱之内就是 0.25 和 0.85，前期看好的强势股如果有走强之意，最好买于 0.25 之下或 0.85 之上，这是防止短期被套的简便方法，如果要追强势，应以站稳 0.25、0.49、0.73、0.97 这四个价格位或以这四个价格位为开盘为准，这也是短线最强之时。为了让大家看得更明白，笔者在第四章中的应用案例分析部分增加了短线预测的例子，因为这个方法不是本书的重点，在此就不长篇累牍地说明，希望大家举一反三。

数论——价格定量分层法

第一节　初级基数列表

0.10	0.50	0.90	1.30	1.70	2.10	2.50	2.90	3.30	3.70	4.10	4.50	4.90
5.31	5.71	6.11	6.51	6.91	7.31	7.71	8.11	8.51	8.91	9.31	9.71
10.11	10.52	10.92	11.32	11.72	12.12	12.52	12.92	13.32	13.72	14.12
14.52	14.93	15.33	15.73	16.13	16.53	16.93	17.33	17.73	18.13	18.53
18.93	19.34	19.74	20.14	20.54	20.94	21.34	21.74	22.14	22.54	22.94
23.34	23.75	24.15	24.55	24.95	25.35	25.75	26.15	26.55	26.95	27.35
27.75	28.16	28.56	28.96	29.36	29.76	30.16	30.56	30.96	31.36	31.76
32.16	32.57	32.97	33.37	33.77	34.17	34.57	34.97	35.37	35.77	36.17
36.57	36.98	37.38	37.78	38.18	38.58	38.98	39.38	39.78	40.18	40.58
40.98	41.39	41.79	42.19	42.59	42.99	43.39	43.79	44.19	44.59	44.99
45.39	45.70	46.10	46.50	46.90	47.30	47.70	48.10	48.50	48.90	49.30
49.70	50.11	50.51	50.91	51.31	51.71	52.11	52.51	52.91	53.31	53.71
54.11	54.52	54.92	55.32	55.72	56.12	56.52	56.92	57.32	57.72	58.12

58.52	58.93	59.33	59.73	60.13	60.53	60.93	61.33	61.73	62.13	62.53
62.93	63.34	63.74	64.14	64.54	64.94	65.34	65.74	66.14	66.54	66.94
67.34	67.75	70.15	70.55	70.95	71.35	71.75	72.15	72.55	72.95	73.35
73.75	74.16	74.56	74.96	75.36	75.76	76.16	76.56	76.96	77.36	77.76
78.16	78.57	78.97	79.37	79.77	80.17	80.57	80.97	81.37	81.77	82.17
82.57	82.98	83.38	83.78	84.18	84.58	84.98	85.38	85.78	86.18	86.58
86.98	87.39	87.79	88.19	88.59	88.99	89.39	89.79	90.19	……	

更多的数字依此类推。以上列表中这些数字人人都见过，但要说它里面藏着秘密你能信吗？当你会熟练运用后，你就会确信这组数字之内的确隐藏着属于您的巨大财富！这就是全新的排列数字表。上面这些数字，是数字法的基础数列（短线按实际数值算，测算指数和中长线趋势的时候，这些数字需要放大十倍或百倍来使用，加小数点代表股价，不加小数点代表指数）。因为价格定量分层法直接针对个股操作，所以该数列是本书中最重要的数据，我们后面所举案例的推算法，都将以上述数字为基础来进行。单升法中的价格定量分层法是以某一波行情的最低点或最高点来进行计算，最低（高）点的价格为1，依此类推，以系数4、8、12、24、48、96来计算重要压力位和支撑位。数字法应用广泛，特别是强势股，强势牛股由于上涨速度快，涨幅巨大，是很多人梦寐以求的，笔者就将2014年以来每月的强势股作为案例为读者朋友讲解数字法的奥秘，读者可以比较一下，运用数字法操作与目前使用的方法有什么不同。我们相信读者肯定会从案例中找到答案，找到数字法的精要。

第二节　操作步骤

（1）先用价格之轮或者周天测算法测算一下大盘指数所处的位置。如5×360＝1800（5是单升法中的第2数，所以该点位多空之地）。当指数方向确定上涨或者下跌以后，根据大盘的位置利用类比思维选择提前或者短期走强的个股，总之，选股的总原则就是弃弱选强。

（2）确定好指数的方向后，重点选择后面要讲的牛股模型选择标准和牛股形态，或者用价格定量分层法操作强势拉升的牛股，现在是个股与指数分化的时代，再弱的市场每个阶段都会有翻倍的牛股出现，重点关注处于上涨初期，有效突破了 8、12、24 档的牛股，这些点位每有突破之意都是买入机会，应于此设止损位，并注意此位支撑力度。这种方式可以反复克隆应用于众多强势股。

（3）在方向和模式都确定好以后，接下来就是个股的操作问题了，每天关注强势股，特别是刚刚启动的强势股回调到重要的档位，可大胆介入，力争不破 5 日线波段持有。与此同时，用价格定量分层法和后面介绍的缠论强势三买滚动操作，目标位一旦到达，应果断出局。越临近重要（极限）位置，越要提高警惕，要打一些提前量，不要试图卖到最高价。

第三节　应用案例分析

一、价格定量分层法实战案例

1. 2014 年 2 月强势股万向钱潮（000559）

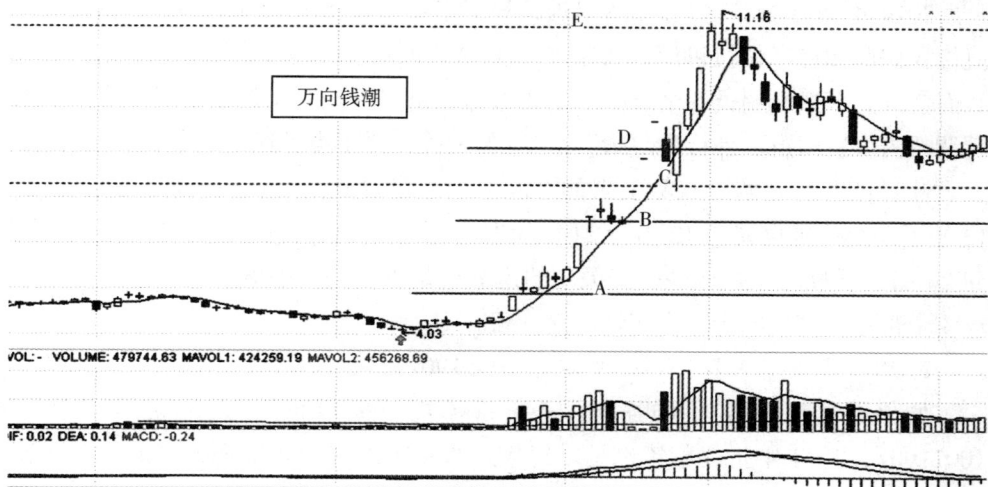

图 4-1　万向钱潮（000559）2014 年 1 月 10 日至 3 月 4 日用价格定量分层法
操作主升波段全景图

万向钱潮（000559）是一个边拉边洗的例子，从缠论的角度来说就是一个 1F 线段涨到顶，对于这样的强势牛股来说，不破 5 日线就不会涨到头，该股波段低点也就是 2014 年 1 月 10 日的最低点为 4.03 元（见图 4-1），我们以此为价

格基点来测算它的上涨压力支撑。

第 4 档价格为 4.9 元（图 4-1 中 A 线处），该股用涨停板突破该档位，第二天、第三天下探 4.88 元试探 4 档支撑效果，之后便翻身拉出新高，看高下一档位——8 档。

第 8 档价格为 6.5 元（图 4-1 中 B 线处），价格突破 8 档后，又故技重施回试 3 天 8 档价格，之后便是一字板上行突破 12 档位。

第 12 档价格为 4.9 元（图 4-1 中 D 线处），其实我们操作多了这样的强势股就会有一个认识，那就是牛股的主升浪或者快速上涨段一般是不会跌破 5 日线的，偶尔跌破也是主力短暂"喝口水喘口气"的地方，利用本书后面讲的强势三买结合价格定量分层法是很容易捉到这个位置的。不要小看 5 日线的作用，缠论中也对它有过讲解，它是区分超级强势股和强势股的分水岭，因为跌破小级别的结构，级别就会发生升级，所以懒人的做法就是看住它。万向钱潮的价格连续突破 4 档、8 档、12 档，这种走势在数字法当中叫作"闯三关"，对于"闯三关"个股走势，一定要先做一次逢高卖出动作，最少要抛出一半仓位，卖错了也要卖，卖出以后只需关注回踩下面的重要档位或者在中值位时买入。

2014 年 2 月 26 日机会果然出现，该股盘中下探 8 档和 12 档的中值位（中值位我们前面已经做过讲解，为图 4-1 中 C 线处），盘中振幅高达 17% 点，笔者后面会讲到，振幅超过 6 个点的一定要参与，更何况该股又是在回试中值位，正所谓"内行看门道、外行看热闹"，该股当天就封到涨停回到 5 日线之上。

针对这种从 4 档一直涨上来的个股一定心里要有一个目标，那就是突破了 12 档下一个位置也就是 12 档与 24 档的中值位 10.76 元（图 4-1 中 E 线处）才能到 24 档，不过对于这样"闯三关"的走势还是以第一个中值位为标准，守中带攻攻中带守，其后的走势也印证了这一点。

2. 2014 年 5~7 月强势股成飞集成（002190）

如果要选评 2014 年的强势牛股，那不能不提到 5 月的大牛股成飞集成（002190），2014 年是改革年也是重组年，当年重组成功而出现大涨的牛股比比皆是，成飞集成正是借这股东风鹏程万里、一跃龙门的，基本情况笔者在第七章"寻找牛股的五大法则之比价体系"中将会介绍，这里我们主要从数字法的角度来解析牛股的真面目。

成飞集成 2013 年 11 月 14 日最低价为 14.88 元（见图 4-2），非常吉利的双升价格，我们以此为基点价格。

第 24 档价格 23.7 元（图 4-2 中 A 线处），从图中看，24 档价格之前很难有

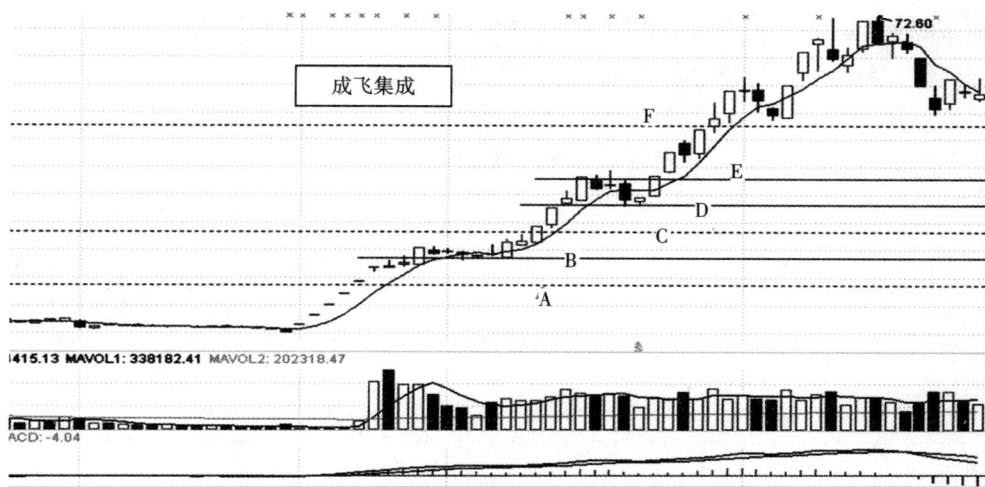

图 4-2　成飞集成（002190）2013 年 12 月 20 日至 2014 年 7 月 14 日用价格定量分层法操作主升波段全景图

操作进场位。

第 48 档价格为 33.3 元（图 4-2 中 C 线处），这个价格是我们由基点价格得出来的，若提前知道，那么就能提前测算出 24 档和 48 档的中值位 28.5 元（图4-2 中 B 线处），我们之前讲过中值位往往是很好的买卖点，这一点在该股上也是很好的例证，该股 6 个一字板后在中值位出现了短暂的横盘走势，始终都没有跌破 28.5 元的中值位价格，这个时候我们脑子里应该绷紧一根弦，那就是它的走势应该还没有完（这个从基本面上也可以找到证据，注资 150 多亿元一跃成为军工龙头），如果哪一天突破 5 月 29 日涨停板的价格就可以说明第二波的开始，2014 年 6 月 6 日成为这关键的一天，上引线倍量突破攻中带守，第二天反推上引线真正的总攻正式上演。由于离 48 档价格很近，我们把目标放到 96 档，因为牛股的主升浪上涨一般都有 1 倍多的涨幅。一般情况下，突破 48 档的股票我们还会增加一个交易单元，那就是中值位的二分之一（图 4-2 中 D 线处），因为大档位的股票波动是扩大的，这样我们就不会忽略波动细节，这也是操作中的细节部分。

该股在 48 档与 96 档的中值位（图 4-2 中 E 线处）和二分之一中值位（图4-2 中 D 线处），短暂的三天时间就再次拉出涨停板快速突破 96 档。

第 96 档价格为 52.5 元（图 4-2 中 F 线处），牛股就是牛股，骨子里就带有牛股的基因，该股突破 96 档后回试 96 档，方式和前面的 48 档与 96 档的中值位模式如出一辙，7 月 4 日阳盖阴强势涨停，在不跌破 5 日线的基础上继续调高涨幅高度至 144 档（96 档之上中值位），2014 年 7 月 16 日该股见到最高点 72.6 元的高价，离 144 档价格（73.7 元）只差 3 档，我们在高档位一般提倡要打一些提前量（96 档上我们一般预留 4 档），交易不是数学公式，不需要追求完美。

3. 2014 年 6~7 月强势股罗平锌电（002114）

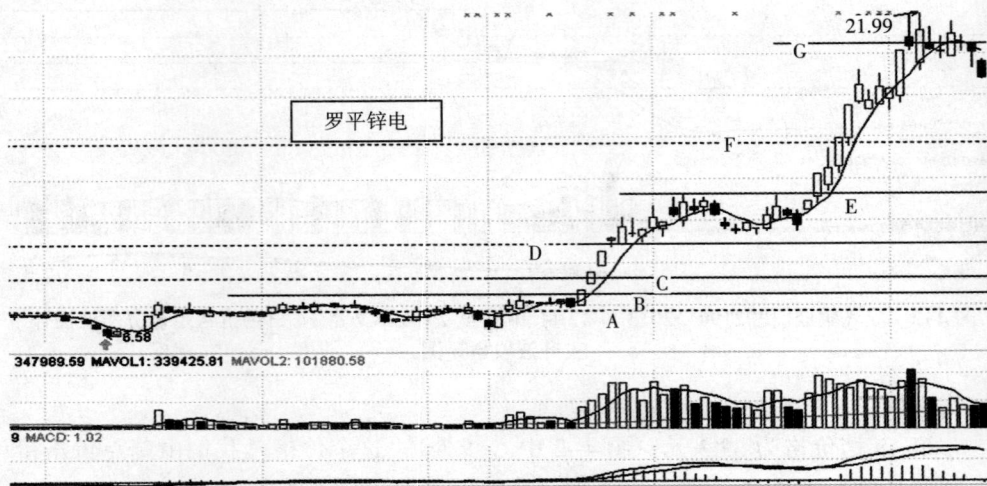

图 4-3　罗平锌电（002114）2014 年 1 月 10 日至 8 月 10 日用价格定量分层法操作
主升波段全景图

罗平锌电（002114）是一匹 6~7 月间跑出的两波涨幅的黑马，在此期间不但大盘指数震荡盘跌，而且很多个股也是了无生机，该股在此期间却给股市带来了一抹亮色，其实早在 2014 年 6 月 9 日之前，用笔者后面要讲的"先知先觉"的法则也能提前发现些端倪，当然这不是本章的重点，下面笔者主要从价格定量的角度去分析它的来龙去脉。

该股 2014 年 1 月 10 日波段低点为 6.58 元（见图 4-3），我们以此为据做下面的分析。

第 4 档为 7.7 元（图 4-3 中 A 线处），该股 2014 年 1~3 月这段期间一直在窄幅振荡，振荡区间就在最低价到 4 档与 8 档的中值位 8.5 元（图 4-3 中 B 线处）之间，4 档位贯穿其中，6 月 11 日、12 日倍量上攻中值位 8.5 元，这个时候就要认识到，主力要有所动作了，因为我们前面反复强调中值位是多空买卖之地，正如兵法所云"兵家必争之地"，6 月 20 日主力再次以倍量涨停的方式突破了中值位 8.5 元，正是"宜将剩勇追穷寇"之时，在这里笔者想说明一点，那就是价格定量分层法可以作为交易体系的一部分，比如说卖点参考、上涨途中的压力支撑等，不一定非用来决定买点，因为很多朋友可能有更好、更提前的买点，但是中值位的作用不能小觑。

第 8 档的价格为 9.3 元（图 4-3 中 C 线处），涨停突破进入持股程序。

第 12 档的价格为 10.9 元（图 4-3 中 D 线处），我们前面对走势行情的分类中讲过，12 档的涨幅是一个初级反弹行情，鉴于罗平锌电底部和突破中值位的强势，不应该止于反弹的 12 档，那么只要后面守住 12 档线或者突破 12 档的阳线最低位支撑就应该有 24 档的行情。

第 24 档的价格为 15.73 元（图 4-3 中 F 线处），该股突破 12 档后沿着 5 日线上行止步于 12 档与 24 档的中值位 13.3 元（图 4-3 中 E 线处），再一次印证了中值位是多空买卖之地的作用。我们平时的买卖点无非两种，一是低吸，二是突破跟进。对于这种突破 12 档价格而止于中值位的个股就在回调 12 档附近低吸或者在再次倍量突破中值位的时候大胆跟进，从图中我们可看到罗平锌电是弱调整，一直在 12 档线之上，2014 年 7 月 16 日至 17 日再次以倍量上攻中值位 13.3 元，与底部启动突破中值位的时候手法如出一辙，那我们还怕什么？7 月 22 日、23 日主力以涨停板的方式突破中值位，吹响了上攻的号角，那么我们就可大胆跟进、设好止损，进入持股程序，不破 5 日线等待 24 档的到来。

第 24 档与 48 档的中值位为 20.5 元（图 4-3 中 G 线处），罗平锌电涨停过 24 档，那么我们的操作就很简单，因为我们操作的是强势股，所以死守 5 日线，不破就等下一个目标位，24 档与 48 档的中值位和 48 档，因为该股从 12 档位开始已经上涨了第二波，而且到 24 档与 48 档的中值位也已经是翻倍的走势，所以我们应该在第一目标位做保守操作逢高出局，后面的实际走势也印证了我们的判断。

4. 2014 年 6 月强势股景兴纸业（002067）

2014 年以来很多强势牛股都来自低价股甚至是超低价股，为什么呢？因为很多低价股已经跌了很久很大的跌幅，超跌是产生黑马的温床，而且普通股民喜欢低价股，大家设想一下 2~3 元的股票即使短期拉升翻倍，最后的价格才 6~7 元左右，这个为主力最后出货奠定了广泛的群众基础，景兴纸业（002067）就是其中一员，因为新股的重新上市参股莎普爱思 25% 的股份而获主力挖掘，成为新股影子股的强势龙头，其实低价股的上涨给价格定量分层法提供了更方便和更简单的盈利机会，因为初级基数列表更适合低价股。

2014 年 4 月 29 日该股价格为 2.05 元（见图 4-4），我们以此作为基点价来测算后面的涨幅。

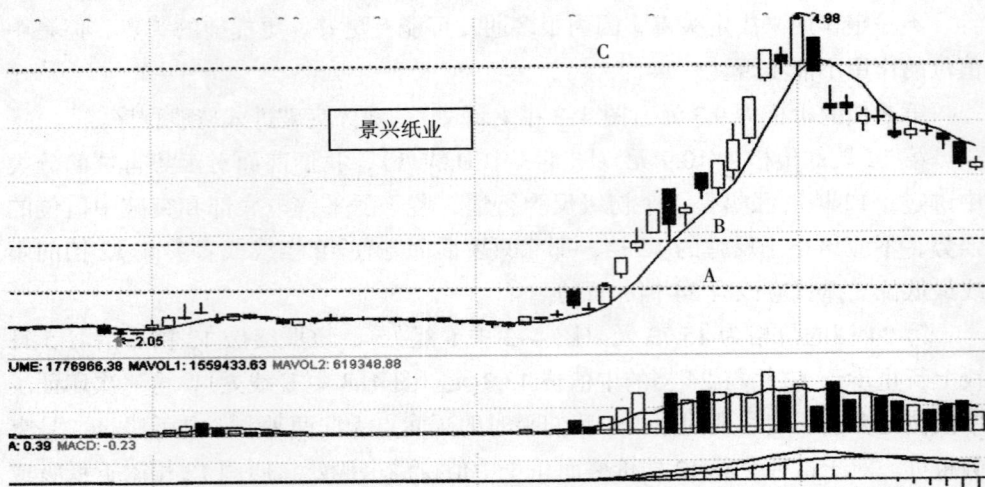

图4-4 景兴纸业（002067）2014年4月29日至7月1日用价格定量分层法操作主升浪波段全景图

第3档价格为2.5元（图4-4中A线处），为什么要用第3档价格？因为像这样的超低价股4档或者8档价格可能就已经翻倍了，如果傻傻地等4档价格可能会出现落后一步的现象，所以我们选择3档价格，因为三生万物，这也是我们提取基数的中心思想，也算是超低价股的特殊用法，大家要灵活运用。2014年6月11日该股用"黑太阳"的方式突破前高（"黑太阳"在第八章中有详细解释），预示着启动将要开始，2014年6月13日用倍量涨停突破"黑太阳"的高点和第3档价格2.5元，是最好的突破进场位，很多人不喜欢突破买点，是因为掌握必要的方法，而我们有了这种武器就要大胆参与，只需要做好两样工作，一是关注突破当天是否是倍量，二是设好止损。

第4档价格为2.9元（图4-4中B线处），价格走势很快突破4档价格，在实际操作中我发现很多人有一个通病，那就是深套的股票稳稳地持有，而出现盈利的个股反倒拿不住，这都是贪嗔痴疑慢在作怪，针对这种5日线上的超级强势股我们需要做的只有一点，那就是盯住5日线不破就等待重要档位价格。图中该股走势在突破后出现了一个回调走势，2014年6月19日高开低走振幅达10个多点测试4档2.9元的支撑，对于这种盘整超过6个点的振幅个股尾盘一定要参与一下，更何况它在5日线上回测4档价格。

第8档价格为4.5元（图4-4中C线处），该股第二天高开震荡，没有延续前一天的下跌走势，前一天大振幅洗盘的目的一览无余，之后便是大阳挺进8档位，最高达到了 4.98 元，在这里要强调一点，对于低价股来说，能从 4 档涨到 8 档已经是不容易的事，不要再期望能涨到 12 档价格，也不要期望每一次都卖到最高点，炒股不是艺术，不需要完美只需要账户盈利。

5. 2014 年 8 月强势牛股百圆裤业（002640）

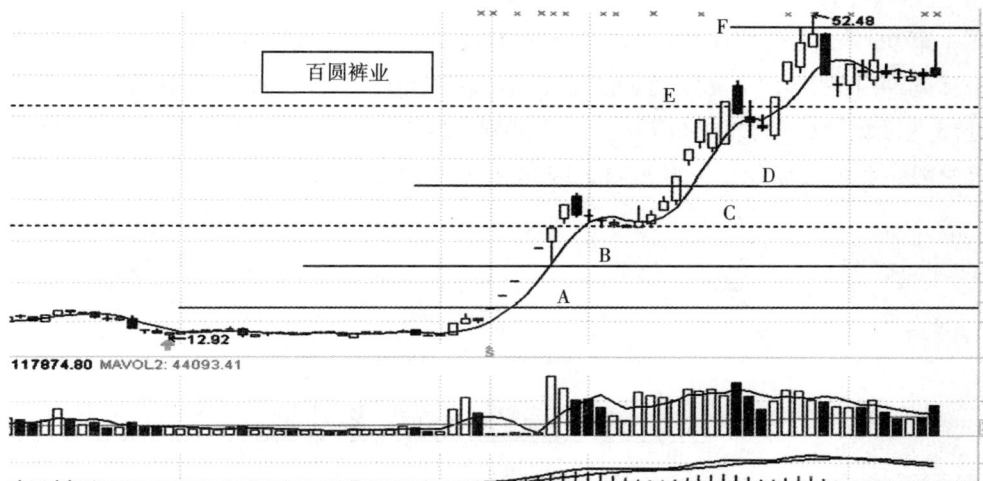

图 4-5　百圆裤业（002640）2014 年 2 月 28 日至 8 月 27 日用价格定量分层法操作主升波段全景图

百圆裤业（002640）是一个复牌后强势上涨的牛股，我们来看一下受消息影响的牛股能不能符合我们的价格定量分层法，该股停牌前的最低价为 12.92 元（见图 4-5），我们以此作为价格基点向上测算。

第 12 档的价格为 17.3 元（图 4-5 中 A 线处），这里正好是复牌后的一字板，没有操作机会。

第 24 档处的价格为 22.1 元（图 4-5 中 B 线处），图中可见该股连续一字板冲过 12.24 档两个重要关口后在 24 档和中值位（图中 C 线处、24 档和 48 档的中值位 26.9）出现了"换口气"的走势，该天的 K 线下引线快速下探到 24 档价格和 5 日线，距离 24 档只有 0.12 的距离，不可谓不惊奇，当然机会都是电光火石之间，很多人在这里是没有胆量和机会买的。

第 48 档处的价格为 31.7 元（图 4-5 中 D 线处），该股冲过"中值位"后只差 2 档价格没能突破 48 档价格出现回落，48 档是一个重要且关键的位置，我们在实盘操作中，一般在个股连续突破两个系数档位的时候要来一次逢高出局，等走势回落到重要的支撑位再逢低吸纳，这也是在长期的数字操作中积累的经验。

该股的回落走势在下方中值位 26.9 元处（见图 4-5 中 C 线处）出现了止跌企稳，我们前面讲数字法的时候一直说中值位是很好的买卖点，在该股上又一次得到了验证。2014 年 8 月 7 日，该股出现了倍量上攻走势，这个时候你应该知道机会来了，如果突破了 48 档价格，那么上方的空间将再次被打开，第一目标位就是48 档和 96 档的中值位，第二目标位是 96 档。

第 96 档价格为 50.9 元（图 4-5 中 F 线处），该股果然不负众望成为在震荡中涨到 96 档的超级牛股，在这个过程中只在中值位（图 4-5 中 E 线处）41.3 元处出现过短暂的调整，之后就一口气涨到 52.48 元，对于这样的涨到 96 档的强势牛股，我们要做的是见好就收，因为这个时候你已经大赚特赚了。

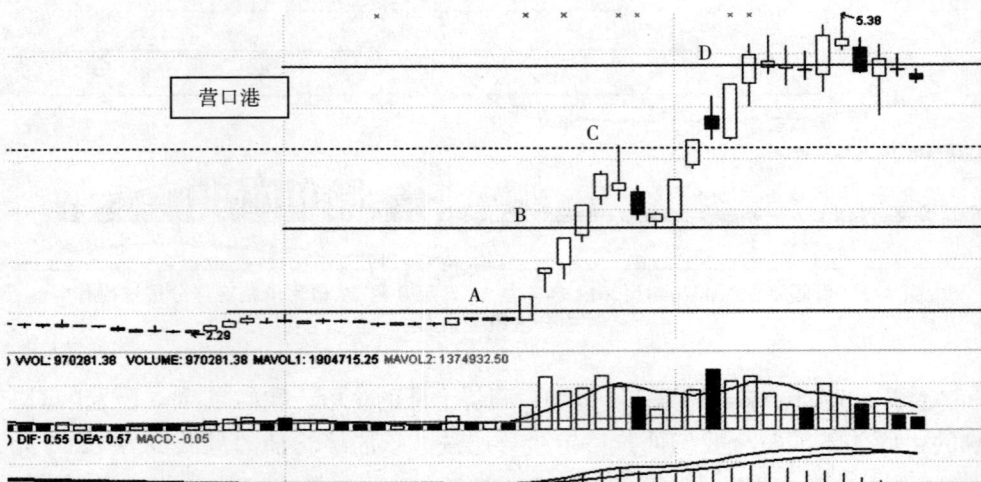

图 4-6　营口港（600317）2014 年 7 月 24 日至 9 月 15 日用价格定量分层法操作
主升波段全景图

6. 2014 年 9 月翻倍强势股营口港（600317）

在 2014 年 9 月的上涨行情中，除了新上市连续一字板的新股外，营口港（600317）无疑是首屈一指的强势牛股，十几个交易日翻倍的走势其强势可见一斑，这样的牛股是不是也在价格定量分层法的测算范畴之内呢？下面笔者就具体地分析一下，见图 4-6。

2014 年 7 月 25 日，该股的最低价位为 2.29 元（见图 4-6），以这个价格作为我们测算的基点，为什么要选择这个位置呢？请注意每次测算的基点不一定都是最低点的价格，大家不要进入误区，基点的选取是成功的开始，所以非常重要。选择这个位置有两个原因，一是因为这里是数字法两条重要均线金叉前的低点，二是前期经过两波上涨后的回调 K 线振幅变小，对应的 MACD 回拉 0 轴，对应的成交量萎缩到数字法中均量线的下方，所以我们以此为据测算出上涨的压力位和目标价。

在这里笔者介绍一个窍门，对于 6.6 元以下的个股要注意启动时候的第 2 档价格，因为这些个股都是属于低价股，有的甚至是一两元的股票，4 档价格可能都已经翻倍了，所以针对营口港的这个价格要关注它的启动 2 档价格，这也是低价格股的特殊用法，中价股和高价股不能照搬。该股的第 2 档位为 2.5 元（图 4-6 中 A 线处），2014 年 8 月 20 日该股放倍量突破第 2 档价格，强势突破明显，很多人不敢买突破，但是我们敢，因为我们有别人没有的武器和胆量，在数字法中的突破只需要关注成交量和止损两个要点。在该股的案例中，8 月 20 日以 6.6% 的倍量换手突破，如果够细心就会注意到，这是两个月来第二次倍量，并且 7 月 3 日 10% 的换手量今天却以 6.6% 的换手方式突破，筹码锁定良好，主力上攻之心昭然若揭，这个时候我们只需要把止损放到 2.29 元，跌破止损，不破就继续持有关注第 3 档价格和 5 日线，因为对于营口港这样的低价股来说有效地突破了 3 档就意味着翻倍的开始，前面我们讲过一生二、二生三、三生万物，我们的基数提取思想就是按照这个思想演变而来的。

2014 年 8 月 21 日至 22 日在第 3 档价格 2.9 元上下短暂调整了一下，也是因为突破前高后的一个短暂洗盘，没有破 5 日线可不必理会，22 日早盘还有一个小细节，开盘下探 2.85 元后便一口气拉升了近 10 个点，我们前面已讲过短线中的数字密码 0.25 和 0.85，更证明笔者所言不虚，懂得了数字法处处皆神奇。

第 4 档价格为 3.3 元（图 4-6 中 B 线处），4 档是一个强支撑位，我们从图中可以看到，该股突破 4 档后止于中值位 4.10 ［(4.9＋3.3)÷2］（图 4-6 中 C 线处）后出现回调走势（中值位的作用我们前面已经反复讲过，是波动涨跌之地）。三天的回调跌破了 5 日线而在 4 档位 3.3 元处止跌企稳，8 月 29 日的最低价就是 3.3 元，是巧合还是偶然，笔者可以自信地说都不是，大家可以对照我们前面的"初级基数列表"，因为我们所运用的是价格变动中的密码。

第 8 档价格为 4.9 元（图 4-6 中 D 线处），该股 2014 年 9 月 1 日再次倍量拉涨停突破 5 日线重新回到轨道上来，之后一口气涨到了 8 档价格，8 档价格对于一个低价股来说是一个非常重要的位置，因为价格已经翻倍，我们在实践操作中要懂得逢高出局、知足常乐，俗话说吃鱼吃鱼身，头尾留给其他人，当然对于波动中极高极低的极值价格我们也是有一套方法捕捉到的，当然这属于高级数字法的内容，不在本书的范围内，投机不是艺术，没有必要非要在最高点买卖。

二、短线数字密码的实战案例

1. 罗平锌电 （002114）

前面的价格定量分层法的案例中我们举过了罗平锌电 （002114） 的案例，这里我们再次用它作为案例，验证短线数字密码的神奇效果，因为我们在操作强势股的时候经常用到它。

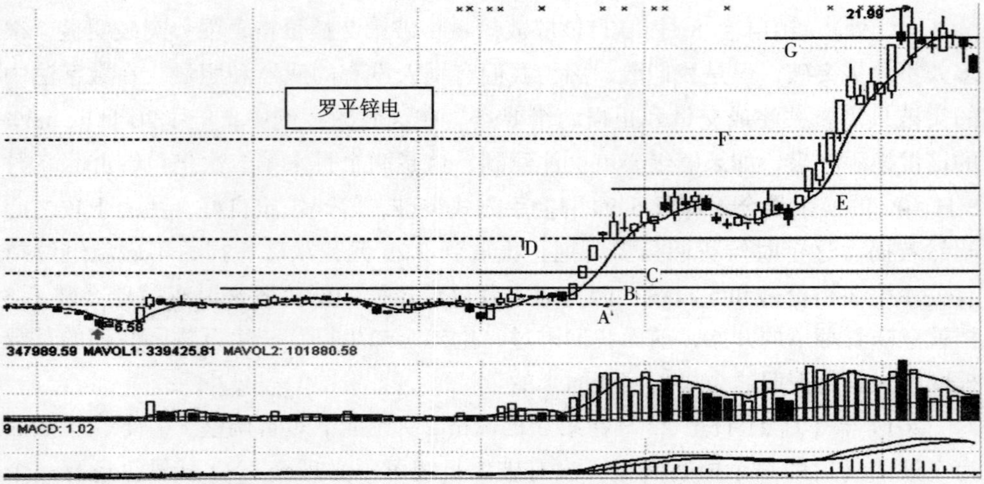

图 4–7　罗平锌电 （002114） 2014 年 1 月 10 日至 8 月 10 日用价格定量分层法短线数字密码操作买卖全景图

我们在实战中使用短线数字密码的时候，一般会在重要档位的买卖点价格结合短线数字密码来分析，例如图 4–7 中罗平锌电的买点 4 档与 8 档的中值位 8.5 元 （图 4–7 中 B 线处），该股在 2014 年 6 月 11 日至 12 日两天尝试突破上方中值位的压力，回调 5 天的时间，而这 5 天回调都没有跌破 7.85 元的价位，我们前面讲了 1 元钱内短线数字中 25 和 85 的重要性，第 6 天高开越过了 8.25 元，说明已经进入了 8~9 元的波动范围内 （如果弱市开盘可参看 7.97、7.85 的支撑），该股高开后不到一分钟快速上冲到 8.49 元 （25、49、73、97 中的 49） 然后出现回落，在 8.25 之上得到了支撑，上午 10 点钟左右突破 10.49 元，也就是在中值位 10.5 元的位置封上了涨停。

在 24 档与 48 档的中值位 13.3 元 （图 4–7 中 E 线处） 卖出也是同样的道理，中值位是 13.3 元，下方有 12.97 和 12.85 两个重要位置，也就是说你在价格不能高于 12.85 这个价格之上时要考虑逢高出局的事宜。

23 日突破 13.25 元和中值位 13.3 元时有与上面一样的跟进理由。

在 2014 年 8 月 5 日那几天到达 24 档与 48 档的中值位 20.5 元时,可以以中值位价格为中轴,下方 20.25 元、19.97 元为支撑,上方 20.85 元、20.97 元为逢高出局区域,主力给了充裕的时间。

2. 宜安科技 (300328)

下面笔者再举一个例子,这个例子是和罗平锌电 2014 年 7 月 23 日同一天发生的下跌案例,在大盘指数相同的情况下,罗平锌电突破 25 出现了涨停走势,而宜安科技 (300328) 却跌破 25 出现了大幅下跌的走势,可见个股的短期价格波动和大盘涨跌毫无关系,它是价格波动中的一个规律和次序。

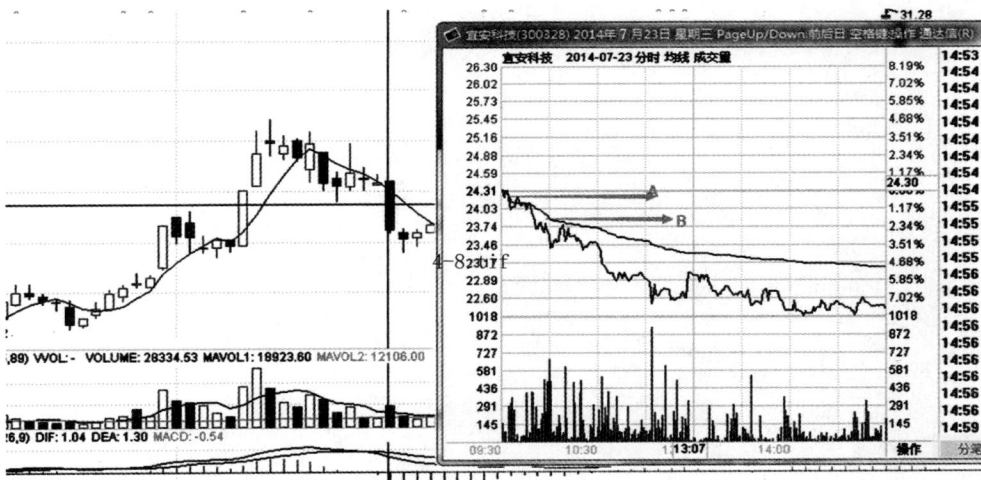

**图 4-8　宜安科技 (300328) 2014 年 7 月 23 日用价格定量
分层法短线数字密码操作买卖示意图**

如图 4-8 所示,宜安科技 2014 年 7 月 23 日早盘开盘 24.39 元,迅速跌破了 24.25 元 (图 4-8 中 A 线处),在 23.97 元和 24.25 元之间盘整了 15 分钟便倒头向下跌破 23.85 (图 4-8 中 B 线处) 直奔 23.49 元,这个时候你应该心里非常清楚,该股已经跌破了 24 元的防守区,应该以出局为主,回调走势回抽了两次 23.85 元便一去不回头以大阴线报收,再回到日线图上来看看这个位置,前面两个放量的涨停板组成了夹板走势,突破了前面 2 月的新高,回调 6~7 天,并在 2014 年 7 月 17 日至 18 日形成了底分型,我想很多人会在这个位置考虑买入,如果早点掌握这个短线数字密码的话,就不会承受主力短线大阴线杀跌之苦了。

第五章

数字法升级——价格之轮

在自然定律中，有主要、有次要，有正、有负，亦有中性。因此，在循环周期中亦必定有短期、长期及中期的周期，或循环中的循环。正如圣经以西结书所说的"轮中之轮"。

——威廉·江恩

综观世界投资市场，几乎每天都存在巨大的波动机会，市场波动体系是立体和多维的，也就是说它涵盖了空间、时间、价格因子等诸多波动因素，这种波动为我们提供了诱人的财富密钥，因此我们要揭开数字跳动的神秘面纱，发现和探寻其背后隐藏的密码，捕捉由此带来的趋势性交易机会，在本篇开篇明义之前不得不提到 20 世纪非常伟大的投资大师威廉·江恩。在江恩的理论中，广为人谈论，而神秘莫测的乃是"轮中之轮"的市场理论。江恩认为，他取得成功的关键在于他根据科学规律和决定主体运动的观察规律而形成的理论，他称之为"波动率"。国内有很多前辈和朋友都在不懈地努力和钻研，但穷其所及也没有跳出西方人留下的思维定式，没有跳出他们的思想禁锢。中国自古就有自己的哲学思想和文化底蕴，例如周易、河图、洛书等，如果我们把这些东方的智慧融入到前辈大师们的理论构架中，将会摩擦出你我意想不到的智慧火花，本章要介绍的价格之轮就是其中之一。笔者不能和这些前辈比肩，江恩这样的投资巨匠更是令人望其项背，不过笔者历尽艰辛，力图从数字的角度去解析和还原市场的本来面目，

也算另辟蹊径，小有所成，今天著书立说也想为还在技术分析这条路上摸索的投资朋友提供一些新思维、新角度，抛砖引玉。

前面章节用一定的文字阐述了初级数字法的来历及应用，本章所要讲的价格之轮是前面数字基数列表的升级版，虽说是升级版，仍然沿用了数字的分类思想，但其内容和应用与前面的数字列表相比可谓有天壤之别，不可同日而语，如果做个比喻，前面的初级列表只是"开胃菜"，而价格之轮才是正餐里的"主菜"，此轮比一代更加精准和实用，其中融合了周易八卦中术数的演变以及江恩对圆周的分解思想，结合了计算机内核运算的规律，加上笔者发明的基数和系数，以系数数角度的方法，经过了很长时间的实战检验才得以披露，由于本书的内容主要是讲解初级数字交易法的内容和牛股模型的范围，因此在此只对该方法做简单的介绍，以开阔读者思路和想法，如果有想深入钻研的读者，可以与笔者联系沟通。

第一节　价格之轮数字列表

第四章用大量的文字和案例阐述了初级数字法中的系数数列与基数数列的来历、提取方式和应用，派生出了价格定量分层法，笔者将其定义为初期数字交易法。而本章所要介绍的价格之轮是前面数字基数列表的升级版，是数字法的中级进阶篇，虽说是升级版，但仍然沿用了数字的分类思想，不同的是其提炼过程相当困难，就像是斐波那契数列一样，选取的是对价格波动阻力最小的神奇数字，其内容和应用与前面的数字列表相比可谓是天壤之别，不可同日而语。价格之轮中基数的选取方式不同于价格定量分层法，并不是按照价格定量分层法的基数数列将1~100的自然数按照隔四取一的方式提取，而是从原思想下演变出的一个单双混合基数列，然后按照单双混合基数列之间的数学关系无限循环延长，得到一周天的单双混合基数群组，这就是价格之轮最初的数字列表。我们可以做一个这样的比喻，前面的初级列表只是"开胃菜"，而价格之轮才是正餐里的"主菜"，此轮比一代更加精准和实用，其中融合了周易八卦中术数的演变以及江恩对圆周的分解思想，并结合计算机内核运算的规律，加上个人发明的基数和系数，以系数数角度的方法，经过了很长时间的实战检验才得以披露。由于本书的内容主要是讲解初级数字交易法的内容和牛股模型的范围，因此只对该方法做简单的介绍，以开阔读者思路和想法。笔者非常希望有共同研究经历者交流斧正，并在此承诺，凡是购买《牛股模型》书籍的读者只需要另附 20 元工本费笔者赠送一份完整的价格之轮原始图表，以此感激广大读者对本人的厚爱。

价格之轮基数数列：

0	3	6	13	21	30	42	55	72	90
92	93	99	112	131	161	204	259		
330	422	425	431	443	463	494	535		
590	662	753	755	763	774	795	823		
865	922	994	1084	1086	1088	1095			
1106	1125	1156	1196	1252	1324	1414			
1417	1425	1437	1456	1485	1527	1583			
1657	1746	1748	1755	1766	1786	1816			
1859	1914	1986	2077	2078	2086	2098			
2117	2148	2189	2245	2317	2407……至极				

第二节　价格之轮的构成

价格轮中轮图表（注意此轮中轮既可以预测大盘的阻力和支撑，同时亦可以应用于个股）虽然名字叫价格轮中轮，与江恩的轮中轮名字相近，但其实其构成与后者截然不同，它摒弃了江恩轮的复杂烦琐，却不失准确、高效，将简单和准确有效地和谐统一，在使用中读者还会时不时地发现它的一些新的秘密。江恩认为市场有长期循环、中期循环，以及短期循环，互相重叠，令市场起着变幻莫测的波动。江恩的"轮中之轮"原理，是尝试分解影响市场走势的长、中、短周期，从而预测市场的波动轨迹。

如江恩的论述，一天是一个短线的周期，可分割成 24 小时，而每小时地球自转 15°。如此，一年亦可分割成 12 个月，每个月若按新月及满月一分为二，一年便有 12 个新月及 12 个满月，合共 24 份。

根据上面的原则，江恩设计了把圆形 360°分割成 24 份的轮中轮，每个格子为 15°。

笔者同样采用了分割 360°的分圆思想，而不是 24 等份，采用了我国古代周

易阴阳的格局，把圆周分割成16份，一阴一阳，在《简易道德经》里，周是圆满，易是运动变化无不果的意思。太昊伏羲创作简易图时，把简易符（现在八卦图的阴阳符）排列成一个圆形即一周的形式，阐明了周和易是简的主要组成部分。大自然万物的变化，是易的根本现象。恒之无休而无不果，说明了易就是物的变化而成事，物每一点变化都有一定的结果，然后把精心提炼的基数数列引入分割圆中，以顺时针的形式增长运行16个阶段为一个循环。当螺旋基数数列共运行8个循环时，数字便增长至3600，也完成一个大的循环。

在笔者的价格之轮中，角度同样起着非常重要的决定作用。当一个走势的重要顶部或底部在某个角度出现的时候，市场随之而来的调整，或反弹的重要支持阻力位，便会在该角度的90°、180°、270°、360°、540°、720°出现。如果换成档位，就是4档、8档、12档、24档、48档、96档。

从实战出发在研究"价格之轮"的角度理论时，其重要性依次如下：

（1）180°

（2）270°

（3）540°

（4）810°

（5）1080°

（6）1620°

（7）2160°

以下是一些名词解释，以飨读者。

1. 4线4区

价格轮中轮分4线4区，4线即红线和黄线，两条红线、两条黄线把圆均匀分割，红线为阻力支撑线（大的顶底或阶段性顶底都会出现在此红线上下），黄线为警示线（价格运行在此黄线价格区域时会增加波动）。

4区是指一升、二盘、三突、四落四大区域。从字面意思看，一和三的区域是阳生之地，其数字有上升之意。二和四为变盘之地，数字运行到此地易受阻产生回落，可见历史上重要的高低点998、2245、1664、2402、3478等都产生在此区域。

2. 档

这里的档和前面初级数档法中所介绍的档意义不同，它结合了扩展角的概念，使走势转折预测更加精细和准确。

四档为起始档。

八档为多空"分水岭"。

十二档为主升浪启动档位。

二十四档为牛熊转换之位。

价格基准点：个股或大盘的阶段性顶底价格所对应的轮中轮图表中的数字位置为价格基准点。结合特定的均线更精准。

中值位：4 档和 8 档之间的中位为 6 档，6 档即是 4 档和 8 档之间的中值位。8 档和 12 档之间的中档位为 10 档价位，12 档和 24 档之间的中档位为 18 档的价格，红线或者黄线位的价位即是红线或者黄线的两边的价格相加除以 2 的价格。

3. 价格的单位"素"的概念

经过长期的研究发现，每只股票都是从低价到高价的上涨或由高价到低价的下跌过程，无论图形被主力演绎成什么样，其价格往往会在几个重要的价格位上转向，由于这种价格的共性或者说同构性，我们提取了这种价格的共性来把复杂的图形走势分段化，让我们更能清楚地知道标的股目前所处的位置，这种分段的价格单元笔者称为"素"，取事物的本质之意。

价格之轮是用来测算股价的大顶大底的，它也可以测算股价在上涨过程中的重要阻力位和下跌过程中的重要支撑位。轮中轮的重要档位是第 4 档、第 8 档、第 12 档、第 24 档、第 48 档、第 96 档。这里要注意的是第 3 档是股价晋级的开始。老子云，"一生二，二生三，三生万物"，3 是万事之始，在此处一定要突破，而回落又不可以破位。那么 4 的行情就自然生成了。第 4 档也是个压力位极易回落，一阴一阳为一个太极周期；而 4 正好在两个周期的节点之极，4 本身也是个最小的数字结率单位。如能顺利有效地突破，那么很快就会见到 12 档，这是数字化法则第一重大压力位。以 12 的位置所发生的回调在 9 档与 10 档间应有强支撑，这是继续升势的关键位，以 3 档为突破节点的突破走势涨到此正好为 3 个 3 档空间，是个重要的支撑中枢位。有效跌穿此档位价格有继续向下下跌寻求支撑的可能，如果在 9 档处形成支撑，那么下一个上涨的重压力位即为 16 档处价格，依此类推。笔者在长期的实践中发现，价格的波动节点位"素"在不同价格的股票涨跌中起着不同的作用，笔者根据之前的经验对节点价格做了一个简单的分类如下：

（1）垃圾股：4.3 元以下　　2 档为重要位置

（2）低价股：4.3~7.6 元　　4 档、8 档为重要位置

（3）中低价股：7.6~13.24 元　　8 档、12 档为重要位置

（4）中价股：13.24~20.77 元　　12 档、18 档为重要位置

（5）中高价股：20.77~36.41 元　24 档、32 档、48 档为重要位置

（6）高价股：36.41 元以上　48 档、72 档为重要位置

行情按大小分为四个级别，小行情能到第 8 档或第 12 档，中等行情能到第 24 档，大行情能到第 48 档之上，超级行情能到第 96 档或 120 档（96＋24）为它的极限震荡区间，这种股在股市并不多见。

大家都知道那句非常著名的"时间与价格形成平衡关系时，市场将会出现转折"。掌握了这种方法后，就会经常体验到走势波动的韵律之美。

价格轮中轮的使用方法如下：

第一步：对照轮中轮表格中的数字，选定所要判断的目标股或者指数的阶段性高点或者低点。

第二步：上涨时顺时针旋转，价位或者点位将在 90°、180°遇到初级压力，在 270°遇到强压力，股价或者点位到这里一般都是冲高回落，在 360°、540°遇到超强压力。

第三步：下跌时逆时针旋转，价位或者点位将在 90°、180°遇到初级压力，在 270°遇到强压力，股价或者点位到这里一般都是冲高回落，在 360°、540°遇到超强压力。

第二篇

模 型 篇

大牛有形——牛股模型

"四要四不要"选股理念

谁进入股票市场不是为了赚钱呢？可是谁又能在适当的时机、合理的价位上准确地选择到具备上涨趋势的股票品种呢？美国华尔街流传着许多股市名言，其中加"最"字的并不是很多，"股票市场最难的是选择"即是其中的一句，这说明选股在实际操作中的难度最大，然而是最关键的环节。

股民朋友进入股票市场进行投资时，要想获得成功，首要的问题就是挑选到获胜概率较高的股票品种，否则的话，一定会首先输在进入股市大门的起跑线上，从而使自己在以后的操作决策中处于非常被动的地位。我们能否用一些好的方法选择到上涨概率高的股票品种呢？回答是肯定的，根据多年来的实战操作，得出的结论是：选择上涨概率较高的股票靠的是正确的选股理念。事实上，越来越多的股民朋友已经意识到，正确的选股理念，行之有效、安全可靠的买卖技巧，先进、科学的分析工具是现代炒股人员所必须具备的，笔者将其归结为炒股要用三条腿走路，即理念、技巧、工具，三方面的有机结合，会使我们在择股交易时轻松自如。正确的选股理念是最重要的，在正确的选股理念的指引下，应用各种买卖技巧才会产生较为理想的效果。

在各种场合，我们几乎都能听到"理念"这个词，而在股市里，各种各样的理念更是多如牛毛。有人把炒股理念等同于炒股技巧，我认为还是应该把两者区别开来为好，为什么呢？因为炒股技巧主要解决的是买卖股票的实际操作问题，是通过技术分析手段，决定在什么价位买入股票，在什么价位卖出股票，而选股

理念讲究的更是炒股的根本道理。就像我们做人要有标准一样，炒作任何一只股票都要坚持一定的标准，也就是说选股理念要解决的是在当时大环境（基本面）向好的情况下，哪些股票可以买，哪些股票不可以买，哪些股票根本就不能买，说白一点，就是买哪些股票容易赚到钱，买哪些股票不容易赚到钱。因此，股民朋友必须要具备正确的选股理念，我们将其称为炒股的首要问题，为什么要这样讲呢？请看笔者亲身经历过的一个例子。

2000 年初的中国股市，完全可以用牛气冲天来形容，在美国纳斯达克网络股票的带动下，全球的网络科技股票几乎都走出了强劲的上升行情，一夜之间，我们的股票市场也爆发出一个"网络科技"概念来。以上海梅林为代表的科技网络概念股着实火了一把，中关村股票更是受到媒体的推崇，说中关村很快就要成为中国硅谷的老大，公司的盈利会青云直上，而且中关村本身就是北京响当当的一块招牌，自然会受到北京市政府的大量关照，因次该股的价格涨到 100 元以上不成问题，2000 年 3 月 2 日，正是两地股票热火朝天的时候，有位股民朋友以41.18 元买进了 2000 股，还声称买到了好股票，是市场中的热点，并神秘地告诉笔者，他"死都要发了"（取 418 的谐音）。当然了，41.18 元相对于 100 元来说，还有翻番的获利空间，诱惑力确实很大，问题是该股从 2000 年初的 18 元上涨到40 元，从价格上来看已经翻番，时间仅用了不足 30 个交易日，中关村的股价还能在短期内上升到 100 元吗？或者再仔细想一想，我国上市公司中又有多少只个股的股价值 100 元呢？这里我并不是说作为上市公司的中关村有什么问题，其潜在的优势是显而易见的，问题是一只个股的股价上涨是有其特定的规律的，并不是一定以媒体的宣传和股民个人的喜好来决定它的涨幅。而且，股票涨到一定程度也会休养生息而且股票在相对的低位也会向上反弹，因此，当中关村的股价涨到 40 元以上时，不但不能买进，反而应该择机减仓，理由很简单，就是这只个股短期上涨过快，涨幅过大。

为了方便股民朋友记忆，笔者把自己的选股理念简单地归纳为"四要四不要"，供股民朋友们选股参考。

第一节　低位买进股票的选股技巧

要买历史上涨幅不是巨大的股票品种（更严格地讲要买历史上没有被大幅炒

作过的股票品种），不要买历史上特别是近期涨幅度过大（过快）的股票品种。

请注意，笔者每讲述一个选股理念，都是为了解决选择股票过程中的一个实际问题，只要把实际问题解决好了，股民在实际操作中的选股难题就会得到有效解决。这里必须注意的是，股票的涨跌是由多方面因素造成的，切勿片面用单一的选股理念进行选股，要综合理解"四要四不要"的精华，这对我们的选股才会有更好的帮助。第一个理念主要解决低位买进股票的问题，任何一位股民投资者都知道，低买高卖是炒股的第一铁律，然而何时是低位、何时是高位却不是每一位股民都能把握得住的。下面笔者介绍四点经验给大家：

一、如何辨别个股涨幅是否巨大、是否已经被大幅炒作过，大致作如下界定

就是个股当前的价位或该股历史上的最高价没有高于该股市场成本最集中价位的 2 倍以上，即可视为涨幅不巨大、没有被大幅炒作过，注意是市场成本最集中的价位，不是最低价。如果我们认为该股有庄家的话，就可以认为市场成本最集中的价位就是主力的平均持仓成本。

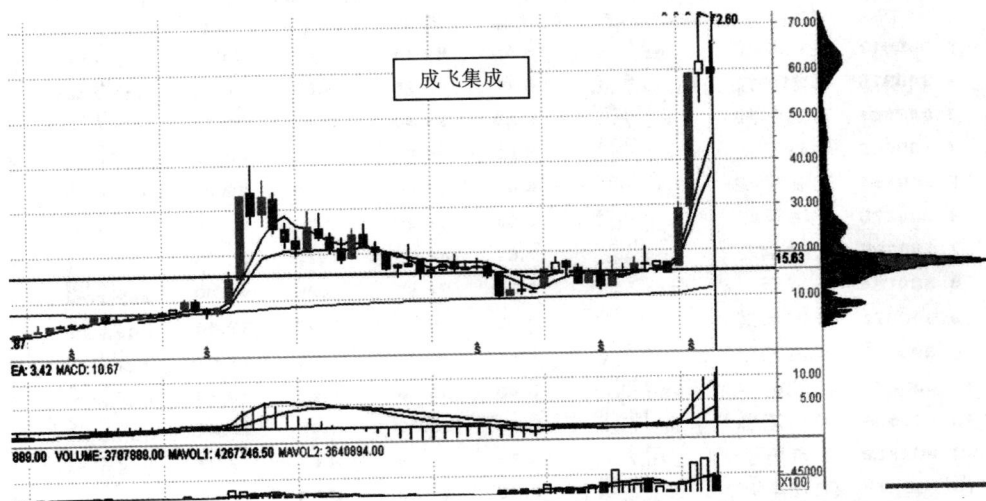

图 6-1　成飞集成（002190）2012 年 8 月至 2014 年 7 月主升浪成本图

图 6-1 是成飞集成（002190）的月线图，这只股无论是题材、基本面、筹码、结构等都是一等一的牛股坯子，为了让大家看得更完整，笔者把十字光标放到了当前月，右侧图就是该股的筹码分布图，大家可以非常明显地看到筹码的最集中区域在 15.6 元左右，那么现在该股最高点的价格是 72.6 元，远远大于筹码

最集中区域的价格的 2 倍，这说明筹码集中区域的成本有大幅获利的空间，该股已经被远远地炒高了，不再适合我们中线波段关注了。这虽然是一个简单的例子，但是笔者发现，在实际操作中，还是有很多朋友会犯这个简单的错误。在这里笔者要提醒大家一点，在选择中线波段股票的时候要多看看周线、月线，这也是笔者一直提倡的月线看趋势、周线选模型、日线和 30 分钟线选买入点的原因。第一点就是让大家分清楚什么是高、什么是低的问题，这样才能在入场之前就处于优势地位。

二、每波行情中的黑马都是从历史上涨幅不是巨大或者近一个历史时期内涨幅不是巨大的股票中产生的

关于这个小要点，我想老股民都会深有感触，A 股市场经历了十几年的发展变化，从之前的庄股时代盛行的四川长虹、银广夏到现在后股指期货时代的包钢稀土、掌趣科技等，每年或者说每个月都是牛股横行，特别是股指期货和融资融券业务推出以后，个股已经告别了齐涨共跌的时代，开始无视大盘的涨跌而选择

区间分析报表-涨跌幅度 市场:深沪A股 区间: 2013-01-04,五 - 2013-12-31,二 前复权 点右键

	代码	名称	涨跌幅度↓	前收盘	最高	最低	收盘	振荡幅度	
1	300017	网宿科技	68.01 / 407.49%	16.69	92.96	15.70	84.70	77.26 / 492.10%	
2	300315	掌趣科技	22.93 / 398.78%	5.75	40.75	6.33	28.68	34.42 / 543.76%	2
3	002681	奋达科技	38.94 / 389.79%	9.99	74.88	9.41	48.93	65.47 / 695.75%	1
4	300052	中青宝	19.17 / 342.32%	5.60	50.29	4.99	24.77	45.30 / 907.62%	2
5	300191	潜能恒信	22.66 / 332.75%	6.81	37.88	6.59	29.47	31.29 / 474.81%	1
6	300226	上海钢联	28.33 / 326.76%	8.67	45.98	7.36	37.00	38.62 / 524.73%	1
7	300205	天喻信息	25.38 / 322.49%	7.87	42.13	7.77	33.25	34.36 / 442.21%	1
8	300104	乐视网	30.94 / 313.79%	9.86	52.05	9.25	40.80	42.80 / 462.70%	3
9	300071	华谊嘉信	21.95 / 311.35%	7.05	40.80	6.98	29.00	33.82 / 484.53%	
10	300027	华谊兄弟	20.77 / 294.61%	7.05	40.90	6.91	27.82	33.99 / 491.90%	7
11	002071	长城影视	15.30 / 283.33%	5.40	30.90	4.72	20.70	26.18 / 554.66%	1
12	000555	神州信息	18.76 / 280.84%	6.68	30.30	6.68	25.44	23.62 / 353.59%	
13	002312	三泰电子	13.68 / 279.75%	4.89	21.28	4.57	18.57	16.71 / 365.65%	1
14	300274	阳光电源	23.60 / 276.02%	8.55	35.40	8.28	32.15	27.12 / 327.54%	
15	300085	银之杰	20.29 / 263.16%	7.71	30.00	7.07	28.00	22.93 / 324.33%	
16	600536	中国软件	27.17 / 258.76%	10.50	51.98	9.81	37.67	42.17 / 429.87%	1
17	002240	威华股份	10.35 / 258.75%	4.00	15.71	3.96	14.35	11.75 / 296.72%	
18	002148	北纬通信	32.62 / 253.46%	12.87	71.45	12.40	45.49	59.05 / 476.21%	1
19	000748	长城信息	13.00 / 251.45%	5.17	20.56	5.08	18.17	15.48 / 304.72%	1
20	002252	上海莱士	33.93 / 250.04%	13.57	56.47	13.38	47.50	43.09 / 322.05%	

图 6-2　2013 年全年涨幅排行榜前 20 名

自己的节奏。笔者每个月复盘的时候都喜欢把当月、当季的牛股用炒股软件做一个涨跌排行，这样就很容易找出牛股的共性和特点。通过统计，它们最大的共同点就是：每波行情中的黑马都是从历史上涨幅不是巨大或者近一个历史时期内涨幅不是巨大的股票中产生的。

图6-2是2013年涨幅排行的前20名，通过浏览这些个股的走势图笔者发现，80%的个股在被大幅拉升前都没有被大幅炒作过，有个别个股在被大幅拉升前的很长一段时期有过拉高的，比如神州信息，在1998年5月到2002年8月有一段历史时期的炒作，其后经历了长达五年的漫长下跌，没有主力机构再对其进行关注和操作，直到2007年5月才开始有人收集筹码的现象。为什么会出现这样的现象，其实很简单：换位思考一下，如果我们是主力，在选择炒作的标的物的时候，也会精挑细选，选择那些没有历史遗留问题的个股、没有历史套牢盘的个股、没有人愿意拿着自己的资金去冒险。因此大家要牢记，没有被炒作的历史或者相当长的一段时期内没有被大幅炒作的个股才是牛股的诞生地。这样的个股才是我们需要长期关注和操作的品种。这一要点就是想告诉大家什么样的个股才是我们要选择的目标。

三、如何挑选历史上涨幅不是巨大且没有被大幅炒作过的股票品种

在上述内容中，对个股的涨幅是否巨大，是否已被大幅炒作过做了这样的界定：个股当前的价位或历史上的最高价位没有远离该股历史上市场成本最集中的2倍以上，即可视为涨幅不巨大、没有被大幅炒作过。但要注意的是，并不是说当前的价位超过了市场成本最集中价位2倍以后就再也不会上涨了。之所以请股民关注那些历史上涨幅不是巨大的股票品种，主要是考虑了投资的安全问题，根据多年的炒股经验，个股涨幅巨大后的风险很大。

人们在做任何一项投资活动时，必须把风险放到首要位置，更何况股票市场是高风险的场所，我们更要严格控制风险，谨防自己被湮灭在股市里。事实上，许多没有经验的投资者盲目听信市场中的所谓消息，在股价大大远离市场最密集的成本区域后追了进去，结果可想而知。按照多年的炒股经验，有过巨大涨幅的股票，在新一波行情当中只能达到反弹的目的，充当新行情的配角。笔者一直向股民朋友讲述"每波行情中的黑马股都是从历史上涨幅不是巨大的股票当中产生的"，请大家细细品味。股市中有很多谚语，指的就是在低位横盘过久的股票品种。恰恰相反，"久盘必跌"则是指有过巨大涨幅而后在高位横盘的品种。

那么，如何挑选历史上涨幅不是巨大且没有被大幅炒作过的股票品种呢？

（1）我们不能凭空想象，而是要借助工具——炒股软件。据统计，大多数股民朋友在使用炒股软件时，仅仅把它当作盯盘和看图工具，却忽略了它的计算功能。每个炒股软件中的筹码统计功能都能直观地用图形的方式把一定周期内的市场成本表现出来，因此可将个股的整个历史走势图显现出来，找出该股成本最集中的区域，再与当前的价位相比较，看其是否已经远离了这个区域。

（2）看个股是否已经被大幅炒作过，只需将它历史上的最高价位区域同在低位筹码集中的区域相比较，超过 3 倍即是。

（3）也可以用计算个股振幅的方法来解决。根据笔者的经验，个股在蓄势整理期间（周期大约可统计 55~89 周）震动幅度在 150% 以内，主力完成了既定的吸筹工作后，一般不会直接急速大幅拉升股价，甚至要在拉升前完成最后的洗盘工作，这个周期相对短些，震动幅度也不太剧烈，大约为 80%。

四、如何理解个股当前股价低于市场成本最集中的价位，低于市场成本最集中的价位的股票品种好吗

一般而言，股票当前的价位高于市场成本最集中的价位说明绝大部分投资者有不同程度上的获利，被套的筹码相对较少，在大势向好的情况下，股价容易继续上涨。由于我国股市之前还没有做空机制，只有做多才能谈得上盈利，因此，只要是被主力看好的股票，多数情况下股价会运行在市场成本最集中的价位上方。

然而股价运行在市场成本最集中区域下方的情况也不少，如果个股呈现这种状况，说明投资者多数被套其中，有的个股甚至把二级市场中的参与者全部套在当中，更有甚者，部分股票在上市后，迅速跌破发行价，连在一级市场中的申购也被套住了。事实上，谁都有被套的经历，主力庄家也不例外。

根据笔者多年的经验，股价长期运行在市场成本集中区域下方有以下四种情况：

第一，被大幅炒高了的个股，一旦远离相对低位的密集成交区域若干倍，在相对高位连续放出大量，就会造成市场成本上移，也就是所谓的筹码搬家，即由低位搬到高位，这些个股如果形成长期的下降趋势，即会造成当前的价位运行在已经被搬了家的市场集中成本的下方。

第二，新股上市定位较高，在遇到大盘由强转弱时，多会由于新股上市当日换手率太大，在后来的股价下跌中造成股价低于市场成本最集中的区域。这种情况较多，说明二级市场上的参与者均不同程度地被套在当中。股民朋友都知道，次新股作为市场中均没有被炒作过的品种，在大势逐步转好时，多数被较好地炒

作，何况多数投资者（当然包括主力）被套品种中，被套30%~50%的不在话下，产生解套自救行情次新股的机会较大。

第三，不被投资者特别是主力机构看好的个股，尤其是特大盘股、小盘股历来被投资者所重视，这主要是由于盘子小，便于控制，特别是在资金量有限的情况下，更是如此。

第四，在主力需要清洗浮筹时，通常会刻意打压股价，将股价打到市场成本最集中的价位以下，但只是短时现象，这一点需要与以上三种情况区别开来。

除了以上四种是主力的有意行为之外，长期低于市场成本最集中价位的股票品种显然是由于不被市场看好所致，因此，从炒股是为了盈利这点来看，笔者认为，这些股票品种不应该成为股民朋友的主要目标，而要选择那些套牢筹码少且还没有远离市场成本最集中价位的股票品种。这一点，在今后的实践中会得到投资者认同。

第二节　挑选巨大涨幅潜力股票的选股技巧

要买上升趋势明朗的股票品种，不要买横盘盘整特别是处于下降趋势的股票品种。

这个理念理解起来最简单，就是在股民当中最流行的所谓顺势而为的操作理念。话说起来容易，顺势而为的炒股的道理也易懂，至于何为上升趋势、何为下降趋势，在众多的书籍里各有各的说法，却没有明确的界定，大多是劝导股民顺势而为的客套话。从字面看，"顺势而为"这几个字的意思不难理解，但是"知道"与"做到"还有很大差距，因为"势"有不同的势，例如有上涨、下跌、盘整三种势，也有大势、中势、小势，还有强势、中势、弱势，而对应不同的"势"，投资者的应对方式必然是有所差异的，因此，弄懂势、看清势，是顺势交易的前提。一般而言，作为个人投资者，无论是新股民还是老股民，都承认在交易中贯彻顺势交易策略的重要性。但在实际操作中，能顺势而为的投资者并不多，主要是由于对顺势交易欠缺理解、缺乏实践经验以及受不良心理影响，等等。笔者认为，若想在股市投资中获得成功，要做到顺势而为，下面三点不能不懂。

一、必须形成一套十分严谨且能够熟练掌握的挑选潜力股票的原则，这正是本章一开始重点介绍的选股理念

为什么一开篇我们就介绍选股理念，因为在笔者刚进入股票这个行业的时候，老师讲的第一堂课不是什么高深的炒股技巧、复杂的基本面分析，而是很多朋友都忽略的选股理念，这套选股理念就像是一套准则，告诉我们哪些股票具有安全边际、哪些股票具有投机价值，就像做人要有做人的原则，这样才能行得正走得端，一身正气。股票、期货等金融行业是非常严谨而又高风险的行业，没有正确的选股理念会让我们既消耗时间，又不能稳定盈利，而且还要向市场交高昂的学费，所以说，理念重于技巧。那么到底什么是顺势而为的理念呢？如何界定顺势而为呢？之前的很多经典理论都有过详细的论述，例如道氏理论、趋势线和葛兰碧均线八法则等，很多入市多年的老股民都会有自己的一番理解和界定方式，而且短线和中线还会有些不同，笔者实践多年，总结了顺势三点，希望对还没有建立自己的理念的朋友有所借鉴。

（一）建立月、周、日三级联立的分析次序，月线定趋势、周线选模型、日线和 30 分钟线定买入点

在和很多散户朋友交流的过程中笔者发现，很多人不但没有自己的选股理念，而且在分析次序上也存在着一些不当之处，那么什么是"分析次序"呢？就是先长后短、先大后小的分析和推理股票主升浪波段的过程，所谓"先长后短、先大后小"，就是先分析月线再分析周线，最后在月线和周线的基础上再从日线寻找买入时机，这样，我们在操作的过程中才有大局观，才不至于被日线的骗线所迷惑。其实，我们平时最想捕捉的主升浪就是月、周、日的共振，都是月线周期的上涨造就了日线的翻倍行情甚至是翻几倍的大行情，因此当我们要想操作一只个股，一定要养成从月线到日线的分析习惯，月线定趋势、周线选模型、日线选进场时机，三位一体，类似于缠论的区间套的思维和三重滤网系统。那么怎么定月线的趋势呢？两个参考点：一是 5 月线和 13 月线，二是月线 0 轴上的 MACD。5 月线和 13 月线分别对应着日线的半年线和年线，是一只个股中期趋势和长期趋势能否走强的"分水岭"，应只选择月线上 5 月线和 13 月线有效金叉后回调 13 月线并且 MACD 上 0 轴的个股。

周线定牛股模型，牛股模型就是主力在运作一个项目过程中留下的具有特定意义的走势图形痕迹，例如很多人都知道的"老鸭头"、"海豚张嘴"等，它们都是简略版的日线模型，笔者后面所要介绍的横盘型牛股模型就是在大盘指数长期下跌或横盘震荡期间，主力所采用的做盘的一种模式，在本书后面的篇章中笔者会从"定盘量"、"箱体参数"、"换手率"、"主升浪买点"等方面为大家——揭开谜底。

日线和30分钟线定买入时机，俗话说买得好不如买得巧，每一个交易者都想买完就迅速脱离成本区，实现单位时间内资产快速增长的梦想，针对这一点，笔者在主升浪和三大买点章节有详细的论述。

（二）只操作年线上21天均线金叉55天均线以后的股票

有很多书籍都阐述过年线的重要性和实战性，笔者认为年线是更能辨别趋势的一个很好的参照物，很多人喜欢选取250天线作为年线，但笔者喜欢用233天线作为年线，233线上做多，233线下看空，简单明了，如果再加上另外两个斐波那契数字均线21天线和55天线，就构成了一组均线操作系统，在符合上面的第一点的前提下，只关注233天线之上21天均线金叉55天均线的个股，只操作走平并上翘的233天均线之上21天均线金叉55天均线后的回调，这样就能有的放矢，事半功倍，因为这个地方往往是个股主升浪的必经之路。下面以2014年年初的大牛股日发精机为例做以下说明，如图6-3所示。

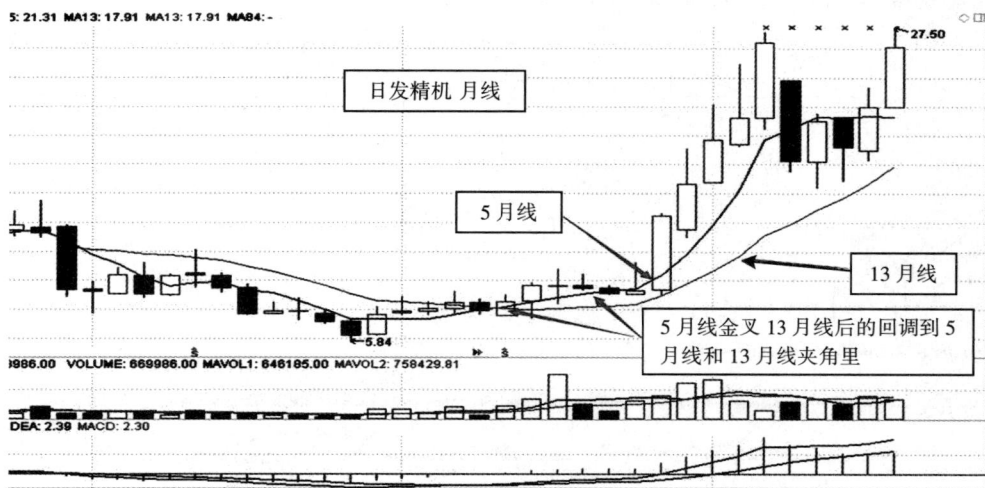

图6-3　日发精机（002520）2012年12月至2014年9月主升浪月线图

图6-3是日发精机（002520）的月线图，2013年5月，其5月线和13月线出现了金叉走势，而且附图成交量出现了同步放量，同年的8月、9月、10月三个月缩量回调至5月线和13月线的夹角里，并且13月线已经出现了走平上翘态势，这正是我们需要重点关注的月线图形。

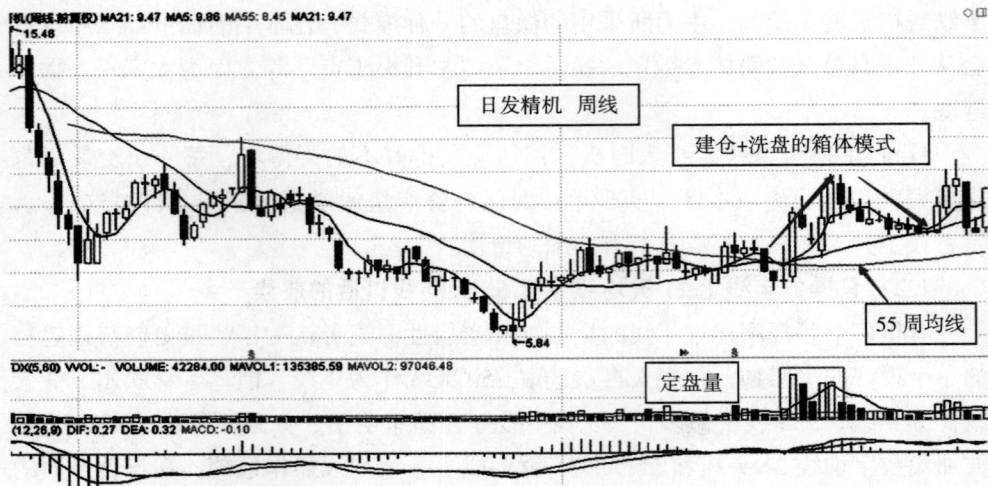

图6-4　日发精机（002520）2012年12月至2013年11月启动主升浪前盘整周线图

周线上放量突破55周线的压制，出现了建仓+洗盘的箱体模式，定盘量、换手率等都符合了牛股模型的要求，如图6-4所示。

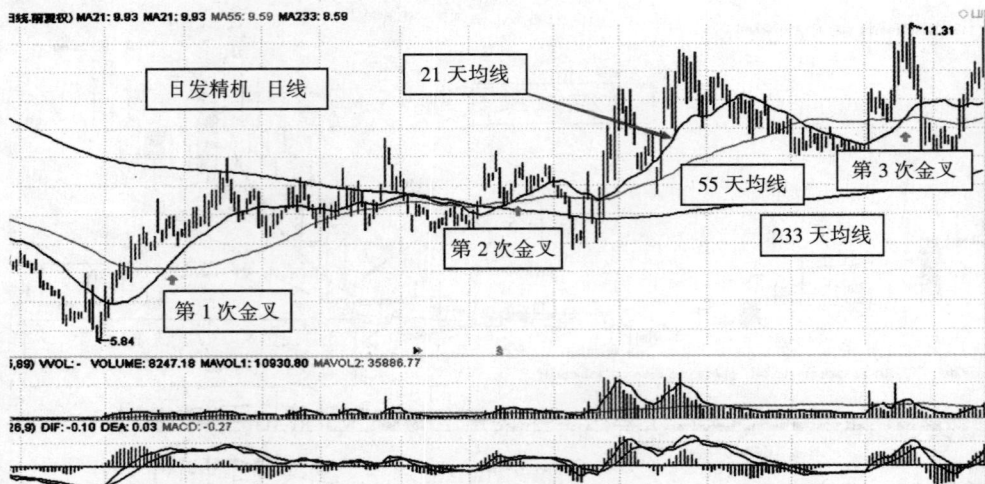

图6-5　日发精机（002520）2012年12月至2014年11月启动主升浪前盘整日线图

回到日线图上如图6-5所示，出现了三次21天均线和55天均线的金叉（见图6-5中箭头处），第一次金叉在233天均线之下，由于233天均线之下看空不做多，所以不具有操作和研究价值；第二次金叉是在233天均线之上，但是233天均线还没有从下降到走平，更谈不上上翘，所以只有关注价值；第三次金叉时，233天均线已经走平并上翘，而且有了一定的上行角度，所以这次金叉需要我们强烈关注，其后的回调走势很可能是非常好的伏击点，该股其后的走势也充分证明了这一点，就是从这一次金叉后出现了翻两倍的牛股主升浪，所以在我们看大势选牛股的过程中，一定要月、周、日三级联立重点关注和操作日线21天均线金叉55天均线后回调到该两条均线的个股。

（三）21天均线金叉55天均线的选股过程

上面笔者谈了月、周、日三个周期的分析次序和年线、21天均线、55天均线的用处，下面说一下利用21天均线金叉55天均线的选股的问题，因为既然21天均线金叉55天均线有一定的主升浪提示作用，那么我们可以利用股票软件自带的选股功能，选择出一段时间内出现21天均线金叉55天均线的个股，再用反向推导，选择月线和周线符合要求的个股，排除掉ST股以及股本大于50亿元、形态不好、基金扎堆的个股，就基本得到了一个初步股票池，再从中优中选优筛选牛股，既节省时间又是挑选牛股的一个方便法门。

21天均线金叉55天均线过程如下：

1. 条件选股

选择功能—选股器—条件选股，在列表里选择均线买入条件选股，并在计算参数里修改计算参数为21和55，加入右侧的选股条件列表（如图6-6所示）。

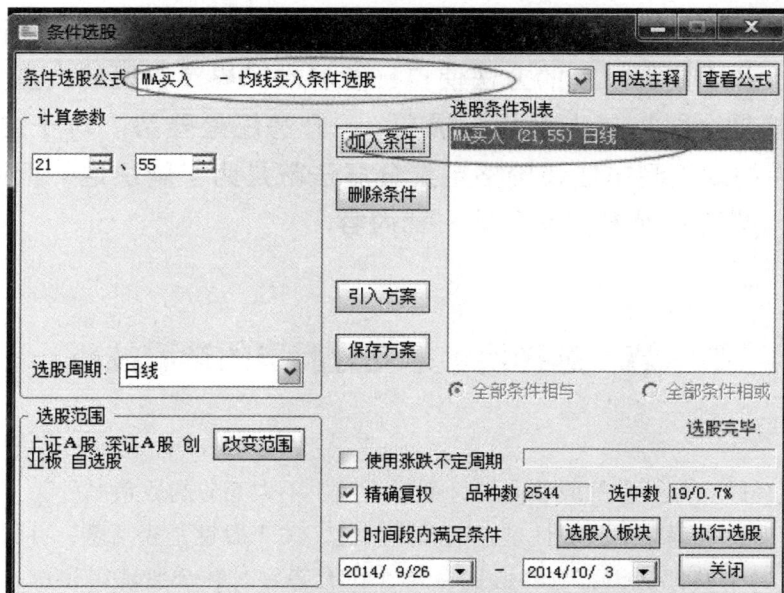

图6-6 21天均线金叉55天均线选股示意图1

2. 选择时间周期

在时间周期方面，笔者认为一般一周或者两周选一次为宜，并应挑选那些金叉信号出现后的一周到两周内出现买点的个股（如图 6-7 所示）。

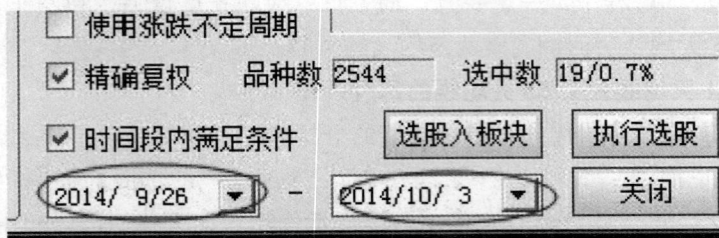

图 6-7 21 天均线金叉 55 天均线选股示意图 2

3. 同样的思路的复制

同样的思路和做法也可以用在月线上，选择那些 5 月线和 13 月线金叉的个股，并关注金叉走势后 2~3 个月的回调。

二、必须形成系列应用技术分析的手段，决定在什么时候、什么价位买卖股票，以确保获利或减少损失。这是后面第三节和第四节买卖技巧所要讲述的内容

三、必须要有特别的方法使自己能够准确界定当时的大盘（具体到炒作就是个股）是出于什么状态——升势还是降势。对于这一点，第一篇中的周天测市法和价格定量分层法就是为了解决这一问题应运而生的，请读者朋友们参看第一章内容

第三节 选择换手率充分股票的选股技巧

要买经过充分换手的股票品种，不要买换手不太充分的股票品种。

这个理念是解决个股股性是否活跃的问题，关于股性是否活跃，并没有在市场中达成一个共性认识，有些股民认为，在大势好时，个股涨得快；在大盘弱时，跌得也快，上下起伏较大，即震荡幅度大者，就是股性活跃。而不少专业人士认为，股票的股性是针对股票运动程度是否剧烈的描述，总体想法是：个股与市场中全部股票相比较，看其活跃程度如何，它包括两方面的含义：一是与其他股票相比，摆动幅度的大小；二是它与大盘或其他股票相比，是涨得快、跌得慢还是跌得快、涨得慢，并把那些涨得快、跌得慢股票列为股性活跃或股性优良之范围。因此，技术分析人士编写了许多个股与大盘比较的指标，以挑选股性活跃的股票，在实战中，这样的指标的确能够帮助投资者发现一些好的股票品种。

作为投资者，我们不能光看到个股涨得快、跌得慢的表面现象，应该多动脑子想一想，同在一个市场中，在一个被主力炒作的板块中，个股题材非常相近，但是基本面好的股票反而涨不过基本面差的股票。笔者通过多年总结认为，个股在一波行情中能否有比较理想的涨幅，关键的因素是由主力庄家对个股持股数量的多少决定的，换句话说主力持股数量的多与少，决定了个股股性活跃程度的优与劣。

这一节就是要重点解决这个问题，即不要买换手不是太充分的股票。学习这个理念，主要是为了避免投资者过早地介入一只主力尚没有拿到足够多筹码的股票品种，因为这些股票还处在吸筹阶段，主力绝不会轻易将股价拉升到大大远离市场成本最集中的区域之上，并且这些股票在上涨的过程中随时存在打压或横向整理的可能，从而使投资者失去了较多的盈利机会。

那么什么样的换手才谈得上是换手充分呢？由于个股的情况不一样，如行业结构、股本结构、财务状态、所处地域等均存在差异，因此在换手率的问题上没有一个十分精确的定式。为了较准确地把握主力机构是否建仓基本就绪，本人通过详细统计，结果是这样的：换手率在达到900%~1200%时，是主力机构基本完成建仓任务的一般标准。这是对沪深两市大牛股的统计结果，因此称为一般标准，是其共有的特性，但不是唯一标准，如果投资者机械应用的话，就会变得死板教条。因此，在学习本节时要注意，关于如何计算换手率的问题，其要点是必须要确立一个基准点，这个基准点的建立，应该是以主力明显介入为标志，那么，掌握主力是否介入就尤为重要。下面将详细介绍四种股票的计算点位。

（1）个股上市以后，没有过大的涨幅，长时间运行在一个箱体内，股价不创新低，股价维持在市场成本最集中的范围内运行，要以上市日开始算起。

以图6-8中的牧原股份（002714）为例，该股上市开盘价就是最低价，足可见二级市场的主力也都看好它，第二天、第三天做了一个假摔动作，吓出了申购投资者手中的筹码之后就小幅拉高，经过了一个半月的震荡打压洗盘到2014年4月1日，这就是决定这只股票命运的时刻。如果一个股票基本面将来有可炒作

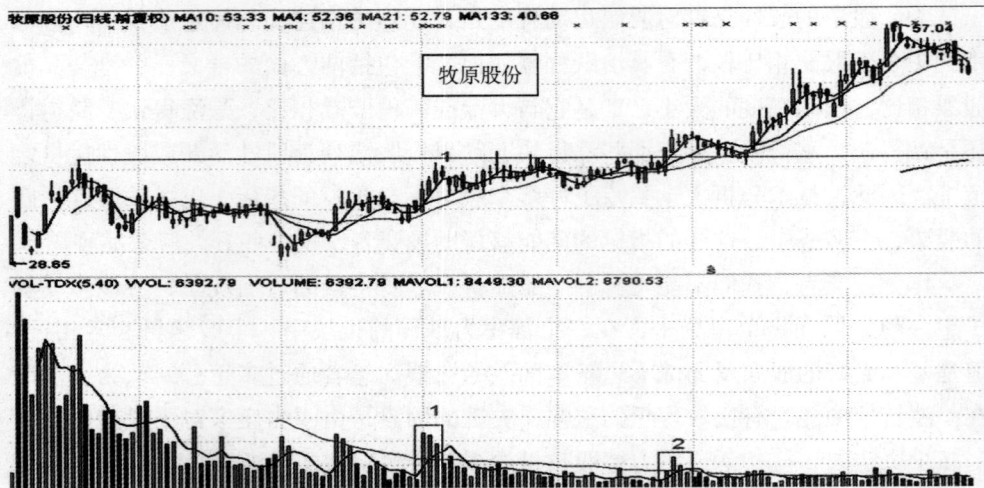

图6-8 牧原股份（002714）2014年1~8月箱体运行图（日线）

的题材，先知先觉的主力一定会让这只股票保持完好的形态，所以4月1日这天是不能破上市最低价的。然后1和2两次突破上市来的高点，都是放的倒梯形量能，说明筹码锁定良好，对于这样一上市运行在一个箱体内，之后的股价不创新低的股票，以上市第一天为标准计算换手率，我们计算得知，牧原股份从开市到1点突破位的总换手率为500，符合新股的换手标准。

（2）上市后股价一路走高，还被大幅拉伸过，股价基本是呈一步到位走势，在以后长时间的调整中见底回升并伴有大成交量出现，股价一路攀升，回调时，股价不再低于或接近见底回升时的点位，就再度走高。那么，换手率即以见底回升时算起。

这一点其实是说找那些上市以来就被大幅炒作过的或者该股历史上有被大幅炒作过历史的股票该如何找换手率计算基点的问题，也就是老股被第二次炒作的问题。其实这个问题相对来说比较简单，就是要跌透。从主力运作的角度来说，没有哪一个主力建仓一只股票会喜欢该股存在很多历史问题，也就是上方存在层层套牢盘，给以后的拉升埋下很多隐患，所以主力要想再次光临该股就只有两个条件：一是跌幅够大，二是离历史套牢盘有获利距离。这就是上面所说的"在以后长时间的调整中见底回升并伴有大成交量出现"的含义，涉及一个再次计算换手率起点的问题，如图6-9所示。

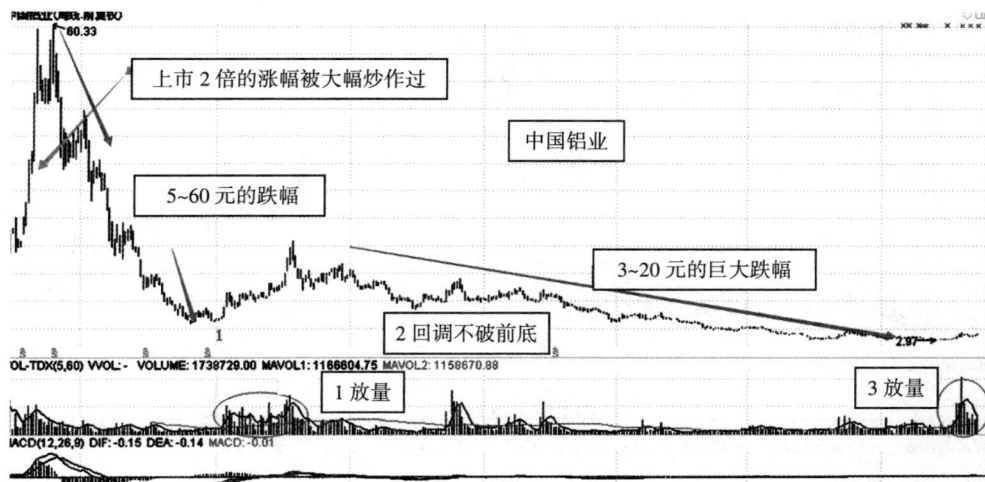

图 6-9　中国铝业 （601600） 2007 年 10 月至 2014 年 7 月震荡下跌图 （周线）

图 6-9 中中国铝业 （601600） 在上市之初曾被从 20 元拉升到 60 元，达到 2 倍的涨幅，可谓被大幅炒作过，要再次引起我们的关注只有一个原因，那就是 "跌透"，我们看到，该股随后从 60 元的高位一直跌到 5 元左右才开始出现第一波集中放量，这就是跌透的道理，之后拉升到 20 元左右掉头向下，为什么涨到 20 元不涨了呢？其中有大盘影响的因素，更主要的是 20 元就是前面 2 倍升幅的起点，再往上层层套牢盘压力巨大，更何况主力从 5 元拉升到 20 元，已经有 2 倍的升幅，获利不菲，之后走势到 2 处没有跌破 1 处的低位再次放量，这时就可以从 1 的放量处重新计算换手率，不过 2 处以后该股没有走出箱体模型的要求，继续重复 1 处之前的动作跌到 3 元附近再次放量，这次的放量高度超越了前面所有的放量，这是一个好的信号，之后如果放量拉高回调不破 3 这个低点，那么，换手率即以见底 3 回升时算起。

（3）在大势好时，上市初期的新股，次新股的换手率可降低标准，换手率在 300%~650%，上升趋势十分完好，是投资者可参与的品种。

以科冕木业 （002354） 为例 （如图 6-10 所示），该股上市第一天的成交换手率就达到了 80% 多，机构换手积极充分，虽有一天的短暂下破，但随后很快就被拉回开盘价附近，有一个细节就是 2010 年 2 月 25 日突破上市首日最高价的时候才 36% 的换手，3 月 2 日则下降到了 16%，只能说明一个问题就是惜售，没有人卖出自己手中的筹码，筹码锁定良好，到 3 月 24 日突破 2 个月形成的箱体的时候换手率刚好在 519%，符合所说的标准。

第六章　『四要四不要』选股理念

图 6-10 科冕木业 (002354) 2010 年 2~4 月主升浪图 (日线)

（4）被大幅炒作的个股，从高位一路下滑，不要轻易找它的基准点，但在反弹中，周换手率达到 20% 左右时要引起注意，很可能是主力再度收集筹码，如在以后的走势中，成交量继续放大，且趋势向上升的方向转化，则是个股吸筹蓄势的动作过程，在未来的调整中，这些股票还会加大震荡幅度，但股价多会在吸筹蓄势的区域范围内运行，跌破该范围的可能性有，但时间会十分短暂，而后会很快再度放量拉伸，形成打压式吸货的走势。

这个要点需要我们多注意，因为大部分的牛股都是从这种情况下产生的，这里我们需要注意四个要点：

（1）对于曾经被大幅超过的股票，不要轻易找它的基准点，一定要有一个大幅下跌的过程，让股价跌透并伴有长期缩量的过程出现。

（2）周换手达到 20%~30% 只是主力再度蓄势吸筹的一种标志的可能，也可能是股价下跌过程中的反弹。

（3）周换手达标后的走势是否出现了震荡箱体走势。

（4）达到以上 3 条之后的走势不应该跌破周换手达标 K 线的股价标准（允许短期跌破不能放量）。

说明完以上四点，我们再回过头来看抚顺特刚 (600399) 的周线（如图 6-11 所示）就能一目了然，图中 1 处出现了换手率 20% 的标 K，我们用前推法看这一周之前有没有一个下跌的过程。该股之前从 2011 年 8 月 5 日那一周开始到 2012 年 1 月初，下跌了四个月之久，从 9.67 元一直跌到 3.59 元，跌幅近 60%，这样就符合了我们的前两个条件。再看之后的走势，形成了一个中枢震荡的走势，一个细节就是从 1 处开始有两次大幅的回调走势，但是都没有跌破 1 处形成价格成本线，见图中横线（2012 年 9 月 7 日、2012 年 12 月 7 日、2013 年 6 月 28 日这三周形成的连线），这说明其后的两次超过 20% 的放量行为和第一次是同一类型的资金，这样我们就可以从图中 1 处开始计算换手率的大小是否符合要求，抚顺特钢从 1 处到启动点换手率达到 1021%，借助当下军工板块的炒作热点完成了主升浪的拉升。

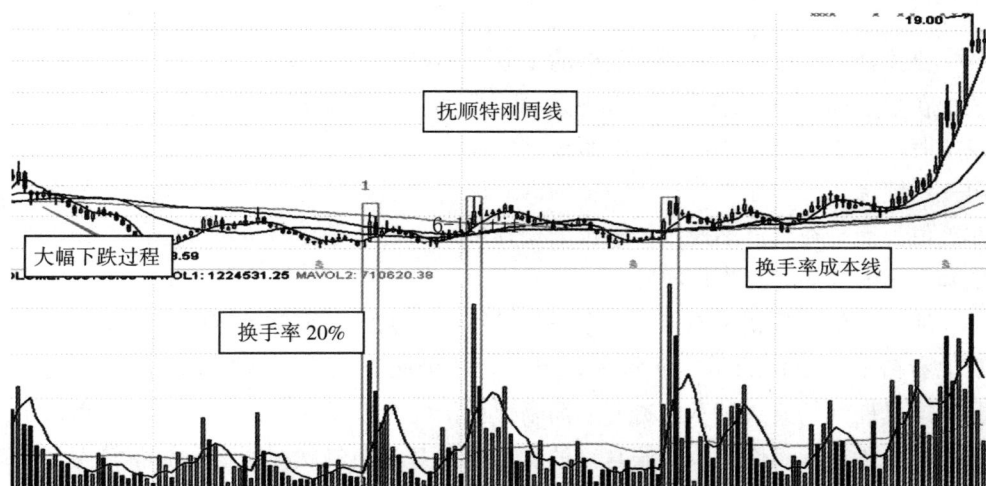

图 6-11　抚顺特刚（600399）2012 年 1 月至 2014 年 7 月主升浪启动前箱体运行图（周线）

　　总而言之，成交量是股市的灵魂，通过分析成交量的变化可以捕捉到庄家的蛛丝马迹，主力庄家在吸筹、拉升和派发阶段，成交量的变化情况是不会一样的。主力有意吃进筹码时，不可能四处张扬，消息面大多处于真空状态，否则一旦被市场上的散户投资者知道了，主力就无法吃到足够多的筹码，坐庄一只股票的计划就会落空，所以，此时主力的方向一般不宜察觉到。主力在吃够足够多的筹码并希望拉抬股价获利时，会在让图形走好的同时，用放大成交量的手法吸引市场中的投资者的注意，设法让中小投资者跟进抬轿。此时，对股民来说，及时跟进，短线操作不失为一个好的时机。主力出货也是一个极其隐蔽且又难以判断的阶段，因此，在主力出货时同样不能大张旗鼓地进行，除非在庄家派发得差不多时，所以判断主力是否介入一只股票，应注意依靠盘面分析来解决，也才有了盯盘这个概念。通常来讲，股票从吸筹、拉升、上涨到出货，必须或至少要经历一个放量—缩量—再放的循环过程，笼统地讲，股票在相对低位持续放量，说

明有主力在开始介入，股票在相对高位持续放量，特别是当前的股价已经远离主力成交价若干倍以后的放量，说明主力开始减持手中的筹码，投资者对两者均应予以高度重视。

第四节　选择基本面清晰股票的选股技巧

　　要买基本面透明、清晰、简洁的个股，不要买基本面较为复杂的个股。

　　在学了前面三个理念再来谈基本面，好像违背了常规的炒股思路，事实上，我国股市的基本面很难捉摸，有时候基本面分析报告真假难辨，从而有了上市公司一年绩优、二年绩平、三年亏损的讽刺说法。因此，笔者不是不想把基本面放在首位，而是在众多不规范的上市公司环境里，甚至是在一个不成熟的市场里谈论基本面的好坏有点不切实际。

　　那么，是不是就用不着了解个股的基本面了呢？答案是否定的。我们应当客观地看待上市公司的基本面状况，要学会从个股的走势中判断基本面的变化情况。这里提到的要买基本面透明、清晰、简洁的个股是相对的，并且应当承认个股基本面是在真真假假、假假真真的变动中，基本面的状况通常由简单转为复杂再转为简单，用股民通俗的话说就是在"理解—糊涂—理解"中循环反复，在股价的表现上就是"涨—落—涨"。其实这也很好理解，复杂的基本面是主力进行吸筹的阶段，简洁的基本面是主力拉升甚至是派发的阶段。

第七章

寻找牛股的五大法则

兵法有云，"兵者诡道也"，A股历史上每年、每月都诞生着一批一批的黑马、牛股，有的是一骑绝尘直冲云天，有的是跌宕起伏精耕细作，这些牛股的走势不是让人叹为观止，就是只能作为投资者茶余饭后的谈资。股市的机会很多，遗憾更多，投资本身就是一种遗憾的艺术，笔者经历过烟花烂漫的辉煌也有过扼腕叹息的沉默，因此只有以史为鉴，以过去历年牛股为蓝本，树立良好的投资思路和理念，谋定而后动，再辅以精湛的实战技术手法，寻找股市中的牛股。

俗话说，"世界上本不缺少美而是缺少发现美丽的眼睛"，前面我们用了大量篇幅讲解了选股理念，但是有了好的选股理念只是成功的第一步，接下来笔者要介绍寻找牛股的五大法则，这五大法则就像是拦马线一样，只要投资者胆大心细，就一定能捕捉到真正的大牛股，进而在尔虞我诈的证券市场里游刃有余。牛股的横空出世前期也有先兆，都有比较明显的走势特征与规律可循。在笔者总结的牛股模型的实战技法中，其中的几点尤为重要，并有相当的实战性，本章将一一探讨。

第一节　第一法则：先知先觉

在股市中，应重点关注每波下跌行情先于大盘和板块见底的个股。俗话说早起的鸟儿有虫吃，每一个牛股在启动前都是默默地耕耘，不露声色，在大盘趋势形成后才原形毕露呈现牛股走势，但在这之前总会有一些蛛丝马迹泄露它的行踪，就是先于大盘或者板块见底。《易经》有云，"取法乎上，仅得其中；取法乎中，仅得其下"。这个市场中总会有先知先觉的资金，无论是消息渠道、资金实力、操作团队都是属于领先型的，我们没有能力先知先觉，那就只有紧跟它们，以它们为参照系才能达到于无声处听惊雷的效果。

图 7-1 和图 7-2 是深证指数（399001）和大牛股成飞集成（002190）的对照图，从两图的走势和时间的对照我们可以清晰地看出，成飞集成的见底时间要比深证指数提前长达近一年的时间。在成飞集成 2012 年 8 月 1 日见底的时候，深证指数还在漫漫熊途，试问回到风声鹤唳的当初，你我普通投资者敢在 2012 年 8 月敲下买入的下单键吗？答案是否定的。出现这种情况只有一种可能，就是先知先觉的资金已经对该股未来的基本面有了充分的把握和认识，才在这里暗度陈仓，之后维持了很长一段时间的箱体震荡，2014 年 5 月开始一路狂奔到 72 元，

图 7-1　深证指数（399001）2012 年 7 月至 2013 年 7 月震荡下跌走势图

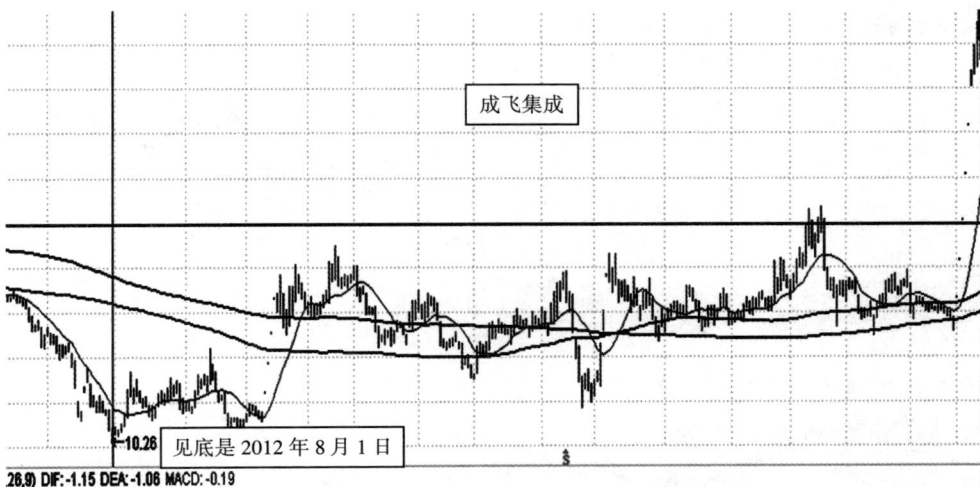

图 7-2　成飞集成（002190）2012 年 8 月至 2013 年 7 月与深证指数（399001）
类比提前见底图（日线）

让人唏嘘不已，如果普通投资者能早一点知道这一法则，也不会面对大牛扼腕叹息了！个股先知先觉是成为牛股的基础，是我们普通投资者在浩如烟海的股市中发现牛股的简单有效的途径，这样的例子非常多，很多牛股都符合这个法则，如 2013 年涨幅榜排行首位的网缩科技、排行第二位的掌趣科技，2012 年 1 月 16 见底的潜能恒信，2011 年 12 月 28 日见底的三泰电子等，这里不再赘述。

第二节　第二法则：类比思维

所谓类比思维，就是横向和纵向相比较的思维模式，个股与板块、个股与大盘指数相比较的三元式思维。为什么这么做呢？因为没有比较就没有鉴别，我们都知道每一波行情都有大牛股产生，这些大牛股都是某些资金运作的结果，而这样性质的资金都会有自己的进出顺序。正所谓周而复始，天地循环，盛衰相容，股市之道，股市遵循着自然界最朴素的涨跌循环轮回铁律，而在这轮回的节奏中诞生了无数的大牛股随波逐流此起彼伏。在这节奏中，怎么才能嗅到黑马的味道，找到黑马诞生的蛛丝马迹？佛经有云，"一叶落而知天下秋"，任何的大牛股的产生在技术层面都会有先兆，正所谓"于无声处听惊雷，于无色处见繁花"，下面我们就从类比思维的角度出发沙场秋点兵，透过重重迷雾用案例解开牛股诞生的密码。

图7-3 上证指数（000001）与创业板指数（399006）2012年2月至2013年10月期间类比图

图7-3是上证指数（000001）和创业板指数（399006）的对比图，从图7-3中我们能清晰地看到资金都去哪了，答案是创业板。从2012年12月4日开始，大盘三大指数同步见底，即图7-3中2的位置，也就是说这里是一个"分水岭"，2014年产生的大牛股里面基本上都是2~3这个过程中建仓的，那为什么还要拿出0~1来呢？就是想告诉大家资金轮动的顺序。请注意不是板块炒作的顺序，这是两个概念问题。找到了资金顺序就可以顺藤摸瓜找到炒作热点、龙头个股，这是一个不断类比的过程。那么0~1建仓的是谁呢？举一个例子，深天马最近炒作了一波，如图7-4所示大盘指数在2处才见到底，而该股先知先觉地在0处已经暗度陈仓了，所以在大盘见底时才能走出2~3的一波翻倍行情。还有一个细节就是年线，这个我们在以后的讲解里阐述。

回到上面的问题，创业板中2~10的行情里也是分前后顺序的，比如说利亚德（300296）、中京电子（002579）在6~7启动，金达威（002626）、东方精工（002611）在6~7建仓8~10启动，尤夫股份（002427）在2~3建仓，露笑科技（002617）在2~5建仓8~10启动，佳电股份（000922）在9~10建仓12~13启动等，大家可以把2014年1月到现在的牛股排行榜选出来对照一下，笔者不再一一列举。从上面这些案例我们发现，通过第一法则找到那些先于大盘见底或者见顶的个股是不够的，还要用板块与大盘以及板块内的个股相比较，找到领先于大盘的热点，找到领先热点板块中的领先个股，有这一个过程就不至于找不到龙

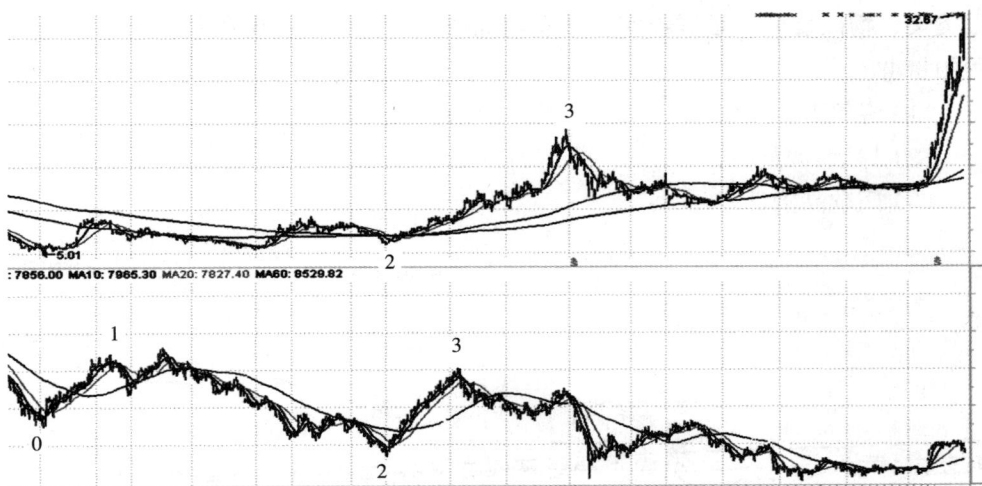

图 7–4　深天马（000050）与上证指数（000001）2012 年 2~8 月同期类比图

头、骑不上黑马。笔者习惯在每一个重点板块找出一只无论从基本面、技术面都是板块领头羊的个股放到一起，每过一段时间复盘就去观察它们的表现，这样春江水暖鸭先知，我们只要做好观察、比较、分类、跟上就能踏准节奏，一剑封喉了。

　　这一法则还可以用在短期寻找强势股上，屡试不爽。希望大家能举一反三，触类旁通。

第三节　第三法则：量在价先

　　兵法有云，"兵马未动粮草先行"，在 T+0 制度的 A 股市场，量能更是我们研究的重中之重。

　　我们都知道，股票的涨跌过程是低位筹码到高位转换的过程，这是任何资金和个人都无法改变的，也就是说主力想炒作一只个股，手中必须先要有这只个股的流通筹码才行，这样主力机构就必须先要完成吸筹的工作，这就给我们提供了很好的观察和分析的机会，只要我们具备耐心、细心和决心管中窥豹，主力在底部的厉兵秣马我们也能明白一二。谈到成交量不能不说近两年黑马王子老师关于量柱的系列书籍，真知灼见、招招精到，笔者则更喜欢用量群的说法，俗话说人以类聚、物以群分，量群也非常具有实战技术意义，笔者现在简单介绍三种常用的量群。

（1）春笋型。

（2）梯形+调整版。

（3）间歇高倍量。

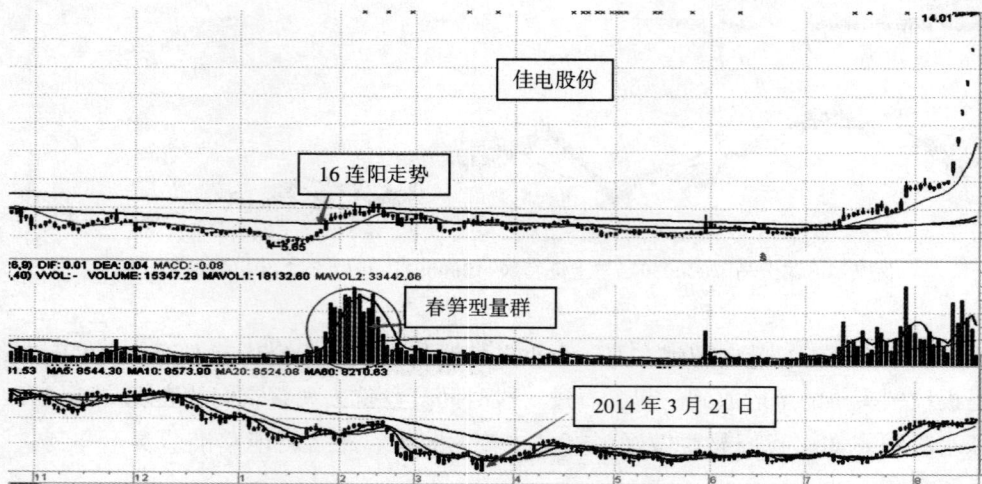

图 7-5　佳电股份（000922）和深证指数（399001）2014 年 1~8 月同期类比图（日线）

图 7-5 是佳电股份（000922）和深证指数（399001）的日线对比图，量在价先体现得淋漓尽致，图 7-5 下方深证指数在 2014 年 3 月 21 日见到指数低点，而佳电股份早在 2014 年 1 月 10 日就领先一步，更细节的是大盘在相对佳电股份的 5.65 元的低点之后 7 个交易日后见到相对低点，非常符合第一法则，之后竟走出了 16 连阳的走势，相对应地放出春笋型量堆。这种量群集中、有力是实力的象征，非一般小资金所为，几重信号暴露了牛股的本质，在这之后经过 4 个多月的调整，也没有再跌破前面的低点，之后高歌猛进叫人羡慕不已。

从图 7-6 易联众（300096）日线图，我们能很清楚地看到早在 2012 年 12 月 4 日见底前 12 个交易日就提前见底，不可不谓先知先觉，在底部量是用真金白银堆出来的，该股也提前大盘放出了高倍量柱群，所谓高倍量柱形成的机理是主力在拉高建仓的过程中遇到了大量抛压转而快速下砸洗盘，成交量迅速萎缩，主力再次重复这一过程，就形成了阴阳高低相间的形状。易联众的主力在建仓过程中还出现了逆势涨停板，此时大盘指数还处在连阴下跌的阴霾之中，这"万绿丛中一点红"留给市场的不只是惊奇，更是今后成为强势股的一种非常重要的先兆。

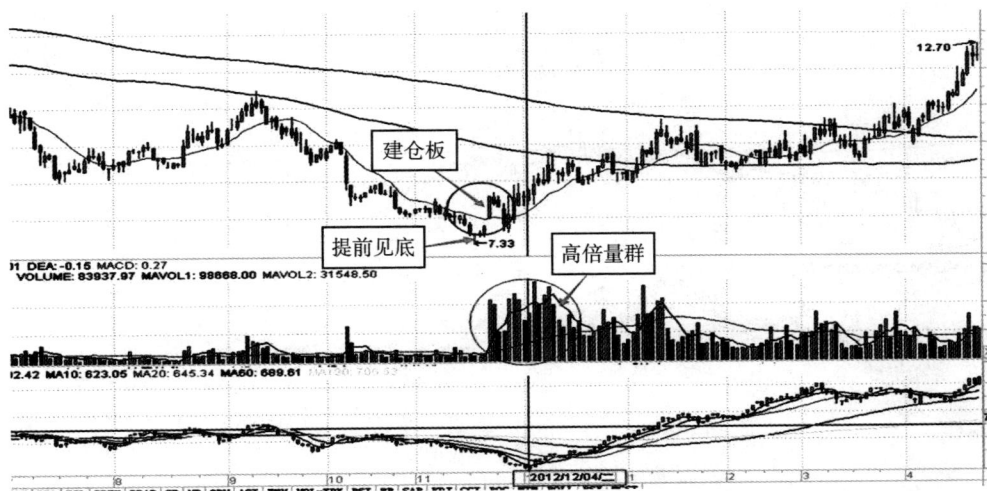

图 7-6　易联众（300096）与创业板指数（399006）2012 年 11 月至 2013 年 6 月同期类比图（日线）

2013 年 11 月 19 日的智云股份（300097），2012 年 11 月 16 日的三维丝（300056），2012 年 6 月 19 日的天喻信息（300205），2011 年 10 月 17 日、25 日的华谊嘉信（300071）等，大家可以自己去对照，这里不再一一列举。

第四节　第四法则：逆势

前面的章节里我们介绍了弱市找强势的一些方法和思路，下面将介绍牛股的另外一个特性：逆势，这也是发掘牛股的重要一环。要体会逆势无疑大盘在下跌的过程中将是考验个股的试金石，此时表现出的逆势个性才是牛股的英雄本色。

图 7-7 是长江投资（600119）和上证指数的对比图，2012 年 12 月 4 日该股与大盘同时见底，除了之后几天的一个建仓板其余时间都走得不温不火，没有什么可圈可点的亮点，但是在 2013 年 5 月 24 日该股拉出年线上的第一个放量涨停板后走势发生了翻天覆地的变化，图 7-7 中长江投资在 2 处和大盘一起缩量回调，6 月 21 日收出了拒绝下调 K 线，第二天在大盘狂跌 5.3% 的阴霾中强势收出了涨停板，股海横流尽显牛股本色，之后一路震荡走高翻了 2 倍之多，创业板指数自 2011 年 11 月 18 日那一周开始，连续跌出了 8 周阴线。舒泰神（300204）

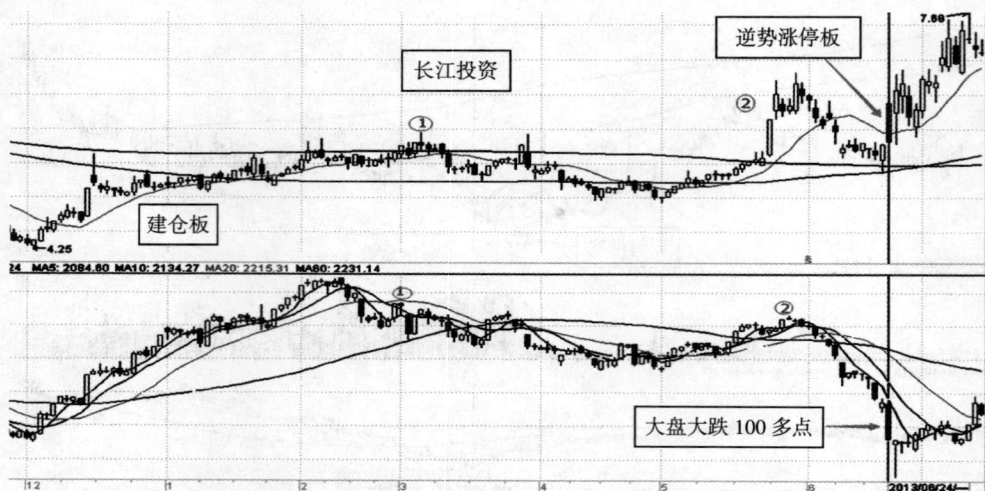

图 7-7 长江投资（600119）与上证指数（000001）2012 年 12 月至 2013 年 7 月
同期类比图（日线）

在前 4 周竟然走出了放量新高的 4 周阳线，之后微调几周便一路长阳（如图 7-8
所示）。

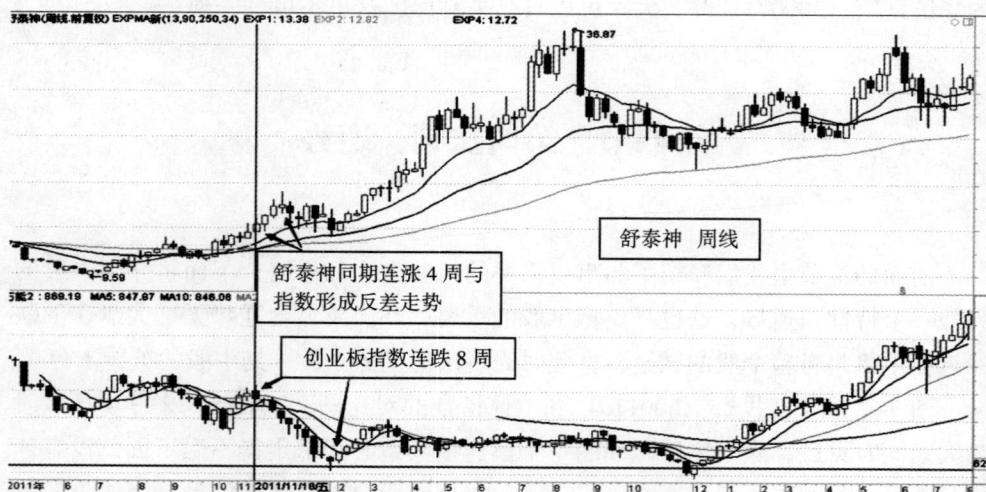

图 7-8 舒泰神（300204）与创业板指数（399006）2011 年 11 月 6 日至 2012 年 8 月
同期类比图（周线）

尔康制药（300267）在 2013 年 2 月 21 日至 7 月 9 日期间，大盘指数顺风顺
水新高不断，该股却一路狂泻，个性突出显得非常异类，但这没有阻挡它成为大

牛的脚步，从那以后一路我行我素连续拉出 13 个月阳线，这真是"世人笑我太疯癫，我笑他人看不穿，不见五陵豪杰墓，无花无酒锄作田"（如图 7-9 所示）。

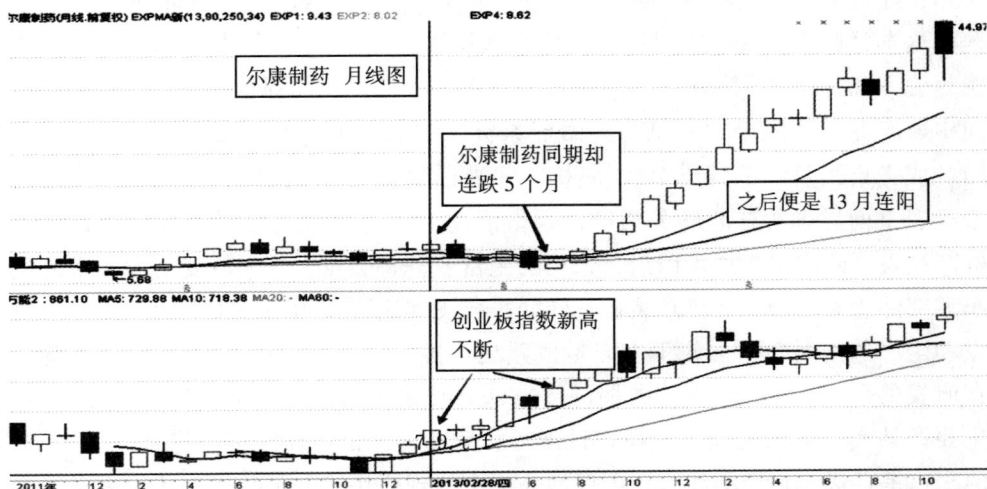

图 7-9　尔康制药（300267）与创业板指数（399006）2013 年 2~8 月同期类比图（月线）

第五节　第五法则：比价体系

什么是比价体系？比价体系是资本市场内大盘、板块、个股之间一种内生性的参照关系，即一定时间段内，股票与股票之间的价格比例关系，以及股票现有价格在股票历史价格波动中所对应的比例关系，即股票和大盘指数的历史价格的纵向比较关系，以及股票价格之间的横向比较关系即同时间比价比的关系。简单点说是板块与板块间、个股与个股之间横向与纵向的价格比较。因为任何一只股票都不是独立的，在整个股票市场中，处在一定的比价关系联动中，这个比价关系的变动，就会相应产生一个获利机会，当某板块价格高高在上时，其他关联板块价格比较低，这时就可以考虑参与价格较低的板块；当某板块历史上曾经暴涨，现在处于历史低位，可以考虑介入。个股的比价关系同理。

一、比价体系是一个估值系统

为什么说比价体系是一个估值系统呢？因为任何一只个股都不是单独的个

体，它受行业景气度和整个板块的影响，同时在流通盘、市盈率、每股收益等方面又受到同板块中相近个股的定价的横向比较，例如具有 A+H 股的个股因为内地和香港两个市场价差的原因，受沪港通业务开通的影响，纷纷上涨回归价格平衡，这本身就是市场的一种比价效应在起作用。又如 2014 年上半年的大牛股成飞集成，2014 年 5 月 19 日，成飞集成发布公告称，将以每股 16.6 元的发行价，向中航工业、华融公司及洪都集团三家资产注入方定向发行股份，购买沈飞集团、成飞集团及洪都科技 100% 股权，并进行配套融资。其中，注入资产包括歼击机、空面导弹等核心防务资产，预估值达 158.47 亿元。公司业务转型，防务资产注入，此次资产注入以后，公司的主营业务将会发生重大转变，由原来的汽车零部件业务向防务飞机总装业务转变。成飞和沈飞作为中航工业旗下战斗机研发和生产的主要单位。旗下有多款成熟战斗机型，如歼 10、歼 11B 等，也有正在研发的歼 15、歼 20 等。洪都科技是以空面导弹的研发和生产为主业的公司，主要产品具有适用范围广、精确打击等实战能力。公司在停牌前只有 52 亿元市值，这笔百亿元资产的注入，不仅使公司市值规模快速翻了数倍，还给成飞集成增加了近 8 亿元净利润，使公司盈利能力大幅提升，而且使公司成为中航工业防务资产整体上市平台，估值出现质的飞跃。如此大手笔运作，堪称中国军工行业上市公司单次发行股份购买资产规模之最。所以，给了市场极大的想象空间。这让我们想起了 2007 年被爆炒到 300 元的军工第一龙头中国船舶，无论从板块地位、产品垄断优势、股本大小等方面都具有一定的相似性，中国船舶最高价是 2007 年 10 月达到 300 元，按重组前股本 2.62 亿股计，市值为 780 亿元；按重组后股本 6.62 亿股计，市值为 1980 亿元。如果市场认可成飞的重大战略地位，可以类比当年的中国船舶，按重组前后类似市值推，成飞目前股本 3.45 亿元，对应股价 220 元以上，按重组后股本 16.1 亿元计，对应股价为 120 元，保守一些按重组前的估值计价为 48 元。如果投资者早就深谙比价关系的魅力，那么在重组消息出来后，也就是 6 个涨停板后，平台也才在 27~30 元左右的价格时买入，离 48 元目标位还有近 50% 的涨幅，最后成飞集成一个月的时间被爆炒到 72 元高价，不可谓不强势，不可谓不"牛股"，笔者可以断言以该股的独特题材和地位迟早是百元股的苗子。其实这样的例子比较多，比如 2013 年从 9 元上涨到 33 元的中药龙头广誉远，始创于明嘉靖二十年，距今已有 472 年的历史，在清朝曾与广州陈李济（1600 年创建）、北京同仁堂（1669 年创建）、杭州胡庆余堂（1874 年创建）并称为"四大药店"，并在 2006 年成为首批被商务部认定的"中华老字号"企业。其主导产品"龟龄集"和"定坤丹"，均为国家级保密处方，分别在

2008 年和 2011 年被国务院评为国家级非物质文化遗产。值得一提的是，龟龄集、定坤丹亦系"御用圣品"，这样的中药龙头在 2013 年总市值却只有区区几十亿元，与上市以来就上涨了十几倍，总市值都在 200 亿~300 亿元以上的其他三大中药股同仁堂、云南白药、片仔癀来说，形成了明显的比价效应，具有强烈的补涨要求，会拉近与其他三个中药股的市值差距，又如 2014 年 6 月 13 个交易日就咸鱼翻身的新股影子股景兴纸业，因为参股即将要上市的新股莎普爱思 20% 的股份而获爆炒，营造了一时的热点，其原因也是比价关系造成的估值在起作用。

二、比价体系是一个参照系

我们在实际操作中，经常会遇到错过龙头股的情况，这个时候我们不应该扼腕叹息而是要用同板块的比价关系去发掘相同题材的次龙头、补涨龙头，从而使得亡羊补牢犹未晚矣。我们都知道，一个持续热点的炒作不是一只龙头个股的"表演秀"，而是在几只个股轮番炒作交替上涨中完成的，这里面就存在着一个时间断层，我们刚好利用这个时间差寻找下一个明星。有了前面的龙头的示范作用，往往后起之秀青出于蓝而胜于蓝，例如 2013 年 6 月炒作的上海自贸区概念牛股频出，在大盘低迷时期可谓是股市的一道亮丽的风景线，上海物贸（600822）一马当先（如图 7-10 所示），2014 年 6~7 月中旬几乎走出了翻倍走势，可见先知先觉的主力已经提前预知消息进场备战，2013 年 8 月 9 日该股受自贸区消息的影响开始了第二波的上攻。再看看同类板块的上港集团（600018）、浦东金桥（600639）、华贸物流（603128）还是一片寂静（如图 7-11 所示），直到 2013 年 8 月 14 日次龙头华贸物流才开始有所动作，并于 8 月 21 日三个涨停后"天龙吸水"才开始了主升浪（见图 7-8），而浦东金桥、上港集团则在 26 日才开始启动。经过这番比较，我们已经非常清楚，即使当初我们没有发现上海物贸这个大牛股的实力，但是从 7 月初以后自贸区概念已经逐渐的明朗化，我们完全可以利用比价关系这一武器找到同板块的华贸物流、上港集团等，收益也是相当可观的，这样才能做到后来者居上，在主力的炒作中分得一杯羹。当然，利用同样的思维我们还可以将板块指数与大盘指数做比价、板块指数与板块指数做比价，这样就能看清楚市场中资金流进流出的顺序，也就能看清哪个板块在大盘启动前打响了第一枪，哪个龙头在该板块又充当了急先锋的作用。总之这种思维要灵活运用，它在实战操作中起着不可或缺的作用。

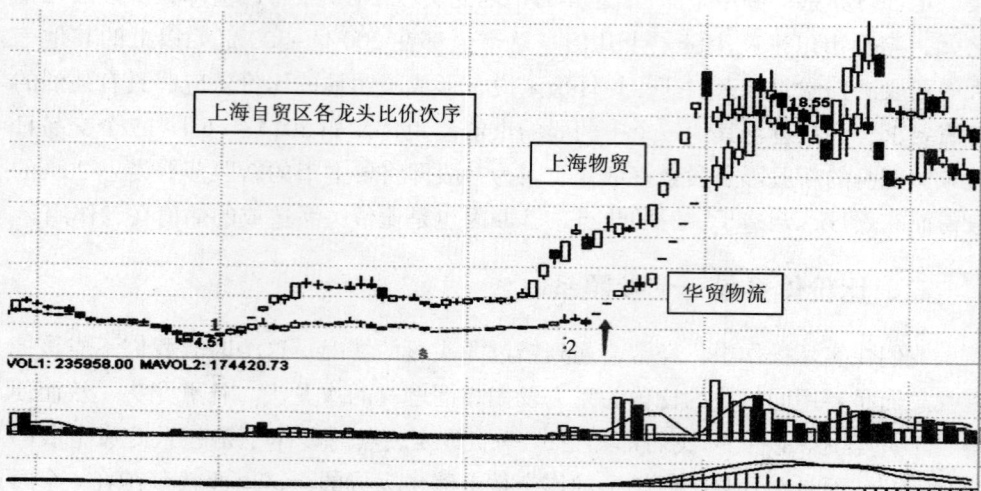

图 7-10　上海物贸（600822）和华贸物流（603128）在 2013 年 6~9 月
因上海自贸区热点开启主升浪比价图

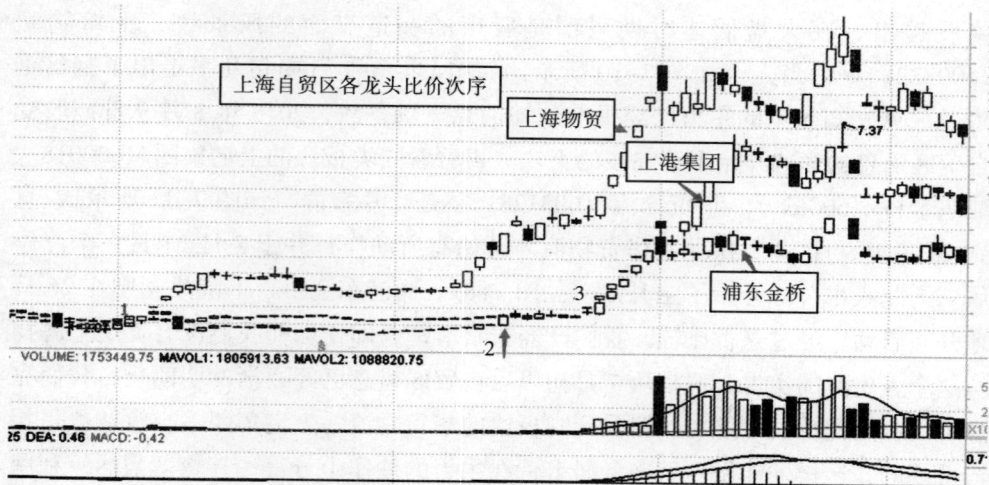

图 7-11　上海物贸（600822）、上港集团（600018）、浦东金桥（600639）2013 年 6~9 月
因上海自贸区热点开启主升浪比价图

牛股模型的六大核心密码

所谓牛股模型的标准，是建立在大量的实战和经验总结基础上的一种模式，这种模式能让我们在投资过程中趋利避害、减少亏损。从概率学的角度上来说，盈亏比最佳概率锁更高，笔者经过长期的实践总结了八种不同类型的牛股模式，本书重点讲解"横盘出大牛"和主升浪中的必经之路三买模式。说到横盘出牛股，很多股民都会说出"横有多长竖有多高"的股谚，但是又有多少投资者享受过横盘大牛的三浪三高潮呢？又有谁从定盘量、满换手、主力筹码、横盘幅度、真假突破、五浪上行等要素去总结过呢？下面笔者就为大家做一一分析。

一、2007 年涨幅十大牛股

1. 002019*ST 鑫富：1159.28%

2. 000686 东北证券：1028.51%

3. 000712 锦龙股份：927.57%

4. 000887 中鼎股份：883.16%

5. 000952 广济药业：852.65%

6. 600837 海通证券：803.29%

7. 600385*ST 金泰：761.06%

8. 600595 中孚实业：720.29%

9. 000960 锡业股份：703.65%

10. 600150 中国船舶：689.82%

二、2008 年涨幅十大牛股

1. 600703 三安光电：111.44%

2. 600836 界龙实业：62.91%

3. 002271 东方雨虹：57.77%

4. 000998 隆平高科：49.10%

5. 002223 鱼跃医疗：46.56%　　　6. 000736 重庆实业：35.71%

7. 002041 登海种业：32.83%　　　8. 002272 川润股份：32.08%

9. 600354 敦煌种业：32.07%　　　10. 600395 盘江股份：31.82%

三、2009 年涨幅十大牛股

1. 600146 大元股份：663.01%　　　2. 600537 亿晶光电：625.62%

3. 000519 江南红箭：564.84%　　　4. 000570 苏常柴 A：564.22%

5. 600139 西部资源：541.63%　　　6. 000540 中天城投：510.04%

7. 002005 德豪润达：509.61%　　　8. 000536 华映科技：482.84%

9. 600481 双良节能：480.55%　　　10. 600562 高淳陶瓷：479.19%

四、2010 年涨幅十大牛股

1. 000703 恒逸石化：378.90%　　　2. 600259 广晟有色：304.55%

3. 600372 中航电子：282.85%　　　4. 000603 盛达矿业：278.24%

5. 002310 东方园林：265.80%　　　6. 002106 莱宝高科：248.68%

7. 002081 金螳螂：241.85%　　　8. 000669 *ST 领先：218.27%

9. 002006 精工科技：210.05%　　　10. 002190 成飞集成：208.63%

五、2011 年涨幅十大牛股

1. 600340 华夏幸福：194.50%　　　2. 000750 国海证券：153.99%

3. 600645 中源协和：142.96%　　　4. 000587 金叶珠宝：111.64%

5. 600633 浙报传媒：98.08%　　　6. 000035 *ST 科健：83.38%

7. 600637 百视通：79.59%　　　8. 000719 大地传媒：73.48%

9. 002136 安纳达：72.41%　　　10. 600490 中科合臣：64.13%

六、2012 年涨幅十大牛股

1. 000409 ST 泰复：204.58%　　　2. 000750 国海证券：170.19%

3. 600340 华夏幸福：165.97%　　　4. 600209 罗顿发展：159.10%

5. 600684 珠江实业：156.41%　　　6. 600988 *ST 宝龙：152.85%

7. 000671 阳光城：144.76%　　　8. 000043 中航地产：137.89%

9. 600217 秦岭水泥：134.77%　　　10. 002456 欧菲光：126.50%

七、2013 年涨幅十大牛股

1. 300017 网缩科技：407%　　　　2. 300315 掌趣科技：398%

3. 002681 奋达科技：389%　　　　4. 300052 中青宝：342%

5. 300191 潜能恒信：332%　　　　6. 300226 上海钢联：326%

7. 300205 天喻信息：322%　　　　8. 300104 乐视网：313%

9. 300071 华谊嘉信：311%　　　　10. 300027 华谊兄弟：294%

看了上面这些历年十大牛股的"福布斯"排行榜是不是既激动又充满遗憾？这让我想起了周星驰在大话西游里的那句经典台词"如果上天可以再给我一次机会……"。时间如白驹过隙，时间留给我们的不只是回忆，还应该有经验，古语有云，"以史为鉴可以知兴替"，这几十只大牛股都是主力机构完美的作品，我们应该透过时间的禁锢，去寻找和发现牛股留下的蛛丝马迹。上面排行榜中带横线的就是采用过"横盘出大牛"模式的股票，俗话说"有钱难买早知道"，早一点掌握横盘出大牛的核心密码就不会望洋兴叹、扼腕叹息，与其临渊羡鱼，不如退而结网，接下来笔者就给大家庖丁解牛式地解析横盘出大牛的几大核心因素。我们先来看一下这种模式形成的机理是什么？此种模式产生的背景都是大盘指数处在大熊市或者震荡市时，由于个股身处熊市经历了长时间的下跌，其价格优势和价值优势日趋凸显，此时先知先觉的主力重点关注并有计划地开始进场拿货，有一个漫长的吸筹、洗筹、等待某种契机的过程，在技术层面就是短中长期均线理顺、指标修复的过程。这个过程一般较长，这种过程越长，也就是"横得越长"，日后一旦时机成熟，爆发力和持久性就会越强，因为采用这种模式做盘的机构都是那些有资金实力的中线主力，他们资金雄厚、技术精湛、政策消息渠道超前，所以才有横盘出大牛的说法。

经过长期的实践，笔者针对横盘出大牛这种模式总结出五大核心密码，投资者熟练掌握了这几种核心因素，在以后的实战中就能取得更好的收益跨越牛熊。

第一节　牛股模型的第一重密码——基本面要素

谈到 A 股上市公司的基本面分析着实让人又爱又恨。作为身处金融市场食物链低端的公众投资者虽然照搬基金经理的价值投资理念，但是不能忽视盈利的增

长是股价上涨的原动力本质。摒弃价值与趋势投资相结合的交易理念，我们可以看不懂复杂而又烦琐的上市公司报表，但不能看不懂上市公司的市场占有率。每一只大牛股的炒作都是透支明天的业绩来完成的，都有一个炒作的理由，我们要提前找到这个炒作的理由。笔者根据经验列举了几项基本面分析的要点，请大家在实践中认真体会。

一、要点一：行业垄断地位

价值投资理论告诉我们，特许经营权下的成长性才是真正有价值的成长性。换言之，垄断下的成长性才是可持续的。如果一家公司的业务是垄断的，它只要不断扩张业务就可以不断增加收益，也会带来股价的长期上涨。

云南白药的神秘保密配方成为公司产品的核心竞争力。国家保密品种、国家中药一级保护品种云南白药，在定价上享受特殊待遇，提价能力强。作为国内首家膳食营养补充剂上市公司，汤臣倍健在非直销领域的市场占有率达到 32.5%，比第二名领先 24 个百分点，稳坐寡头位置。国内白酒第一品牌茅台、中药老字号同仁堂、迪安诊断、通化东宝、泰格医药等都具有这样独特的牛股密码，这是它们成长为大牛股的基础。

二、要点二：顺应产业趋势、点燃市场热点

纵览股市变幻，政策导向、经济热点往往是牛股的集散地，而引领产业潮流变化的行业龙头或者是细分行业龙头企业更容易走出来。一些牛股在走强之前往往都有迹可循，比如上市公司开发了新的产品、开拓了新的市场，或者产品提价、成本下降等，更牛的是那些能够改变人们消费习惯的公司。2013 年的网缩科技、掌趣科技、中青宝、博瑞传播等大牛股就是手游概念跑出的几匹大黑马，究其原因就是手游产业经过 2009~2013 年四年的积累、孕育，已经到了瓜熟蒂落、产业爆发的时候了，受政策扶持经济转型影响的传媒帝国华谊兄弟也是在传媒业走出的一批大黑马，2014 年国企改革中军工"领头羊"成飞集成、全息手机概念的凤凰光学、京津冀一体化战略龙头廊坊发展等都是顺应产业趋势一跃龙门的。

三、要点三：产品供不应求

核心产品供不应求，是不少牛股股价爆发的直接诱因以及持续上涨的主要推动力。

光明乳业的高端产品莫斯利安因为口感好而实现爆发式增长，甚至出现渠道断货，销售火爆。凭借政策东风的空气过滤龙头三维丝，由于钢铁、发电厂、化工、水泥、垃圾焚烧等企业都要使用先进的袋式过滤装置，具有广阔的空间。所以说产品的稀缺性、排他性是成为牛股的重要密码。

四、要点四：资本运作的能力

要想成为一只大牛股，资本运作不可或缺，这两年一直也都是市场热衷炒作的热点，这种资本运作包括资产置换和注入、外延式并购、定向增发等，这种资本运作的方式可以减少竞争对手、实现规模效应、扩大市场占有率，也可以降低交易成本，提高利润率以及在整个行业的话语权。2014 年军工资产注入的第一牛股成飞集成就是典型案例，涉足网游的世纪华通更是连拉 14 个涨停板，与核电公司进行资产置换的丹甫股份、并购海外资产的国创高新、进军热门免疫治疗领域的开能环保等，都是其中的典型。2014 年涨幅前 20 名中就有 13 家涉及并购重组，这种资本运作的解读在资本运作发生之前有一定的困难，但也不是没有踪迹可循。比如一些负债比较多的公司，在资本运作之前会进行债务重组，这些情况可以在公告中找到；也有一些公司本身现金流比较充足，但公司的主业不理想，大股东又有套现的需要，这个时候需要做一些资本运作来抬高公司市值；还有一些公司想要再融资，也需要提升股价才能顺利实施。

第二节　牛股模型的第二重密码——定盘量

什么是定盘量？所谓定盘量，就是主力机构在采用箱体模式建仓一开始留下的基准量能形状总和，分为不同的组合形状，可以是单个个体量能也可以是组合，它是我们确定横盘模式换手率的起始点，也是一个炒作阶段的基准点，更是所有主力量能的排头兵，就好比秤杆上第一个星，把秤砣挂在这里正好能与秤盘上重量平衡，它就是一个秤的定盘星，有它才能使秤准确，否则就无法准确称量物体的重量，所以古语有云"千斤秤不住，错数定盘星"，可见这个位置的重要性，准确找到定盘量是发现、跟踪、操作横盘模式的第一步，也是非常重要的一步，俗话说"失之毫厘，谬以千里"，在找定盘量的过程中主要有以下两个要点。

第八章　牛股模型的六大核心密码

一、定盘量的标准

很多股民都知道，主力炒作一只个股会经过吸筹、洗盘、拉升、出货等几个过程，这基本成为一个常识，那么我们现在所讲的定盘量其实就是主力采用横盘的方式吸筹、洗盘的一种具体表现，这个阶段漫长而复杂，同时又非常考验主力的耐心和实力，此时主力非常关注两个问题：

（1）自己的计划不想被打乱；

（2）吸够足够的筹码。

因此要看清楚主力在第一个阶段的"阴谋诡计"就要放大周期，多用周线、月线图去分析，图 8-1 是香雪制药（300147）的周线图，图中附图共有 A、B、C、D 四个位置的量柱，哪一个才是我们要找的定盘量呢？答案是 C，其原因有以下几点：

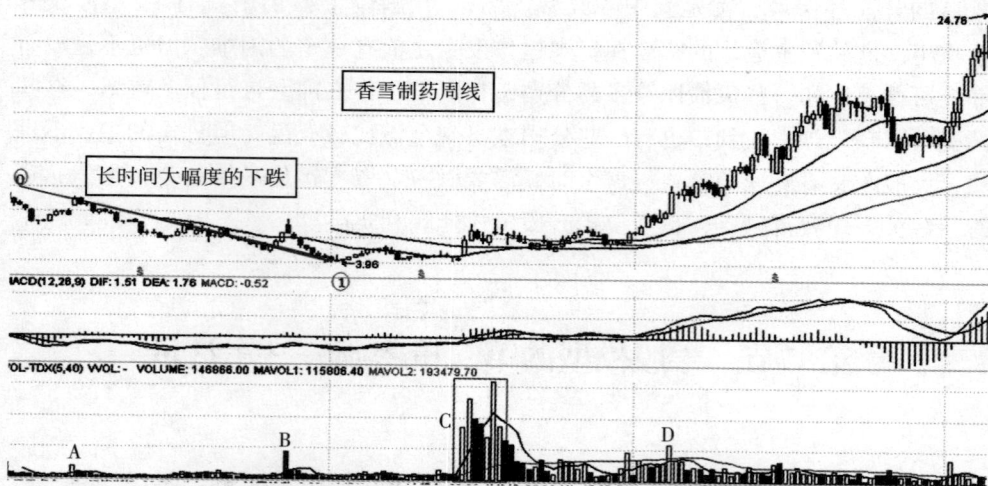

图 8-1 香雪制药（300147）2012 年 6~8 月形成定盘量示意图（周线）

（1）A 量柱换手 72% 接近上市首周的换手率，而两三周后的价格跌破该量柱对应的价柱失去了支撑作用。

（2）B 量柱除了和 A 量柱一样没有支撑作用外，还是连续上涨三周后在相对高位放出的一个大阴量，根据原则有阳不选阴。

（3）C 量柱是股价见到 3.96 元的低点后经过一段时间小阴小阳的潜收集后出现的高量柱，其后股价一直在 2012 年 6 月 15 日那一周的阳 K 线的范围内，支撑作用可见一斑。

（4）D量柱是在出现C量柱之后，并且是突破了C量柱的新高后产生的，是突破量柱。

经过上面的分析和推敲，我们良中选优找到了C量柱群。同步观察主图，在C量柱群出现之前有过一段时间比较长、幅度比较大的下跌，这是形成定盘量的必要条件，因为大跌是产生黑马的"温床"，下跌之后的定盘量才是货真价实的定盘量，并且它的出现还使得MACD指标上穿了0轴，可谓是喜上加喜。

通过以上分析我们应该对定盘量有一个初步的了解，下面的任务就是在实战中实践和总结，现在我们来总结一下定盘量具体要求。

（一）下跌空间

很多老股民都听说过一句话："大幅下跌是诞生大黑马的温床"，因为只有跌出获利空间主力机构才会关注乃至于进场建仓。定盘量是主力采用箱体模式建仓的开始，因此说下跌空间是定盘量诞生非常重要的条件，只有下跌末端出现的定盘量才更具有参考和实战价值（上市初始形成定盘量的个股除外），下跌空间和幅度最少在50%以上，同时以下跌末期出现地量区为宜。

（二）换手和幅度标准

换手率是个股是否活跃的标志，也是主力进场运作的参照物，笔者在讲选股理念时曾经提到周换手20%要引起关注，这是在下跌末端形成定盘量的起码的换手要求。那么是不是换手率越大越好呢？答案是否定的，一般周换手率在20%~100%为宜，太小活跃度不够，太大又有抛压过大、筹码锁定不够良好的嫌疑，在出现定盘量的拉高幅度上，也有硬性的要求，一般拉高幅度100%之内为宜，过高又放出高换手率主力有拉高出货的可能，这一点在实际操作中要引起注意。

（三）有效性

定盘量是一个箱体牛股模型的开始，也是主力建仓部分的先头部队，因此它所担负的任务不言而喻。所以，定盘量的出现对其后走势的有效性就是我们衡量该定盘量是否成功的重要标准，说白了就是该定盘量对其后的走势是否具有支撑作用，就像图8-1中香雪制药中的C量柱一样，2012年6月15日那一周定盘量出现后，后面两次调整的最低点都没有跌破前面定盘量的低点，支撑效果可见一斑，这样才能形成一个有效的箱体震荡区间，才能构成箱体牛股模式，才能出现后面的主升浪行情。其实，定盘量的支撑效果几乎在所有的箱体模型中都起着同样的作用，例如，掌趣科技（300315）2012年5月18日那一周、天喻信息（300205）2012年6月21日那一周、潜能恒信（300151）2012年6月29日那一周，等等。因此，定盘量可以作为我们寻找和确定箱体模型的一个参考，有了它

我们就可以按图索骥事半功倍。

二、定盘量的类型

定盘量是成交量的一种，也是具有非常意义的一种，成交量有高量、地量、倍量、均量、梯量等形态，而定盘量就是由这些量能形态所构成的，并且是开启箱体式牛股模型的一个首要环节，同时也是箱体型牛股主力开始进入市场建仓的一种外在的表现形式，按类型可以有以下分类。

（一）单量型定盘量

所谓单量型定盘量就是指组成定盘量的只有单个量柱，但是不能小觑这样的定盘量，因为它往往"海拔"较高，在附图上顶天立地，起着"中流砥柱"、"定海神针"的作用，因此称为天地型定盘量。古语有云"山不在高，有仙则名，水不在深，有龙则灵"，单量型定盘量对其后的走势有非常强的支撑作用，后面的价格走势一般都在定盘量所对应 K 线的最低价之上盘整，很少跌破，即使出现跌破的情况也是无量和时间很短，不会对整个箱体模型造成破坏，在换手率达标后的突破定盘量的最高价往往是该模型主升浪的开始。单量型定盘量多数会形成天地型定盘量。

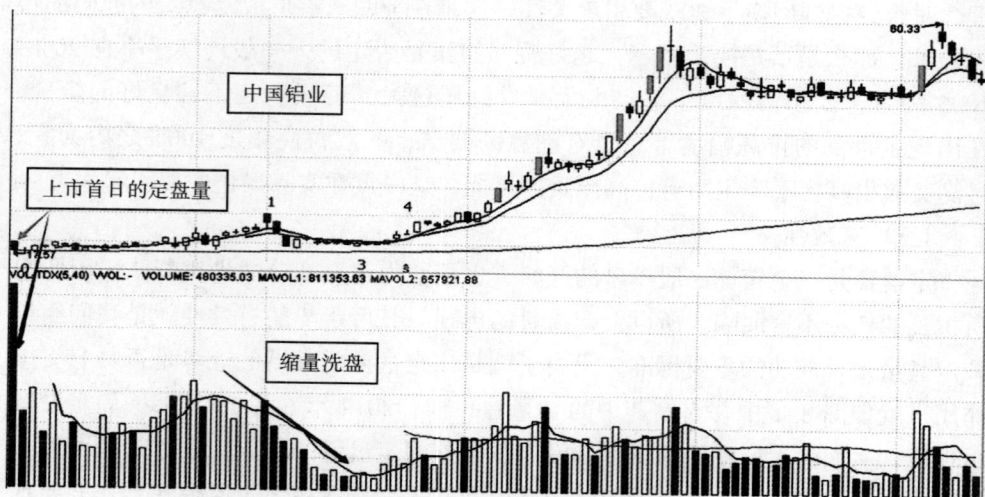

图 8-2　中国铝业（601600）2007 年 4 月形成天地型定盘量示意图（日线）

天地型定盘量大多会出现在上市初期，其形态为 1~2 根高量柱为整个箱体模型的开始，并且其高度是整个箱体量柱中最高的，有一种"高耸入云、南天一柱"的感觉。我们前面在讲理念的时候提到过的中国铝业就是一个典型的例子，如图 8-2 所示，上市首日便出现一根高量柱，所对应的 K 线最低价为 17.57 元，后面的走势就再也没有跌破过这个价格，并且附图的成交量也没有出现高过首日高量柱的量柱，那么首日这根高量柱就成了天地型定盘量。其实这样的例子还很多，例如卫宁软件（30253）、飞利信（300287）、聚龙股份（300202）、棕榈园林（002431）等。

看过了前面的例子再来看一下图 8-3 圣莱达（002473）的例子，天地型单量不只会出现在上市初期，也经常会出现在没有大幅炒作而出现长期大幅下跌的个股末端，图 8-3 中在最低价 5.22 元之前有过很长一段时间的下跌结构并且跌幅很大，后面才出现了一个顶天立地的高量柱形成了一个天地型定盘量，就像"南天一柱"一样托起了整个股价，而且同时穿越了年线，并使 MACD 跨上了 0 轴。一般这样的天地型定盘量多出现在股票刚上市的位置附近，这样的例子也非常多，例如棕榈园林（002431）、联创节能（300343）、立讯精密（002475）、中国铝业（601600）、ST 金泰（600385）、全通教育（300359）、三诺生物（300298）、尔康制药（300267）等，这种定盘量清晰简单，很容易辨别和确认，同时换手率充分而且箱体建仓洗盘界限分明，很容易上手和操作，因此大家一定要多加细心观察。

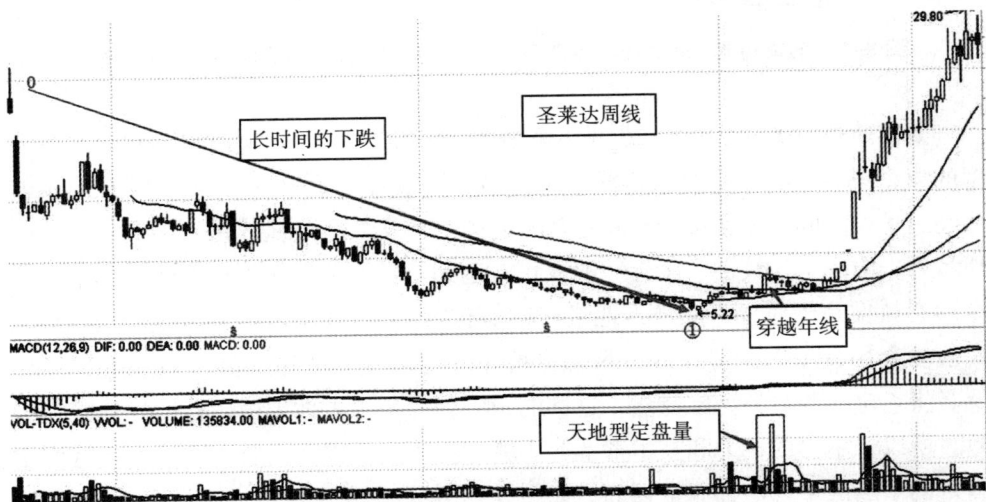

图 8-3 圣莱达（002473）2013 年 3 月形成天地型定盘量示意图（周线）

（二）多量型定盘量

所谓多量型定盘量也叫量群，在形成定盘量的过程中，由一连串的典型量柱组成，是主力资金集中、持续地进场建仓所留下的一种痕迹。这种"定盘量"的

出现不但在量能形态上留下了显著的形态特征，而且往往会在对应的日线图上留下一些特别的 K 线形态，例如"串阳形态"、"涨停夹板"、"双牛头"等，这些形态特征都有助于我们准确、快速地确定牛股模型，下面笔者就用两个实例来说明一下。

1. 春笋型

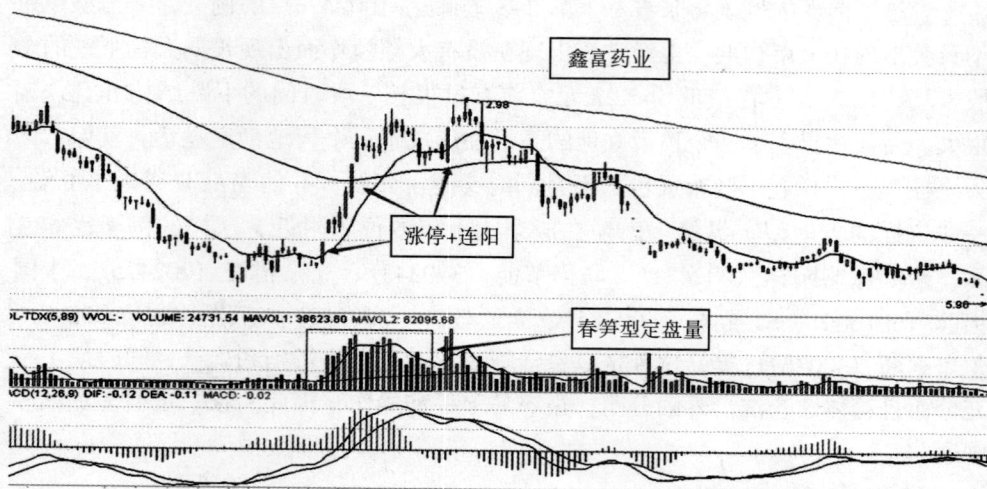

图 8-4　鑫富药业（002019）2012 年 1~3 月形成春笋型定盘量示意图 1（日线）

　　鑫富药业（002019）是 2013 年至 2014 年初的大牛股，同时也是箱体牛股模型的典型案例，它的定盘量形成就是由多量型量群组成的（如图 8-4 所示），前面经过了长时间、大幅度的下跌走势，附图的成交量也是从放量、缩量，到长期地量后，出现了连续性、阶梯性的放量，达到一定峰值后又出现阶梯性缩量，整个形态就像是雨后春笋一样，地量后错落有致地"冒"出来，所对应的主图上，一般多会出现串阳走势，或者像鑫富药业一样呈现出涨停+连阳的走势。所以，笔者将它定义为春笋型定盘量，这样的量能因为是主力大力度、连续性地建仓所致，所以，主力的实力和技术都不容小觑。从历史的案例上看，往往形成这样定盘量的个股的主升浪都非常强势（如图 8-5 所示），定盘量形成了一个 100% 振幅的箱体空间，形成时间只用了两个月，之后该股用了一年多的时间调整洗盘，2013 年 8 月突破定盘量高点开启了主升浪之旅，在同期大盘指数还在震荡盘跌的时候一骑绝尘涨幅高达 2 倍之多。

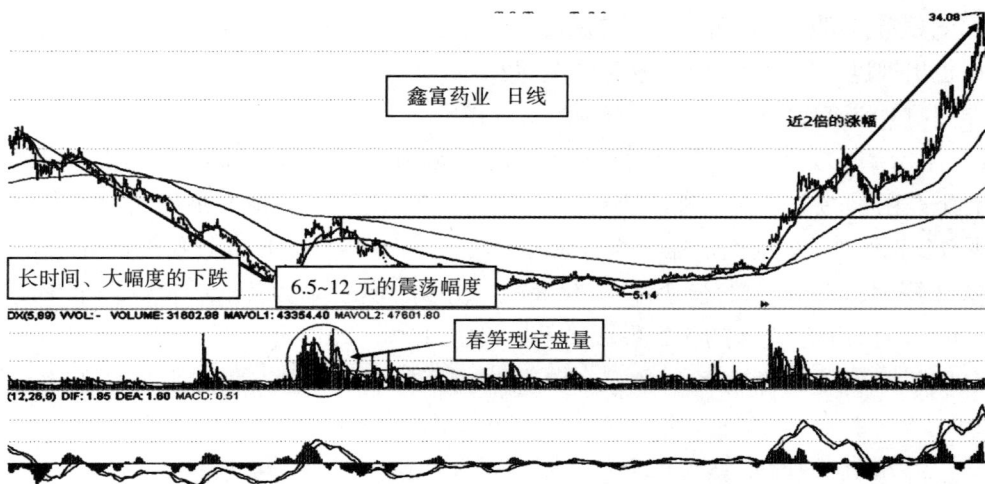

图8-5 鑫富药业（002019）2012年1~3月形成春笋型定盘量示意图2（日线）

2. 阶梯型+调整型

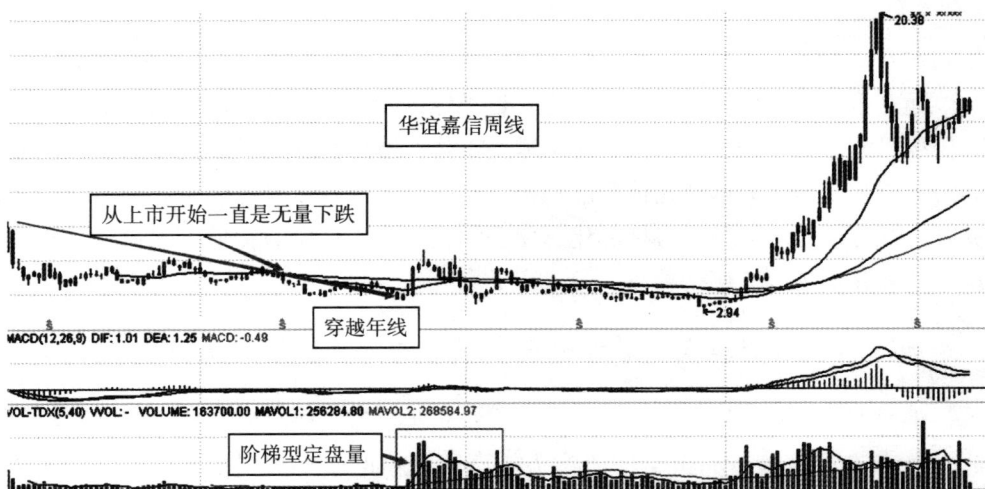

图8-6 华谊嘉信（300071）2011年1月至2012年2月形成阶梯型定盘量示意图（周线）

图8-6是华谊嘉信（300071）周线图，这只个股的图形也是非常清楚明晰的，图中附图方框处建仓用的即为阶梯型的定盘量。所谓阶梯型就是成交量的放大，是随着时间的推移呈逐级增长的，像楼房的楼梯一样，之前的无量下跌过程是这种模式非常难得的一种情况，定盘量建仓时间稍微长了一些用了19周，其后就是洗盘为主的下跌走势，节奏分明，干净利落。这里有一种情况需要说明，

那就是定盘量后面出现了跌破定盘量最低价的情况，这种情况在以往的牛股案例中也出现过，应该怎么处理这种情况呢？

（1）前面认定的定盘量没有别的可以替代。

（2）跌破定盘量最低价区间不能出现放量情况，缩量标准低于前面洗盘区综合下跌阴量的平价值，例如图 8-6 华谊嘉信 2012 年 11 月 30 日那周到 2013 年 1 月 11 日那周跌破前面定盘量所对应的最低点（2012 年 1 月 20 日那周价格）。在这 6 周时间里最大的换手率为 14.8%，最小的换手率为 4%，平均换手率为 9.4%，而前面洗盘区的 3 次最低换手率为 37.15%（2012 年 3 月 30 日）、13.39%（2012 年 8 月 3 日）、6.49%（2012 年 10 月 26 日），这三次的平均换手率为 19.01%，跌破 6 周的平均换手率小于洗盘区的平均换手率。

（3）跌破幅度以 15% 为宜。

第三节　牛股模型的第三重密码——箱体标准与换手率

通过第二重密码的学习我们已经知道了定盘量的重要性和确定条件，接下来我们要研究主力机构在箱体内都做了哪些工作？哪些是我们需要关注的点？这就涉及第三重密码主力震荡箱体标准和换手率，笔者一直以来研究牛股模型的方向就是想把分析模块化、走势标准化，使我们在实战操作中看得懂、买得对、拿得稳，下面我们结合实例来分析。

一、边建边洗模式（量能容易形成几处天地量的高量柱）

第一种箱体震荡模式是边建边洗的模式，是建仓与洗盘融合在一起的一种模式，其走势特点是低点不断抬高或不再创新低，而高点错落有致，经常形成 S 形、向上楔形、旗形等形态，量能的特点是在最初的上涨波幅中放量，多以天地量为主，而且放量的位置多在相差不多的价位。

例如图 8-7 东方雨虹（002271），该股从 2011 年 10 月 28 日那一周开始采用的就是边建边洗的模式，而且是 S 形结构，就像一个横在地上的大 S 形一样，对应图中 0~1、2~3、4~5 三个小波段振幅的附图出现了三波梯形放量，首量为定盘量，S 形 4、5、7、9 波段低点不断抬高，波段高点 3、6、8 也在不断抬高，主力做盘痕迹昭然若揭。其实在这个案例中还有一个细节比较明显，就是 0~5 以建仓为主洗盘为辅，5~9 洗盘为主建仓为辅，你中有我、我中有你，锁仓震荡上行。

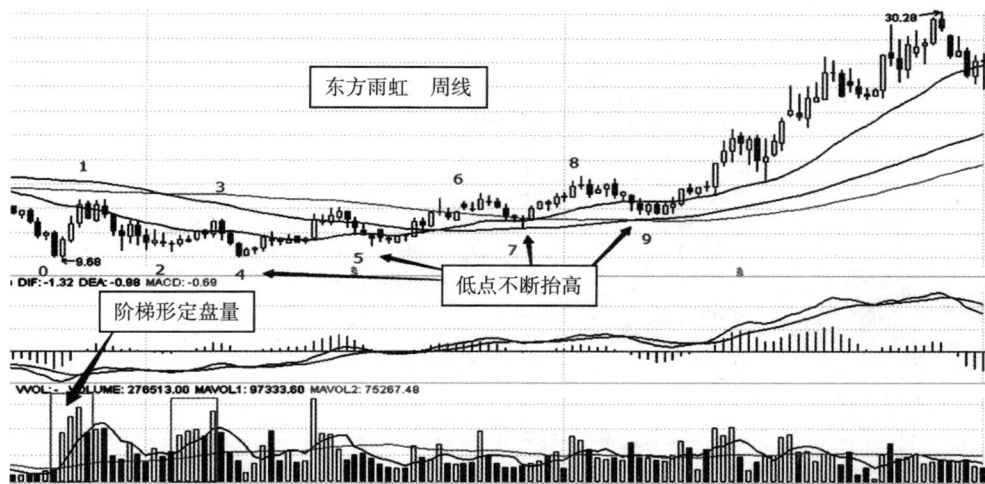

图 8-7　东方雨虹（002271）2011 年 10 月至 2013 年 1 月形成边建边洗模式示意图（周线）

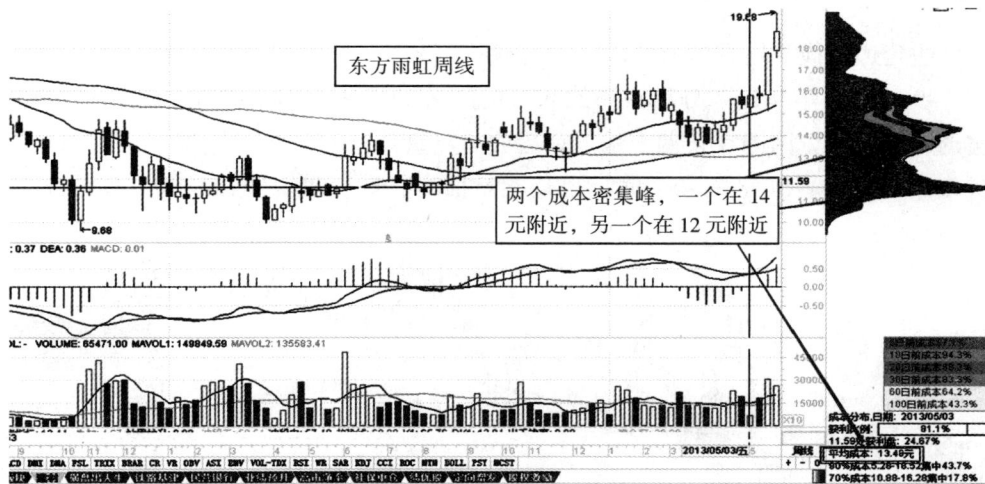

图 8-8　东方雨虹（002271）2011 年 10 月至 2013 年 1 月形成边建边洗模式对应筹码分布图

　　下面我们看一下它的换手率和筹码分布情况，见图 8-8，图中光标放到快突破 8 的位置的时候，成本分布图显示有两个筹码密集峰，一个在 14 元左右，另一个在 12 元左右，下方的平价成本显示为 13.48 元，符合选股理念对成本的规定。这个时候的换手率统计刚好 700%多，满足了中线牛股拉升的换手率标准。这里笔者要强调一点，不是换手率达到 900%±200%股票就要拉升，换手率标准只是股价拉升的一个必要条件而非唯一条件，大家在实战应用的时候不要刻舟求剑，应灵活运用。

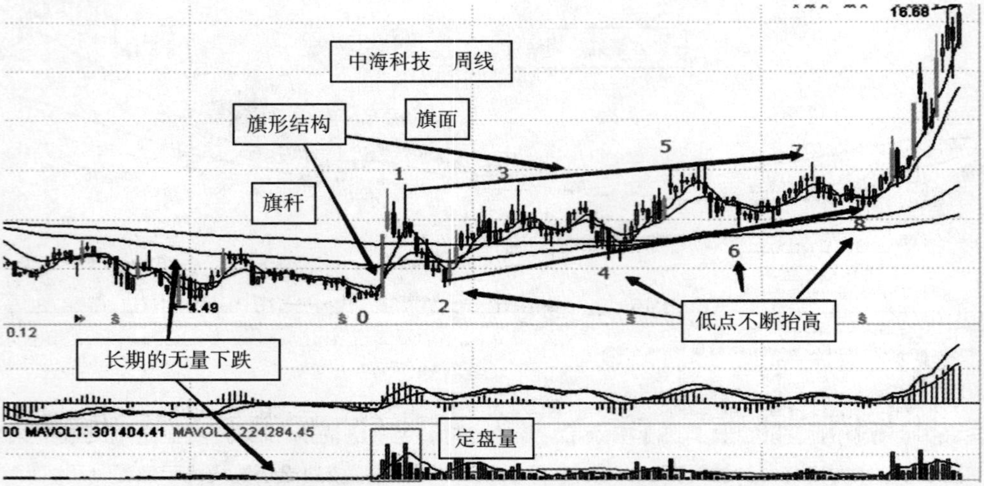

图 8-9　中海科技（002401）2012 年 9 月至 2013 年 10 月形成边拉边洗模式示意图（周线）

　　边建边洗模式还有旗形结构，中海科技（002401）就是一个典型的例子，见图 8-9，2012 年 9 月 7 日那根高耸入云的周 K 线换手 96%，穿越年线形成了结实的旗杆，下方附图在长期无量下跌后放出定盘量，0~8 的几次波段震荡上行形成旗面，2、4、6、8 的 4 个底部也是不断抬高。最后我们来看一下中海科技超

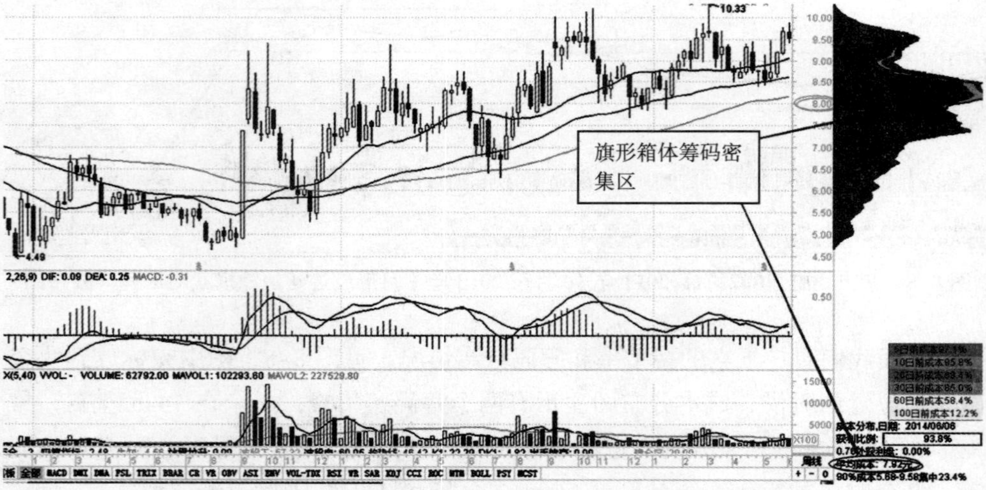

图 8-10　中海科技（002401）2012 年 9 月至 2013 年 10 月形成边拉边洗模式
对应筹码分布图（周线）

过 8 点后的主力成本和换手情况，从图 8-10 中我们可以清晰地看到走势到达 8 处的筹码分布密集峰在 8 元附近，从 0 处旗杆到 8 处结束的近一年半的箱体震荡非常完好地保持在 100% 的幅度之内，0~8 的换手率已经到达了启动标准，这么规矩的作图，这么长时间的卧薪尝胆，主力等的是什么呢？毋庸置疑就是题材的配合和上面 1~2 倍的上涨空间，而我们要等的就是主力的发令枪——主升浪四部曲（详见第四重密码）。

二、建仓 + 洗盘模式

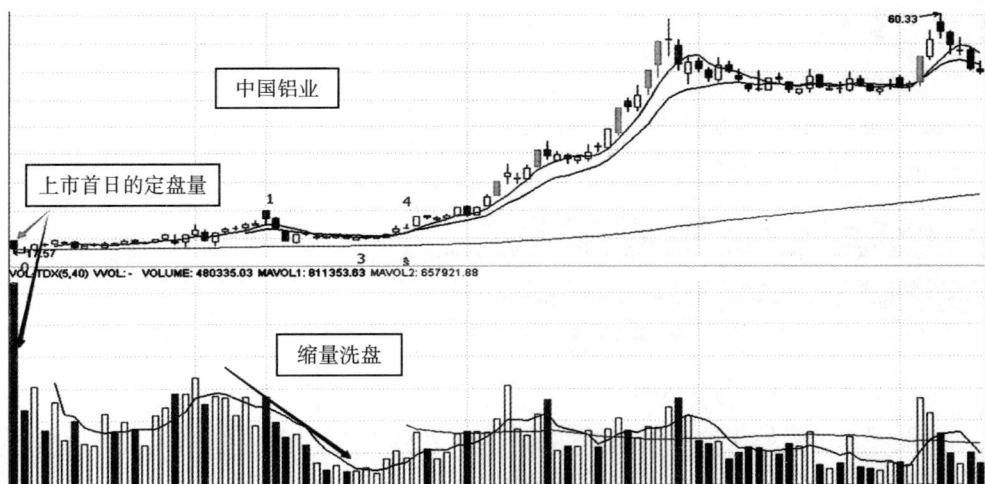

图 8-11　中国铝业（601600）2007 年 4 月上市初期形成建仓 + 洗盘模式示意图（日线）

第二种箱体震荡模式就是建仓+洗盘模式，这种模式在历史走势图中留下的痕迹很容易寻找和辨认，因为它边界分明、不拖泥带水，实战中一眼就能分清楚它的建仓部分和洗盘部分，就像图 8-12 中的中国铝业这个例子，2007 年下半年大盘指数在 5000 点左右时，几乎所有股票都开始调整，而中国铝业一枝独秀连涨了两个月成功地翻了 2 倍，正应了中国的那句古话"无限风光在险峰"这也是笔者从头到尾一直参与的例子，所以个中感受深有体会，该股能有两个月的翻倍上涨走势，是因为从上市之初就埋下了伏笔，上市首日放出大量换手 27% 并不算高，其后的小阴小阳缓慢爬坡、不急不躁，这个时间段的其他个股都在疯狂地拉升冲顶，如果你在当下，能忍受这种不入流的节奏吗？可这种节奏就是我们前面专门所说的"逆势个性"，图中 0~1 的不紧不慢地建仓一直没有跌破过上市首日的最低价，而且下方对应的成交量也是阳线放量、阴线缩量错落有致，这时我们

就可以认定，上市首日那根高量柱就是定盘量。1~3洗盘的部分最低回洗的位置也正好位于上市首日的最高价附近，可见前面三个多月主力建仓的成本就在这个区域，并且缩量洗盘最低量能刚好是2007年7月3日首个阴量的八分之一，这些都是我们需要关注的细节，接下来就只需要关注三个重要任务：

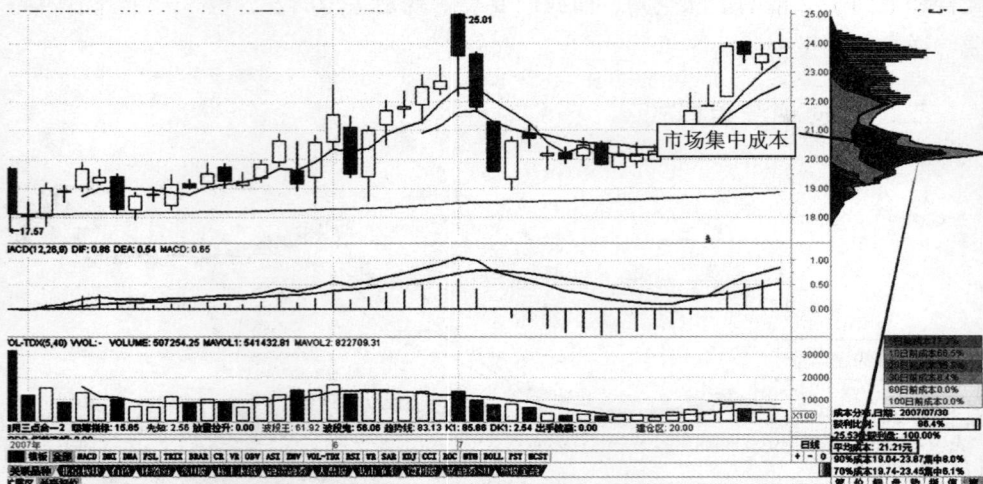

图8-12 中国铝业（601600）2007年10月上市初期形成建仓+洗盘模式对应筹码分布图

（1）统计换手率是否达标；

（2）4点的突破价是否超过主力成本区，并在1倍以内；

（3）关注过高点1的时间和放量情况。

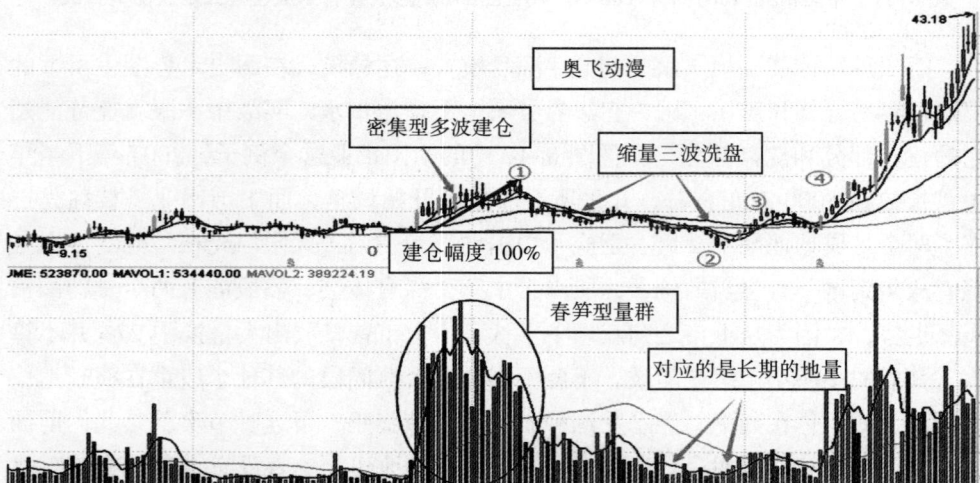

图8-13 奥飞动漫（002292）2011年10月至2012年12月形成建仓+洗盘模式示意图（周线）

其后 3~4 的走势缩量过左锋，4 点的换手只相当于 1 点的一半左右，可见筹码锁定良好，0~4 的换手率此时达到了 330% 多，完全符合我们在第六章"四要四不要"的选股理念里关于换手率的规定。从图 8-12 中的中国铝业的筹码分布图中我们可以看到此时的主力成本集中区在 21.21 元附近，假设我们在突破 1 点处的 4 点买入，并没有违反"四要四不要"选股理念关于买入价过高的规定。

在第二种模式中，大家还经常会碰到像奥飞动漫（002292）的这种例子，建仓部分是两波或者三波密集放量建仓，注意这里的建仓幅度不应该大于 100%，建仓幅度超过 100% 甚至更高会有拉高出货的嫌疑，这种密集型的建仓在周线上形成春笋型放量的个股后，涨势一般都非常的强势，因为底仓决定幅度，洗盘决定力度，和奥飞动漫建仓模式相似的还有强生控股（600662）、日发精机（002520）、新莱应材（300260）、鑫富药业（002019）、佳电股份（000922）等，都是这样的例子。我们在看一只个股是否是牛股、强势股的时候，就要看它的建仓和洗盘，像奥飞动漫这样建仓、洗盘泾渭分明、敢拉敢洗的才是真英雄。下面我们看一下它的成本分布和换手情况。

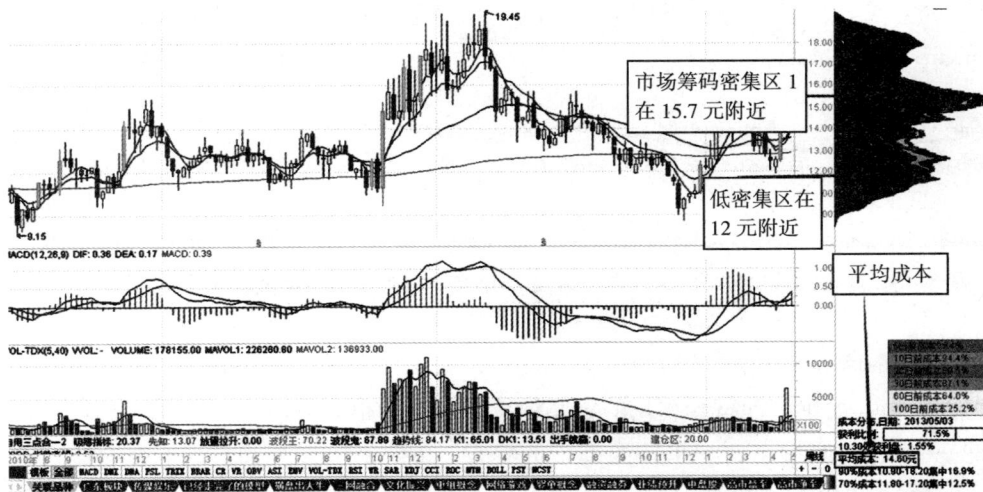

图 8-14　奥飞动漫（002292）2011 年 10 月至 2012 年 12 月形成建仓+洗盘模式对应筹码分布图

图 8-14 是奥飞动漫的市场成本分布图，在走势到达图 8-13 中的位置 4 时，筹码分布出现了两个比较集中的密集峰，一个在 15.7 元附近，另外一个在 12 元附近，下方显示平均成本为 14.6 元，当前距离成本价没有超过规定幅度，换手率经过软件统计，0~4 的数值为 2000% 多，早就满足了标准换手的要求，此时就是万事俱备、只欠东风了，所以此时就要考虑主升浪四部曲的技巧了，我们会在

第四重密码详细讲解！

三、中枢型模式

有了前面两个部分的讲解，理解中枢型的箱体震荡模式就非常容易了，而且随着缠论技术的普及，有过缠论基础的投资者也应该明白中枢的含义了。这里所说的中枢是周线周期图上的笔中枢，也就是日线级别的中枢，中枢型箱体模式的走势特点是节奏感强，容易形成双底形态，附图成交量缩放位置清晰明确，请看下面的案例。

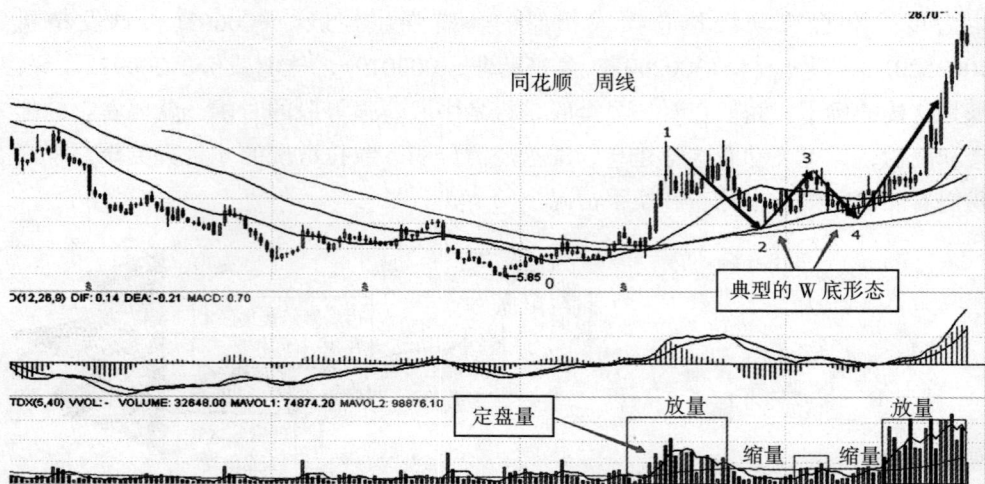

图 8-15 同花顺〔300033〕2013 年 6 月至 2014 年 7 月形成中枢型箱体模式示意图（周线）

图 8-15 是同花顺（300033）周线图，相比前面两个小节的箱体模式来说，它较清晰、简单，即符合缠论的定义形成了一个中枢震荡。中枢区间（3，4）也是一个大 W 底形态，如果按照缠论的定义，2 处是第二类买点，4 为中枢完美点，并且 2014 年 7 月 25 日那一周还是一个强势的第三类买点（这在本书第三篇有详细的阐述），买点清晰、节奏明朗，下方的成交量也是循规蹈矩，上涨放量下跌缩量，简直就是一个教科书般的走势。最后我们来统计一下该股的成本和换手情况，当走势运行到突破 3 的位置时，筹码密集区集中在 13.26 元附近，此时的换手率已经达到了 1030%（如图 8-16 所示），可谓万事俱备一触即发。

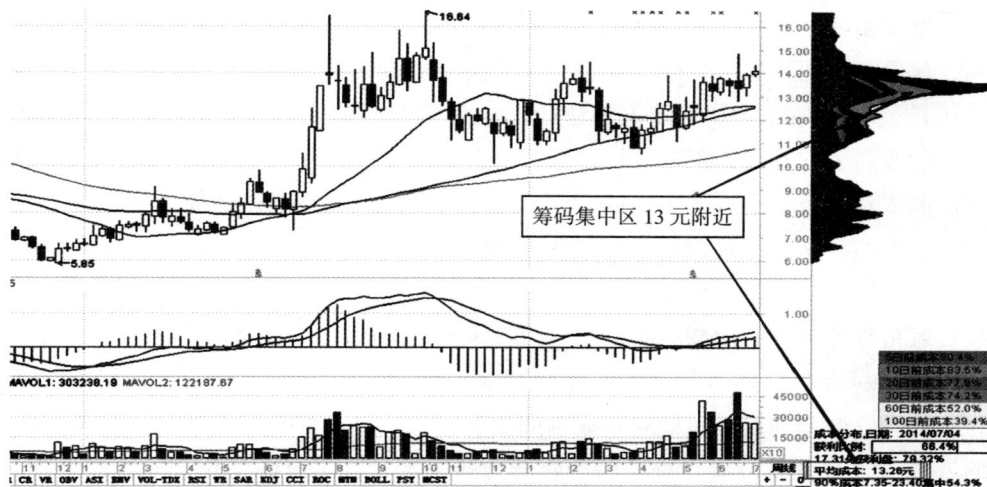

筹码集中区 13 元附近

图 8-16　同花顺（300033）2013 年 6 月至 2014 年 7 月形成中枢型箱体模式对应筹码分布图

通过本节对箱体标准和换手率问题的讲解，相信大家已经有了一个初步的理解和认识，为了让大家印象更加深刻，我们再来做一个概况性的总结：

（1）箱体震荡的整体幅度应该保持在 100%以内，特别是建仓部分的高度不能大于 100%。

（2）箱体震荡区间总体的换手率应该满足 900%±200%的标准，新股、次新股可以放宽到 300%~630%。

（3）洗盘波动高点的突破为关注信号，建仓波动高点突破为启动信号。

1）前期都有一个潜收集+强收集的部分；

2）建仓区主力成本不能超过 1 倍以上。

第四节　牛股模型的第四重密码——主升浪与三大买点

主升浪是一个不管是投资者还是投机者都非常关心的问题，也是股票投资的核心问题，大量的分析和研究发现，无论哪个地区、哪个市场，几乎所有的成功交易者都是通过猎取个股的主升浪而获得成功的，虽说方法和技巧各有不同，但是殊途同归。说到主升浪，不得不对其有个明确的定义。什么叫主升浪？主升浪就是某只个股在最短的时间段上涨最快、涨幅在 100%以上的阶段，相当于波浪

理论里所说的三浪一或者是三浪三。笔者认为，作为职业投资者在股市里要想盈利，最重要的两件事一是研究牛股，二是研究牛股的主升浪形态，这才是在这个市场长久生存并稳定获利的不二法门，也是所有短期或者长期成功者的必经之路。职业高手并非每天都在进行短线交易，而是在等待重大机会出现的时候重拳出击截取利润。说了这么多，那么该怎么理解并做到"选大牛，抓主升"呢？笔者认为有两条路，一是长期持有那些能够长期上涨的牛股，二是抓住数量较多的阶段性牛股的主升浪。对于第一种选择，A股市场长期大牛股凤毛麟角，大多数投资者很难押中，而根据股票的运行规律来看，个股70%的时间都处于横盘和下跌形态，只有30%的时间是上涨或是加速上涨的主升行为，所以两者相较取其轻，从投资效率和避免浪费时间成本的角度，第二种选择是比较适合广大投资者的方式。笔者就是沿着这一思路不断努力践行着自己牛股模型化、操作模块化、分析流程化的操作理念，并用大量的时间在众多历史案例中总结了八种比较典型的中线牛股模型形态。"横盘出大牛"就是比较常用到的捕捉翻倍牛股的一种模式，并不断地在实战中细化和延伸，力求达到由优秀到卓越的蜕化，接下来笔者就为大家一一展开，揭开主升浪上涨的秘密。

一、第一要点：主升浪的分类

在写这本书之前，笔者曾经跟很多老股民做过交流，发现很多公众交易者对于操作牛股和主升浪经常会犯理念性、重复性的交易错误，例如未能准确挖掘牛股、挖掘牛股后没有在启动时买入、买入了却只赚了涨幅的小段而错失后面的巨大涨幅、坚持持有了却坐了过山车等，不是望洋兴叹、扼腕叹息，就是猜到开头没猜到结果。对于这样的失误，究其原因其一是人性使然，贪嗔痴疑慢作祟，其二是对牛股和主升浪的认识还处在盲人摸象、管中窥豹的阶段。兵法有云，"不谋全局者不足谋一隅，不谋大势者不足以谋一时"，要想做足主升浪让趋势奔跑，就要先对主升浪有一个全面的认识。我们前面已经对主升浪有过概念性的注解，就是个股在最短的时间段上涨最快、涨幅至少大于100%的阶段，有了这个概念我们就能从确定性的角度来划分机会。怎么划分呢？请注意定义给出的三个要点：时间、幅度、结构，如果我们把这个关键点弄明白、搞清楚，在实战操作中就会胸有成竹、事半功倍。下面笔者就将这三个方面呈现给大家，这样大家对主升浪的认识会更深刻、更能产生共鸣（如图8-17所示）。

2007--2014年节选牛股涨幅统计			
股票名称	主升浪时间	主升浪涨幅	主升浪结构
1 白云机场（600004）	2007年1月12--8月10日历时7个月	2.25倍	30F奔走型
2 广晟有色（600259）	2010年7月--2010年10月历时3个月	2.44倍	30F奔走型
3 东方园林（002310）	2010年7月--2010年10月历时4个月	1.55倍	30Fa+A+b
4 莱宝高科（002106）	2010年7月--2010年10月历时5个月	1.5倍	30Fa+A+b
5 st精工（002006）	2010年7月--2010年10月历时6个月	2.83倍	周线奔走型
6 富瑞特装（300228）	2010年7月--2010年10月历时7个月	1.5倍	30F奔走型
7 三爱富（600636）	2010年11月--2011年7月历时8个月	2.4倍	日线奔走型
8 中源协和（600645）	2011年3月--2012年3月历时近12个月	1.5倍	5Fa+A+b
9 迪康药业（600466）	2011年2月--2011年4月历时2个月	1.6倍	5Fa+A+b
10 康得新（002450）	2012年8月--2013年5月历时近9个月	1.5倍	5F奔走型
11 蓝色光标（300058）	2012年7月--2013年9月历时近12个月	2.5倍	日线奔走型
12 易华录（300212）	2012年7月--2013年7月历时近12个月	2.6倍	日线奔走型
13 美亚光电（002690）	2012年12月--2014年2月历时14个月	1.6倍	日线a+A+b
14 网宿科技（300017）	2013年3月--2014年2月历时近12个月	6.5倍	30Fa+A+b+B+c
15 飞利信（300287）	2013年2月--2014年3月历时12个月	4.5倍	日线奔走型
16 奋达科技（002681）	2013年5月--2013年11月历时近6个月	4.5倍	30Fa+A+b
17 上海莱士（002252）	2013年1月--2013年12月历时近11个月	2倍	5F奔走型
18 百视通（600637）	2013年4月--2013年9月历时5个月	1.6倍	30Fa+A+b
19 伊立浦（002260）	2013年5月--2014年6月历时近13个月	1.7倍	日线奔走型
20 省广股份（002400）	2013年1月--2013年8月历时7个月	2.5倍	日线奔走型
21 江山股份（600389）	2013年1月--2013年8月历时近7个月	2倍	30Fa+A+b
22 天喻信息（300205）	2013年5月--2013年11月6个月	2.8倍	30Fa+A+b+B+c
23 中青宝（300052）	2013年6月--2013年9月历时3个月	4倍	30F奔走型
24 尔康制药（300267）	2013年9月--2014年3月历时5个月	1.6倍	30F奔走型
25 信邦制药（002390）	2013年9月--2014年3月历时5个月	1.6倍	30F奔走型
26 乐视网（300104）	2013年4月--2013年10月历时6个月	2.3倍	30Fa+A+b+B+c
27 游族网络（002174）	2013年10月--2014年2月历时4个月	3倍	30Fa+A+b
28 金运激光（300220）	2014年6月--2014年10月历时4个月	2倍	30F奔走型

图 8-17　2007~2014 年节选牛股涨幅统计

看完图 8-17 大家心里是不是有些感悟，以上是笔者节选的 2007~2014 年横盘出大牛模型的牛股时间、幅度、结构的统计表，从上面的统计来看，符合"横盘出大牛"模型的个股的主升浪时间一般在 3~6 个月，大牛股会延续 12 个月，幅度一般在 1.5~2.5 倍，大牛股会有 4~6 倍的涨幅，结构也都非常清晰简单，基本都是向上盘整走势类型或者奔走型。有了这个结论我们的思路便清晰了很多，如果我们今后的操作重点都放在这些位置，一年之中哪怕只做好一只股票也会赚得盆满钵满，即使技术不够好，买卖点不够精确，也会很少出现既浪费了时间又不赚钱的局面，这就是顺大势赚大钱的道理。有了这个思路，接下来就是怎么细化主升浪技术参数、买在起涨点吃满主升段的问题了。为了解决这些问题，笔者根据多年实践总结出"横盘出大牛"标准模型参数（如图 8-18 所示）和主升浪四部曲操作法，在实战中起到了一招定乾坤的效果。

横盘出大牛标准示意图

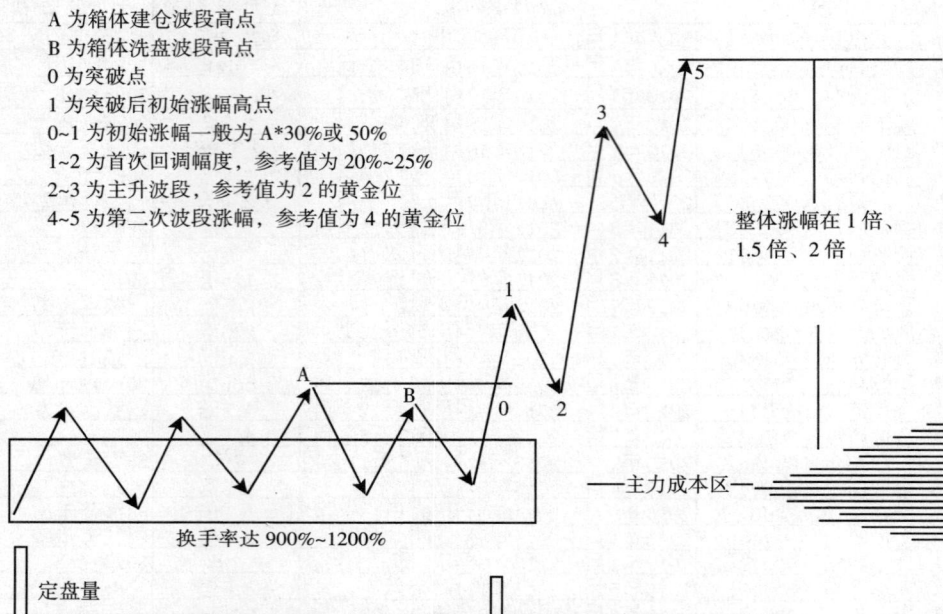

A 为箱体建仓波段高点
B 为箱体洗盘波段高点
0 为突破点
1 为突破后初始涨幅高点
0~1 为初始涨幅一般为 A*30% 或 50%
1~2 为首次回调幅度，参考值为 20%~25%
2~3 为主升波段，参考值为 2 的黄金位
4~5 为第二次波段涨幅，参考值为 4 的黄金位

整体涨幅在 1 倍、
1.5 倍、2 倍

主力成本区

换手率达 900%~1200%

定盘量

图 8-18 横盘出大牛模型标准示意图

图 8-18 是横盘出大牛模型的示意图，此图虽然看上去略显简单，但是它融合了成交量、换手率、主力成本、起涨点、回测加仓点、主升幅度、二次波段、

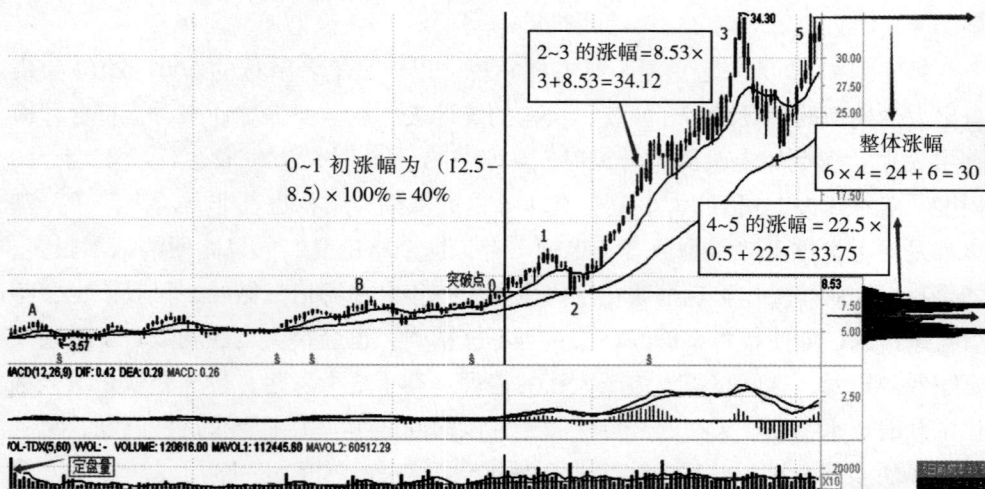

2~3 的涨幅=8.53×
3+8.53=34.12

0~1 初涨幅为（12.5-
8.5）×100% = 40%

整体涨幅
6 × 4 = 24 + 6 = 30

4~5 的涨幅 = 22.5 ×
0.5 + 22.5 = 33.75

突破点

定盘量

图 8-19 蓝色光标（300058）2012 年 7 月至 2013 年 9 月主升浪模式整体涨幅示意图（周线）

整体涨幅等几项重要的技术要素，这几项技术要点都是"横盘出大牛"模型的重中之重。为了让大家的认识更深刻，笔者举一个实际的例子，让大家对比一下历史上的牛股是不是符合我们总结出的模型。请看图8-19蓝色光标（300058）涨幅图。

蓝色光标这只个股是2013年的大牛股，也是"横盘出大牛"模型类标准教科书之一，说它标准是因为它各项走势参数都具有代表性，和之前的古越龙山、柳工、中科英华等牛股模型相比更具有时代性，下面我们就具体分析一下它的各项参数。

（一）定盘量

蓝色光标上市两周内就放出了172%的周大量，而价格并没有上涨多少，可见看好并下手的人不少，价格虽然在2010年5月14日那一周跌破了上市首日最低价，之后就没有再破，但是成交量以地量的形式出现，瑕不掩瑜，更难能可贵的是5月26日、9月3日在上市第二周放大量的价格平行位放出两根突兀的高量柱，加仓迹象明显。

（二）箱体模式和换手率

从上市初始到突破点0都是维持在一个箱体内运行，波动幅度极限高点8元、极限低点3.57元，收盘高点7.48元、收盘低点3.93元，在合理波动幅度内，箱体运行的模式是边建边洗，低点不断抬高，突破日整体换手为1538%，符合拉升要求，突破日前主力筹码分布平均价为6元，突破日为8.53元，没有超过主力成本的60%。

（三）主升段

0~1初升段在初升段幅度之内，1~2回测段看上去是从12.5元又跌回了8.5元，回测幅度有些大，其实里面内有乾坤。请看图8-20蓝色光标日线图，2012年11月27日，就是周线回测段跌幅最大的那一周，日线图上上市公司为了配合主力放出利空消息造成无量空跌，主力为了拉升前的最后一次吸货可谓用心良苦，感兴趣的朋友可以研究一下这段时间的基本面消息。产业资本的进入不仅给这个资本市场带来了新的模式，还带来了新的思路（见图8-21）。2~3主升段为该股的快速拉升段，也就是传说中的三浪三，理论升幅为8.5元黄金位，实际涨幅为（8.5+8.5）×3＝51，也就是涨了整整6倍。

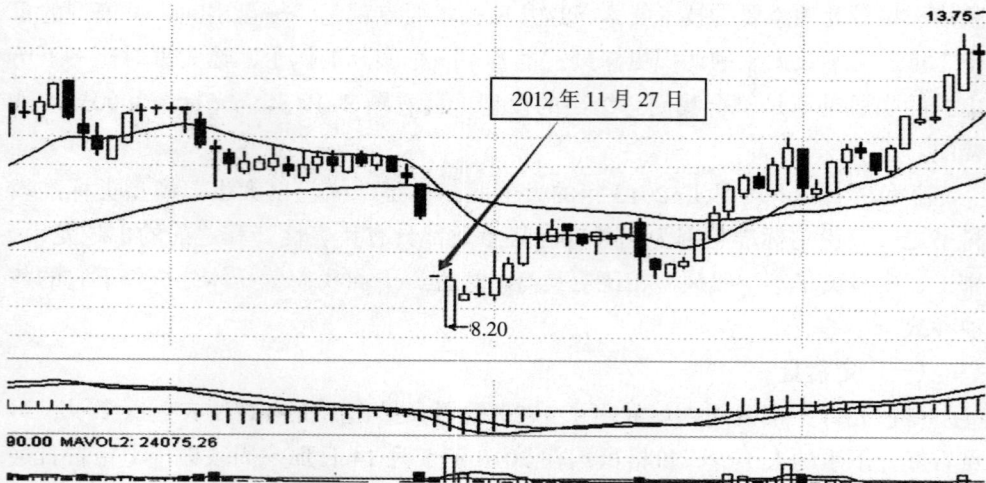

图 8-20 蓝色光标（300058）2012 年 11 月 27 日释放利空消息下跌示意图（日线）

图 8-21 蓝色光标（300058）2012 年 11 月 27 日释放利空消息的全部内容

（四）第二次波段机会

4~5 理论涨幅为 4 的黄金位，实际涨幅为 $22.5 + 22.5 \times 0.5 = 33.75$ 元。

（五）整体成本涨幅

理论涨幅为 $6 + 6 \times 2 = 18$ 元，实际涨幅为 $6 + 6 \times 4 = 30$ 元，2 倍的理论涨幅是有所保证的。

（六）牛股基因

下面我们看看蓝色光标之所以成为大牛股是不是遵循我们前面所说的牛股法则（见图 8-22），因为蓝色光标日线时间太长，压缩图形会影响截图效果，所以笔者使用了周线图，图中主图和附图的对比一目了然，蓝色光标从 1 的位置开始就鹤立独行，大盘在 2、4、6 三个点屡创新低，而该股在相应低点逐渐抬高并走出了上升通道，值得一提的是 6 这个低点，蓝色光标比大盘见底整整提前了 5 个交易日的时间，那正是蓝色光标放出停止并购分时传媒的消息的时候，既然是利空为什么还提前于大盘见底呢？大家不妨打开日线图看看，古人说得好："泰山不拒细壤，故能成其高；江河不择细流，故能成其深。"所以，大礼不辞小让，细节决定成败。这使笔者想起了古英格兰的一首著名的民谣："少了一枚铁钉，掉了一只马掌。掉了一只马掌，丢了一匹战马。丢了一匹战马，败了一场战役。败了一场战役，丢了一个国家。"交易的一切原本都是由细节构成的，而细节往往最容易被人忽视，殊不知这不起眼的细节，看在眼里便是风景，握在掌心便是花朵，揣在怀里便是阳光。

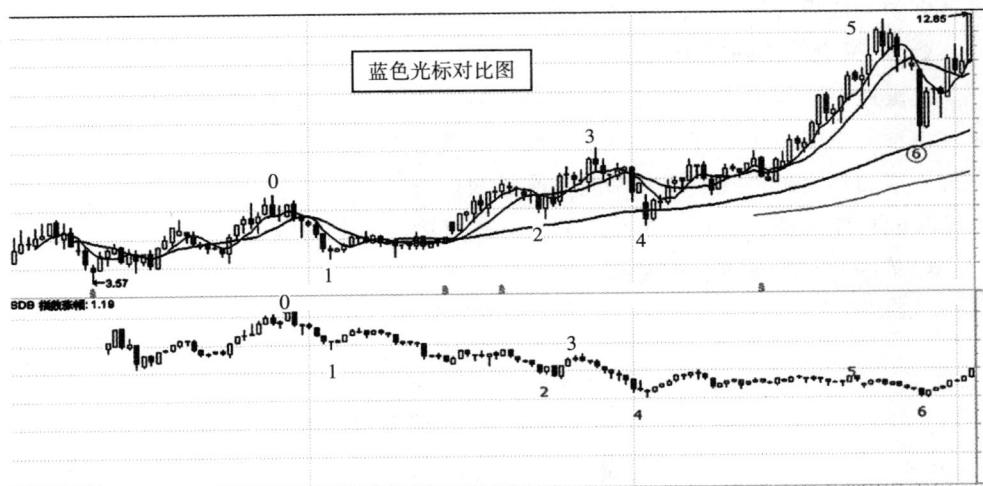

图 8-22　蓝色光标（300058）2010 年 5 月至 2012 年 6 月主升浪前箱体震荡段与大盘对比图

　　看了上面对蓝色光标的整体梳理和分析，大家应该对模型参数有了更深刻的认识和理解，前面的分析中我们提到了细节，接下来就针对主升浪的突破、回测、主升等细节做一个完全的细化和分解，也就是模型参数图中的 0~5 的位置，这样我们在实际操作中就能成竹在胸、坦然应对了。

二、第二要点：突破

　　市场走势是瞬息万变的，唯一亘古不变的是人性，所以大作手杰西·利维摩尔才留下"华尔街没有新事物，因为投机像山岳那样古老，股市今天发生的事情以前发生过，以后会再度发生"的名言，他说："没有一个人能够抓住所有的起

伏，大波动才能替你赚大钱。市场如果横向整理，预测下一个波动是往上或往下
毫无意义。应该做的事情是观察市场，解读大盘，判定窄幅震荡价格的上下限，
决定在价格突破任何方向的限制之前，不采取任何行动，一定要等它放量突起之
后，我才能跟进，我这样虽然买得贵些，但是趋势形成了。这个市场诚如它所涨
一样，当它下跌的时候，它必然给我发出一个明确的危险信号，在信号出现的时
候，我坦然出场就可以了，在这期间，我要耐心地持有，让我的利润快速地奔
跑。"多么平凡而又经典的交易哲理，体现了交易大师的交易思想和智慧，但很
多公众交易者却在固执而又重复地犯着同一个错误，笔者写横盘模型就是想告诉
大家一种高概率的盈利模式，前面的所有篇章都是在告诉你如何发现和分析这一
模式的个股，而本章是讲这一模式的第一个买入点——突破点，杰西·利维摩尔
将其称为关键点。

（一）突破位的四种方式

关键点也叫起涨点，顾名思义就是告诉广大的公众交易者我要上涨了。笔者
通过观察大量横盘牛股在关键点的突破，实践总结出了四种比较强势而且常用的
突破，这四种突破是我们观察牛股上涨给我们发出的启动信号，没有启动信号的
市场我们只能等待，就像狙击手一样，一击必中、一剑封喉。

1. 第一种突破方式：涨停板

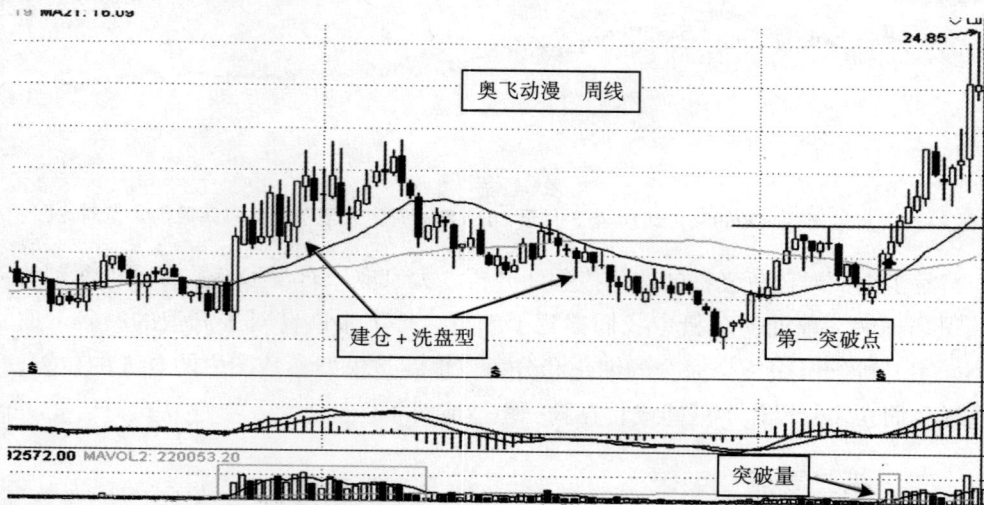

图8-23　奥飞动漫（002292）2013年5月形成突破点示意图（周线）

奥飞动漫无疑是2013年借着手游的东风而暴涨的一只牛股，并且非常符合
"横盘出大牛"的模式。我们翻看它的走势图看大牛股是怎么突破的。图8-23是

奥飞动漫的周线图，从整个箱体结构上来看，奥飞动漫是建仓+洗盘型，这样的模式有一个好处就是比边建边洗型的模式更好确认假突破的动作，由于2012年11~12月有两周短期无量跌破前低点，所以我们以2013年2月1日形成的高点为第一参考点，2013年4月26日那一周以19.77%的周换手突破第一参考点。我们之前在选股理念里也曾说过周换手超过15%要引起我们的注意，放眼望去之前近一年的时间都没有过这样的"中流砥柱"，可见主力吹响了冲锋的号角。

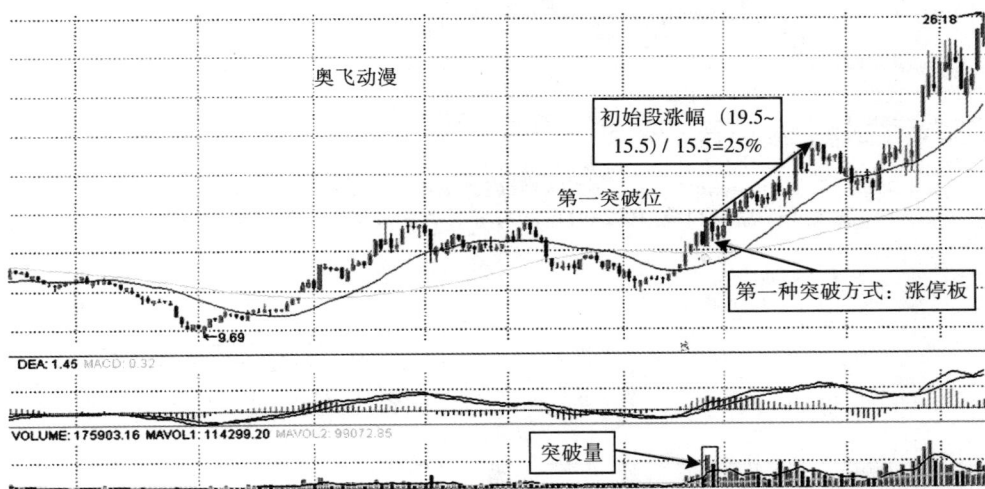

图8-24　奥飞动漫（002292）2013年5月形成"涨停板"突破点示意图

我们再回过头看日线相应位置，如图8-24所示，2013年4月24日这一天该股放量7.4%，换手突破第一参考位的平台，而突破位就是采用的涨停板的方式，见图中箭头。虽然尾盘没有封死涨停板，但那是主力为了吸纳更多的筹码而显出的示弱行为，从这个涨停开始宣告前面建仓和洗盘两个工程彻底结束，开启了以上涨为主，清晰浮筹为辅的主升浪进程，它是一个阶段的"分水岭"。

2. 第二种突破方式：缺口突破

缺口这里指的是突破性缺口，通常是指股价经过长时间筑底或筑顶整理走势后，积聚的做多和做空能量突然爆发，股价开始启动、上涨或出现下跌的情形。突破性缺口预示着行情才刚刚起步，后市还将有一段较长的发展过程。我们这里要讲的第二种突破方式就是向上突破性缺口，不仅研判价值比较高，同时还是气势和实力的象征。

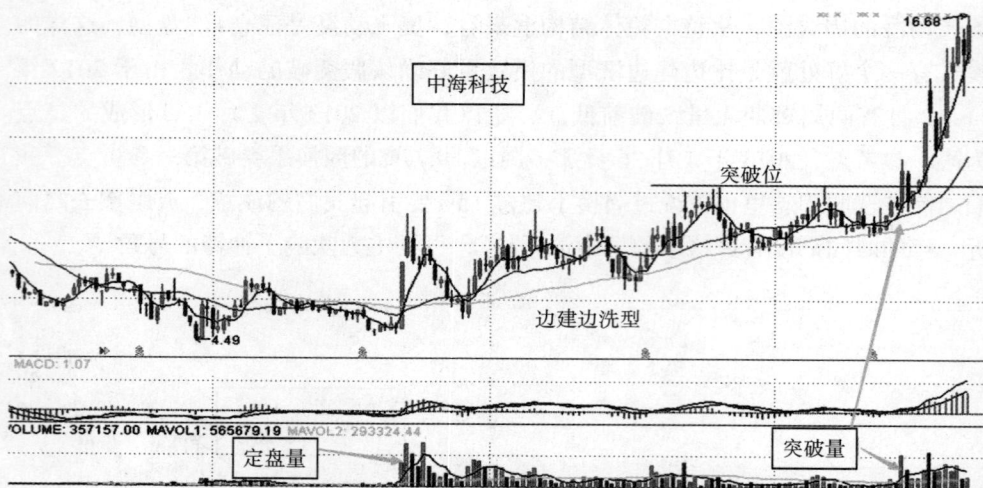

图 8-25　中海科技（002401）2014 年 6 月形成突破点示意图（周线）

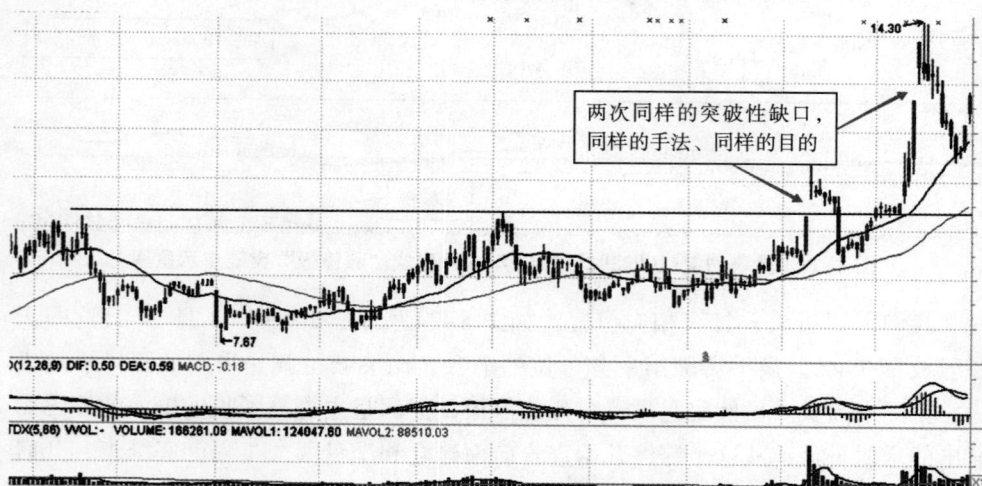

图 8-26　中海科技（002401）2014 年 6 月 10 日形成"缺口"突破点示意图（日线）

　　举一个近期发生的例子，如图 8-25 中海科技周线图所示，该股周线图形上有一个非常明显的横盘形态，定盘量位置明显，边建边洗低点不断抬高，高点错落有致，幅度合乎要求，突破位放出近多半年的高量，上攻意识明显。再回到日线图（见图 8-26），它采用的是缺口的模式突破关键点，而且相同的模式在短短两个月内应用了两次，"司马昭之心"昭然若揭，读完这本书，你还会放过这种"招摇过市"的牛股吗？

3. 第三种突破方式："黑太阳"突破

"黑太阳"是一种对高开低走的大阴线的昵称，分两种，一种是略带上引线的大阴线，另一种是没有上引线的大阴线。这种形式的大阴线容易形成恐怖、高压的一种态势，出现在突破位能很好地吓出前方高点的套牢盘，并且洗出一部分底部跟进的短线浮筹。

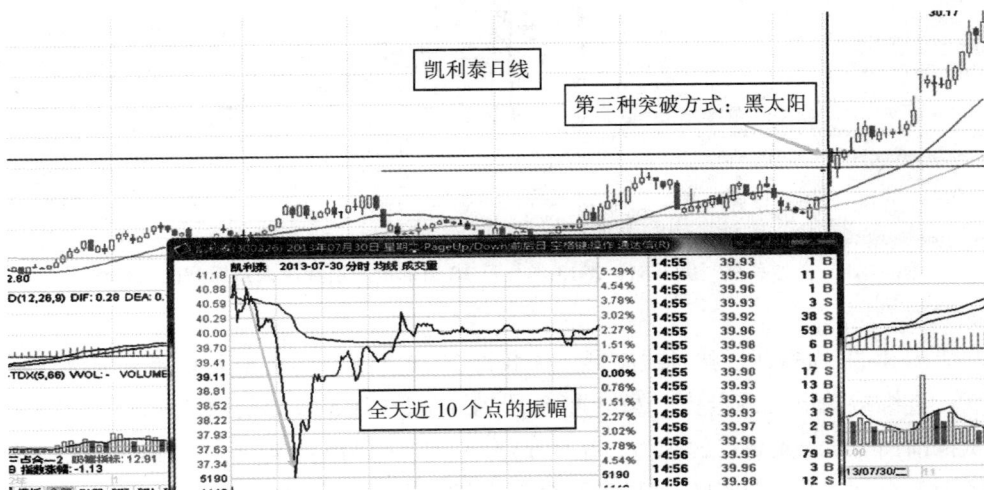

图 8-27 凯利泰（300326）2013 年 7 月 30 日形成"黑太阳"突破点示意图（日线）

"黑太阳"也就是我们经常说的大阴线，由于它振幅大、形态恐怖，能很好地达到主力解放上方套牢盘的目的，尤其是突破历史新高，我们就更应加以关注。例如图 8-27 凯利泰（300326）也是标准的横盘模式的个股，该股 2013 年 7 月 30 日以"黑太阳"的方式突破第一突破位，分时图中当天高开 3 个多点后快速上冲后一口气直线下跌 8 个多点，如果在盘中的当下，你会不会恐惧呢？股谚有云，"别人恐惧时我们贪婪"，以大阴线方式突破关键点的个股，按照笔者的规则，在当天波动达到 6 个点以上时参与一部分仓位，其余收盘时进场。长此以往你不但不会害怕这样的大阴线，还会喜欢上这样的"黑太阳"。

4. 第四种突破方式：上引线突破

上引线是一种平开或者略微高开快速上冲而后打压下行的一种走势，可将其形象地比喻为一把尖刀，是突破关键点的突破侦察，如果抛压过大就会回洗，如果抛压不大第二天、第三天就会反推上引线直接上涨，其上引线分类为带实体的上引线和不带实体的十字星。

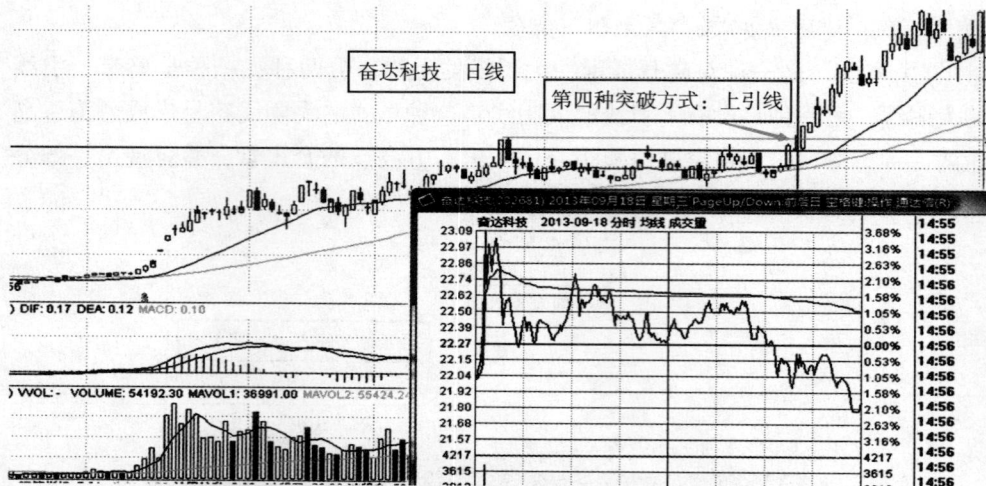

图 8-28　奋达科技（002681）2013 年 9 月 18 日形成上引线突破点示意图（日线）

图 8-28 为奋达科技日线图形，该股自 2013 年 5 月中旬至 6 月初放量拉升后就一直维持箱体震荡走势，2013 年 8 月 21 日和 9 月 5 日分别用了两次上引穿刺试探前面 11.29 元高点的压力，在 2013 年 9 月 18 日故技重施，一技上引线打开了上升空间，再看图中分时早盘开盘根本就没有给考虑时间快速拉高 3 个多点，之后是震荡下跌，振幅达近 6 个点，对于这样的上引线突破我们还是按照老规则，盘中振幅达到 6 个点的进场一部分仓位，同时锚定止损。

（二）突破点的选择标准

前面介绍完这四种最典型而且经常用到的强势突破以后，在这里做一个总结性的概括，突破点是前一个阶段工作的结束和后一个阶段主升浪工作的开始，是一个行情走势的"分水岭"，也是横盘模式产生第一买点的位置。突破点的个性化走势是复杂和多元化的，可以是上面介绍的四种典型的突破方式，也可以是组合的方式，比如涨停+挖坑、上引线+涨停、大阳线加平台等，笔者不能长篇累牍地穷其所有形式，所以大家在应用时不能刻舟求剑，要灵活运用，在战争中学习战争。

下面总结一下选择突破点的技术要点：

（1）以涨停板或者放量 7 个点大阳线突破关键点的应在分时盘中放量突破关键价位时积极跟进，同时锚定 8 个点止损，盈利涨幅超过 10% 后卖掉一半仓位，把原止损位提高到买入价。

（2）以缺口+涨停板形式突破关键点的用追涨停板技巧积极跟进，不封停不进场。如果缺口后是其他形态等待第二买点。

（3）以黑太阳形式突破的，盘中波动超过6个点的可以进一部分仓位，当天尾盘再介入部分仓位，同时以黑太阳最低价为止损位，观察第二天开盘价是否低于黑太阳的最低价，开盘高于前一天收盘价的，突破大阴线半分位时应积极参与，同时锚定昨天的止损位。

（4）以上引线形式突破关键点的，盘中振幅超过6个点进场一部分仓位，振幅小于6个点的上引线收盘前进场一部分资金，第二天开盘价低于上引线收盘价的以上引线K线最低价为止损位，开盘价高于最低价的以8%为止损位。

（5）突破的高度决定它的回测力度或者假突破的回测深度。突破点后上涨走势突破了10%的高点把止损提高到买入价，没有超过10%的把止损位提高到5%，等待第二买点的出现。

（6）突破点当天对应成交量至少要在5%~7%以上换手，最好此时在周线也形成突破量。

（7）在形成突破点之前应该经过一个缩量洗盘阶段，同时形成地量区域，地量标准参考前面洗盘地量标准，参考标准为周3%~5%。

（8）仓位为总仓位的30%，中枢型突破点仓位应该调高到50%。

三、第三要点：回测点

孙子兵法曰："昔之善战者，先为不可胜，以待敌之可胜。不可胜者，守也，可胜者，攻也。"意思是：善于打战者，先让自己处于不败之地，捕捉时机战胜敌人。不可能战胜敌人时，就采取防御措施，而有可能战胜敌人时，就应该采取进攻。在整个横盘模型中，从定盘量、箱体模式到换手都是在告诉大家从不同角度去分析和观察。分析和观察什么呢？分析和观察属于我们的交易机会，那么交易机会来自哪里？我们的交易机会就来自主力突破关键点给我们的进攻信号，而紧随其后停顿的回测点就是主力换口气、加点油的转换点，这里做的一切都是为了后面一去不回头的强势主升浪。俗话说打蛇打七寸，回测点就是它的七寸，回测点环节是横盘模式的重点环节，是主力在完成突破点技术阶段后一次短期的清洗浮筹和跟风盘的过程，这里就是孙子所说的"可胜者，攻也"的地方，也是开始强劲主升浪上涨过程中最后一次技术性回调，因此回调时间不会太长，最长的不会超过一个月，回测深度不会超过30%，这是机构回调的底线。

（一）回测点与第二买点分类

这里所说的第二买点是价格走势在回落过程中形成的具有价格优势和结构优

势的买点，按照突破点前的走势结构和回测位置的不同又分为三大类六小类，见图 8-29。

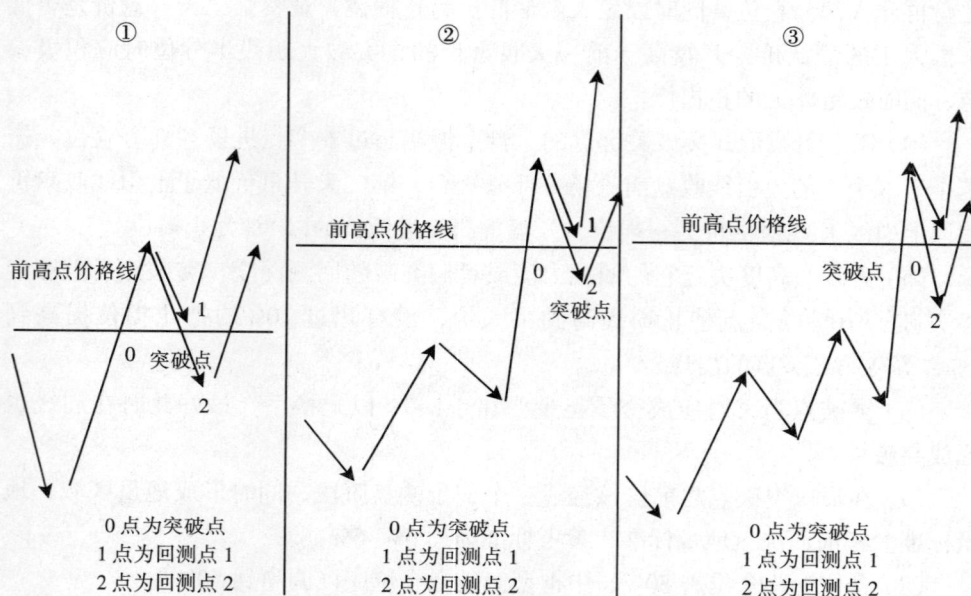

图 8-29 突破点后回测点的分类示意图

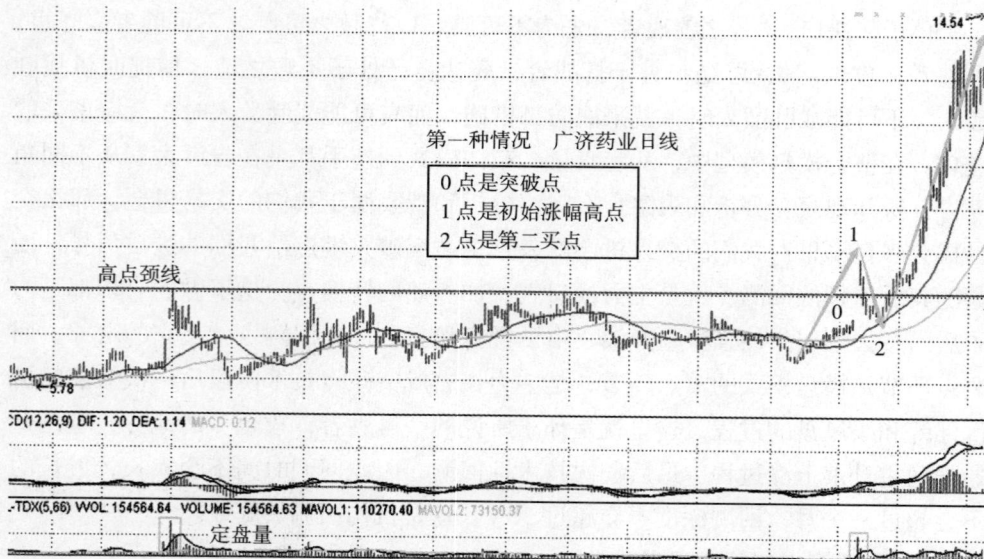

图 8-30 广济药业（000952）2014 年 7 月 16~24 日形成回测点第一类情况示意图（日线）

什么叫三大类六小类呢？就是以突破点（图8-29中0点）为时间边界，按突破点之前的不同走势将结构划分为①②③三大类，以突破点（图8-29中0点）为价格边界，按回测幅度划分的六小类。

图8-30广济药业（000952）就是图8-29中第①种情况，它是这三种分类里最强的一种分类，这种分类只会出现两种情况，就是图8-29中的1和2的颈线上下两个第二买点，这两个第二买点出现在颈线之上的就是缠论的"强三买"，出现在颈线之下的就是离开段的第二类买点。正如图8-30中广济药业2014年7月15日借助复牌的东风突破了前面箱体高点，第二天就用"黑太阳"的方式展开了回测点走势，这种回测点的二买与缠论的第二类买点在这里形成了重合，如果这个第二买点出现在颈线之上就与缠论的第三类买点形成了重合，所以笔者后面将用一整章的篇幅讲解缠论的强势三买与横盘模型的对接。

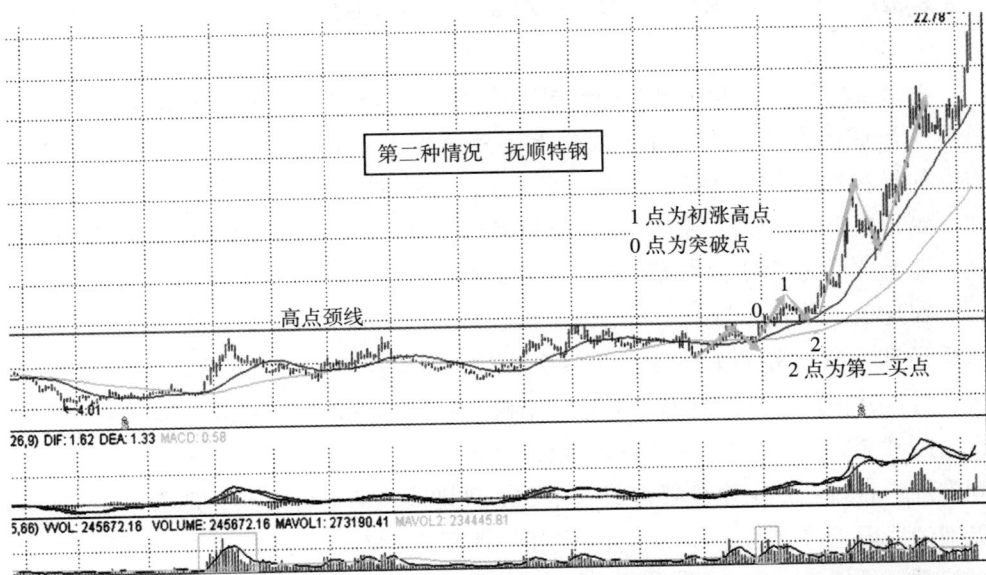

图8-31　抚顺特钢（600399）2014年6月12~20日形成回测点第二类情况示意图（日线）

图8-31是图8-29中的第②种情况，它是三种分类里最普通也最经常碰到的一种分类情况，图8-31中的第二买点是出现在颈线之上的一种情况，也就是我们经常碰到的缠论第三买点的情况，此时的第二买点与缠论的第三买点形成了重合，如果这个第二买点出现在颈线之下就变成了中枢完美点，所以大家要灵活应对。

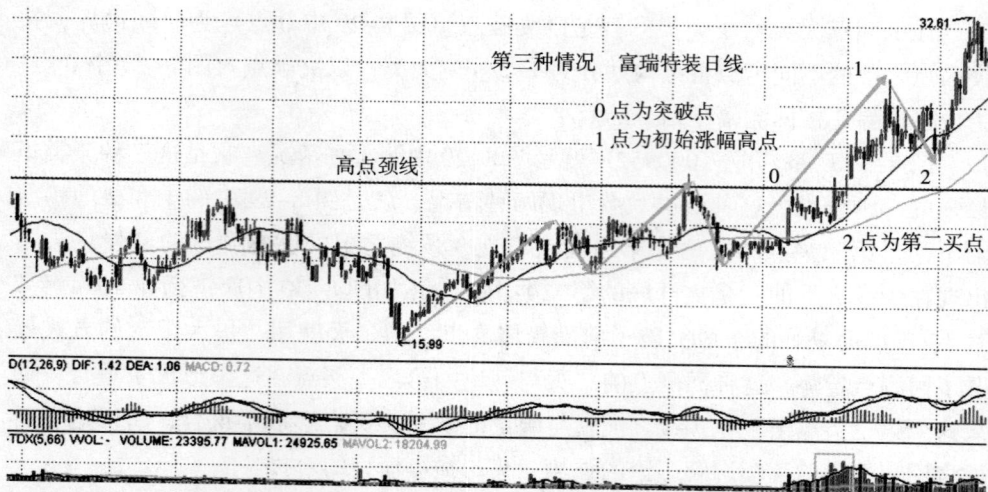

图 8-32 富瑞特装（300228）2012 年 7 月 16 日至 8 月 1 日形成回测点第三类情况示意图（日线）

图 8-32 是图 8-29 中第③种情况，这种分类是相对较弱的一种走势分类，这种分类形成的回测点无论在颈线之上还是颈线之下都容易形成缠论的第三类买点，如果在颈线之上那就是双重三类买点，这样的情况要非常关注，如果在颈线之下则形成下方中枢的第三类买点力度减弱，如果不是以上两种而是变成中枢震荡，那么这样的回测点将以观察为主，很可能前面的突破点是一次假突破的动作。

在这里，笔者想与大家沟通一个概念，就是主升浪的级别，我们每年所能津津乐道和悉心研究的大牛股至少具有 1 倍、2 倍甚至更高的涨幅，是日线、周线、月线共振的效果。从缠论的角度来说，就是至少上涨了月线一笔的级别，那么按照"笔"的定义在月线图形上至少要 3~5 个月的时间在 5 月线之上上涨，依此推理，日线图形上至少要形成一个 30F 级别线段的走势类型，那么最初的 30F 级别的线段走势必然包含一个缠论的第三类买点，而这个最初的 30F 级别的线段走势就是图 8-29 中的①②③三大类，这个缠论的第三类买点就是我们研究和操作的重点，因此从缠论结构的角度来归纳，回测点的买点可划分为以下几类：

（1）强三；

（2）2、3 重合；

（3）双重三类买点；

（4）第二类买点；

（5）中枢完美点；

（6）奔走型结构买点。

（二）回测点回测幅度的标准分类

前面已经讲过了第二大买点的三大类六小类的分类，这两种分类是有特别含义的，以时间边界的分类可以让我们观察突破点前的走势结构的力度，将直接关系到突破点后面形成的高点，也就是初始涨幅的高点，而这个高点也将影响回测幅度的深度，以价格为边界的分类，按回测的强弱分突破点之上和之下两种买点。为了让大家能更好地掌握这个买点，笔者按长期的实战经验总结了两种模型回测幅度分类，见图 8-33 和图 8-34。

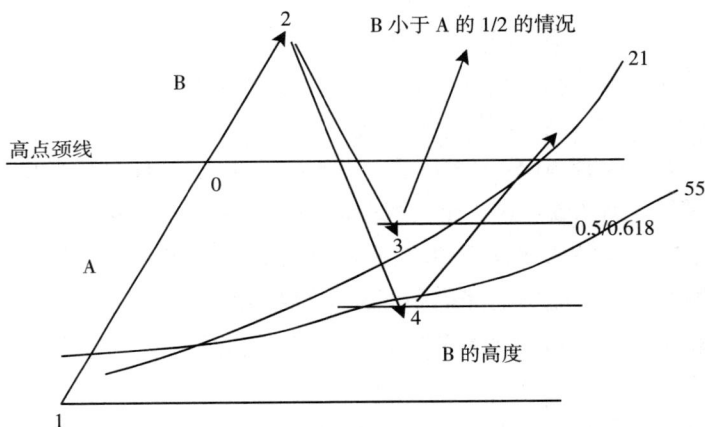

图 8-33　回测点模型回测幅度分类表 1

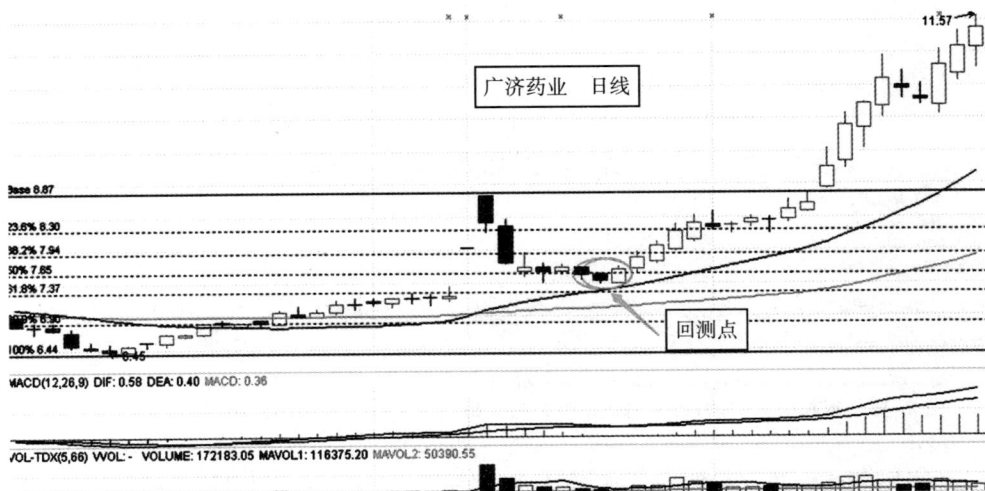

图 8-34　广济药业（000952）2014 年 7 月 25 日形成 B 小于 A 的 1/2 回测点幅度的示意图

图 8-33 是从突破点到初始涨幅高点小于突破点以下涨幅的情况，也就是

0~2=B，1~0=A，且 B 小于 A/2 的情况，笔者在以往的实践中经常遇到突破关键点后又跌回颈线之下的情况，后来总结出初始涨幅高度 B 小于颈线下涨幅的高度 A 的 1/2 是有较大概率要跌破颈线的，也就是形成缠论第二类买点的情况，当然这不是百分之百准确，但是长期的经验所得，希望大家灵活运用。那么对于这样的情况的回测点我们应该在哪里找第二买点呢？

1. 前涨幅的 0.5 或 0.618 的位置

例如前面提到的广济药业，如图 8-34 所示，该股的颈线价格为 8.01 元，A 为 8.01 - 6.45 = 1.56 元，B 为 8.83 - 8.01 = 0.82 元，因此 B 和 A 的 1/2 相差 0.04 元可以忽略不计，再加上 2014 年 7 月 16 日那天是采用的"黑太阳"方式突破关键点的，第二天开盘就跌破昨天的最低价并以大阴线的强势顶分型收盘，综合分析该股将会在 0.5~0.618 元黄金位或者 6.45 + (8.83 - 8.01) = 7.27 元附近见回测低点，2014 年 7 月 24 日该股 30 分钟图形成了强势 3 段背驰并且第二天出现了强势底分型，这些都发生在 0.5~0.618 元的黄金分割位上，第三天更是出现了倍量突破底分型右侧 K 线。这些信息都告诉我们应该放弃 7.27 元形成回测点的可能，而选择第一种情况，后面凌厉的涨幅印证了我们对回测点的综合分析。

2. 回测较深一些，回测位置是 1 点价格+B 的高度

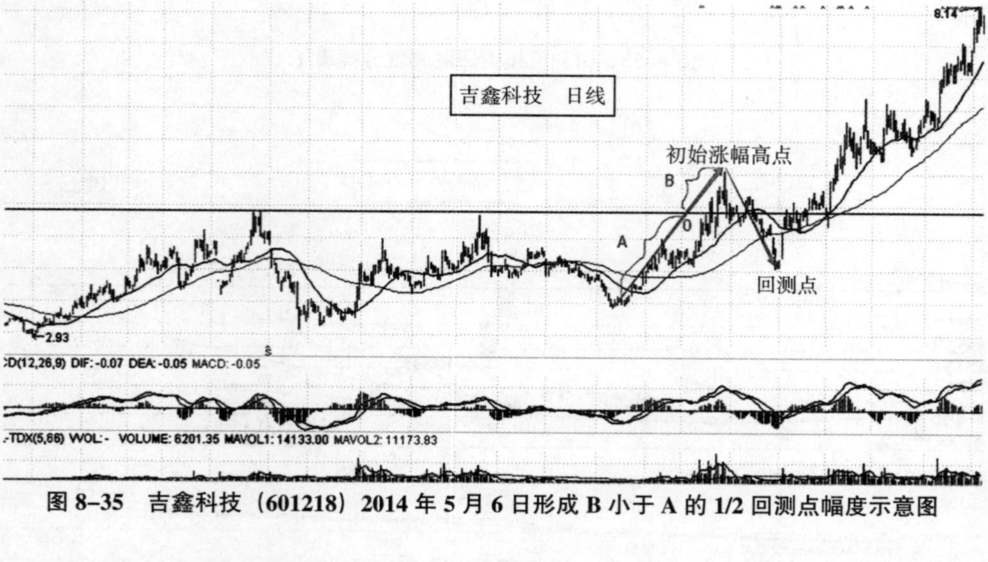

图 8-35 吉鑫科技（601218）2014 年 5 月 6 日形成 B 小于 A 的 1/2 回测点幅度示意图

例如吉鑫科技这只股票，如图 8-35 所示，该股属于慢牛型同时属于箱体震荡式中枢型的，突破关键点后的涨幅 B 明显小于之前 A 的 1/2，它的回测点幅度就相对深一点，跌破了 55 天均线。这时候我们怎么测算它的回测位置呢？用

3.41 + (5.54 - 4.9) = 4.05 元，该股 2014 年 4 月 29 日以后连续三天在该价位止跌，第四天早盘倍量涨停，从右侧交易的角度这一天就是该进场的时刻。

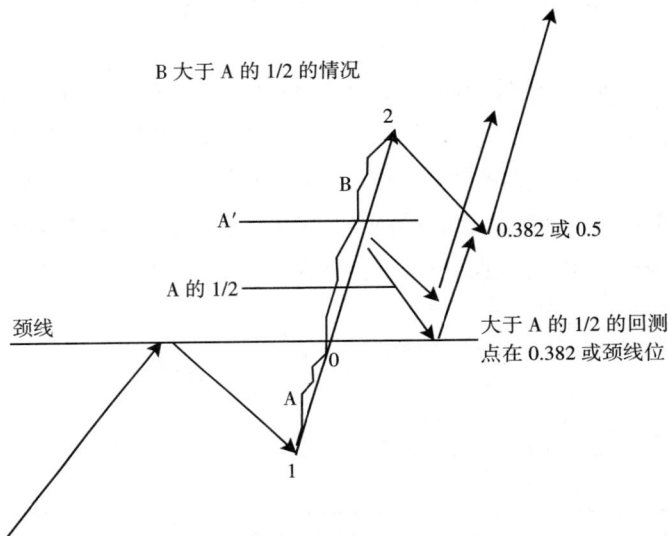

图 8-36　模型回测幅度分类表 2

图 8-36 是初始涨幅高度大于突破点以下涨幅 1/2 的情况，如图 8-36 所示，0~1 = A，0~2 = B，A' = A，在这里 B 的高度有两种可能：

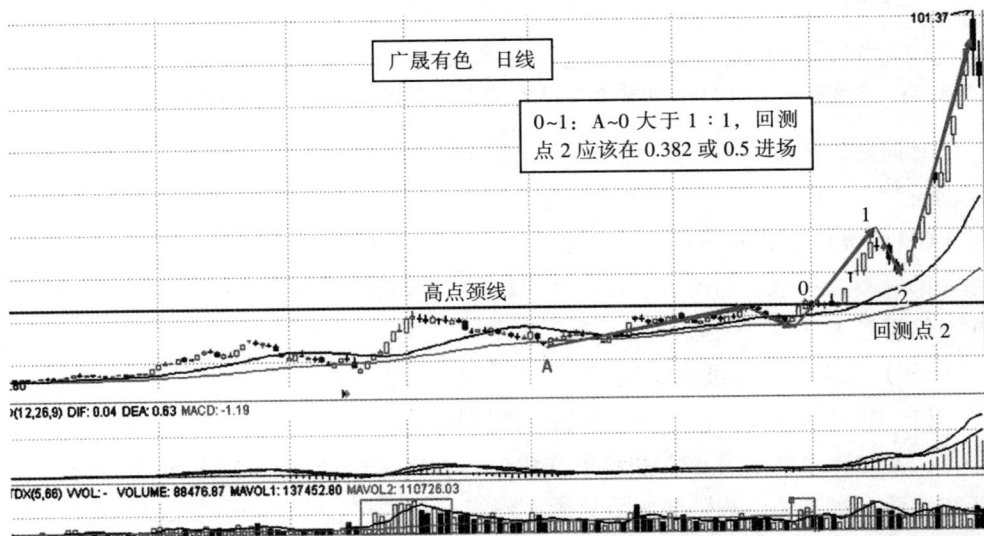

图 8-37　广晟有色（600259）2010 年 9 月 21 日形成 B 大于 A 的 1/2 回测点示意图 1（日线）

一是 A/2<B<A′，也就是 B 的高度大于颈线上 A 高度的 1/2 而小于与 A 等高的 A′，这种分类情况回测点在 0.382 或颈线位；

二是 B>A′，也就是 B 的高度大于颈线上与 A 等高的 A′，这种分类情况回测点在 0.382 或 0.5。

广晟有色（600259）是 2010 年的大牛股之一，同时也是横盘模型的典型模式之一，该股 2010 年 8 月 31 日以上引线的方式突破关键点，之后横盘几日快速拉高到 48.36 元，短短一周的时间涨幅就达 50% 左右，这种情况刚好符合我们前面说的 B>A′ 的第二种情况，也就是图中 0~1 的高度大于 A~0 的高度，这样的回测点调整幅度按照规则应该在 0.382 或 0.5 黄金位，如图 8-37 和图 8-38 所示。

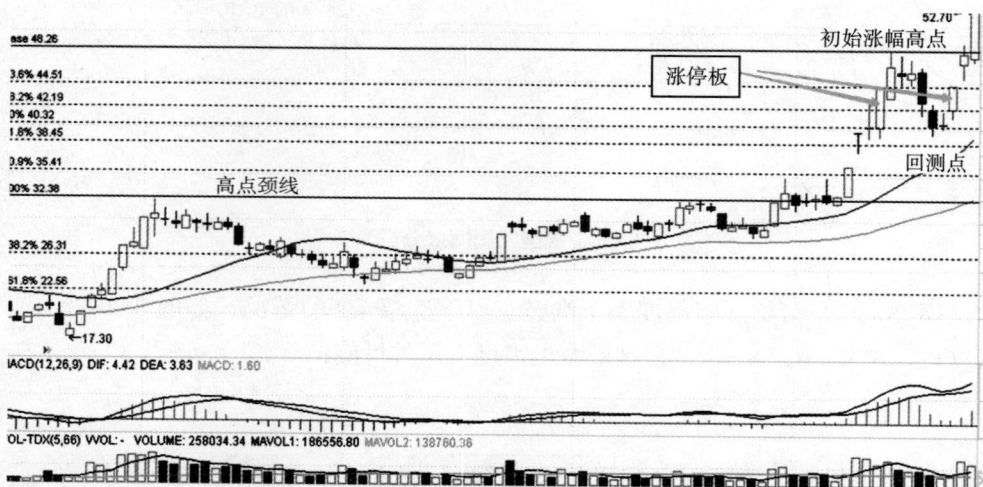

图 8-38　广晟有色（600259）2010 年 9 月 21 日形成 B 大于 A 的 1/2 回测点示意图 2（日线）

其回测的深度在 0.5 黄金位出现了底分型，这里也是一个缠论强势第三类买点的位置，2010 年 9 月 27 日这一天上午 11 点左右开始封上涨停板，和前面 9 月 13 日的涨停板遥相呼应，强势底分型形成，在这里特别强调一点就是在回测点和第三类买点重合的位置后出现涨停板的，当天即可介入，当天没有进场的可在涨停第二天开盘介入。

（三）回测点技术要点总结

（1）以回测点形成底分型为初始标准进场，并以底分型低点为止损位。

（2）初始涨幅高度小于颈线下涨幅的，在前涨幅的 0.5 或 0.618 处进场，不能在这两个黄金位形成强势底分型的在颈线下涨幅起点价格+初始涨幅高度进场，这两种情况是形成回测点与缠论第二类买点重合的情况，因此以 21 天均线和 55

天均线金叉后形成支撑作为参考。

（3）回测点与缠论强势三买重合的情况有三种：

1）初始涨幅高度介于颈线下涨幅高度的 1/2 和 1 之间的，回测点调整幅度在 0.382 或者颈线位置。

2）初始涨幅高度大于颈线下涨幅高度 1 倍的，回测点调整幅度在 0.382 或 0.5 的位置。

3）第二买点仓位为整体仓位的 50%。

四、第四要点：三浪三

爱因斯坦说过："世界上最可怕的不是原子弹的威力，而是长期的复利。"在没有杠杆的 A 股股票市场，作为普通公众交易者的一员，没有经验和能力操作股指期货作为对冲工具，更没有融资融券的资本，只能在发现牛股、捕捉牛股的主升浪上下功夫，而这也是发现趋势、利用趋势的道理。在这个问题上，股神巴菲特的投资经验是："人生就像滚雪球，最重要的事是发现'湿雪'和长长的山坡。""湿雪"指的是值得投资的标的，"长长的山坡"是指能长期维持的上升趋势。笔者写这本书的目的就是要告诉大家一个已经经过历史检验的"湿雪"，这个"湿雪"就是我们一直在讲的牛股模型，而那个"长长的山坡"就是牛股的主升浪。我们已经说过历年众多符合我们模型的牛股，它们的主升浪都是一去不回头涨幅惊人，而这个位置还有一个"三浪三"时间最短涨速最快的一段，俗话说，"成功的人不是赢在起点，而是赢在转折点"，这个"三浪三"正是我们追寻牛股捕捉主升浪的"很湿的雪"、"很长的坡"。

（一）三浪三的买点（最后一个买点）

前面我们用大量的篇幅讲解了前两个买点：突破点和回测点，现在剩下最后一个买点了，就是再次突破初始涨幅高点位置的买点，又叫双突破买点，它是对前两个买点的一个确认动作，因为主力一旦开始这个动作，就意味着上涨最快、涨幅最大的主升开始，主力会迅速拉离成本区，因此这个位置的买点清晰简单、一目了然、不会拖泥带水，见图 8-39。

前面曾对广晟有色做过详细的分析，回测点买点后出现了一个涨停板开启主升浪三浪三，这就是强势牛股和慢牛股的区别。2010 年 9 月 28 日再次以倍量突破初始涨幅高点，这就是我们要的双突破买点，同时设好下浮 8 个点止损保护，之后便是天高任鸟飞，以 8 个点止损换取突破点后面 50%~80% 的涨幅，这就是我们要的小亏大赚策略。

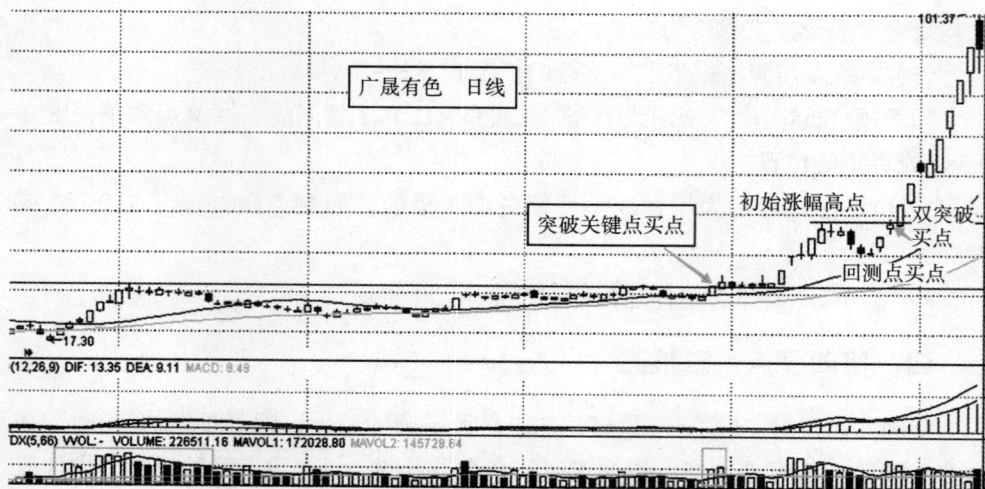

图 8-39 广晟有色（600259）2010 年 9 月 29 日形成三浪三买点示意图（日线）

由于双突破买点简单明确，所以笔者不过多地举例说明，下面说一下双突破买点的技术要点：

（1）第一买点突破点的四种经典形态突破要点适合第三买点；

（2）双突破买点的成交量应该在 5% 换手，应该小于前面初始涨幅高点的换手率；

（3）止损位在买入点下浮 8%；

（4）仓位保持在 20%。

（二）主升浪的幅度公式

第一波主升浪高度（价格）= 突破关键点时主力成本 × 2

第二波主升浪高度（价格）= 突破关键点时主力成本 × 3

在股市操作中很多股民经常犯"骑了牛股拿不住"的毛病，这种失误从原则上来说也很正常，因为人都是有贪嗔痴疑慢的时候，这是人性使然，笔者也有过类似的经历，那么为了更好地吃满主升段，让利润奔跑，笔者的操作经验是要对我们这个箱体模型有一个涨幅目标的设定，也就是主升浪的整体高度。这里我们有必要对主升浪的位置和高度有一个明确的定义，那就是从突破关键点开始到主力成本区 2~3 倍的高度为主升浪幅度，为什么这样定义呢？这是经过长时间的实战总结得出的结论。那么哪里是主力成本区的 2~3 倍呢？就是在突破关键点时的主力成本区平均价。笔者认为那里相对来说比较接近主力的综合成本，下面以广晟有色为例进行说明，如图 8-40 所示。

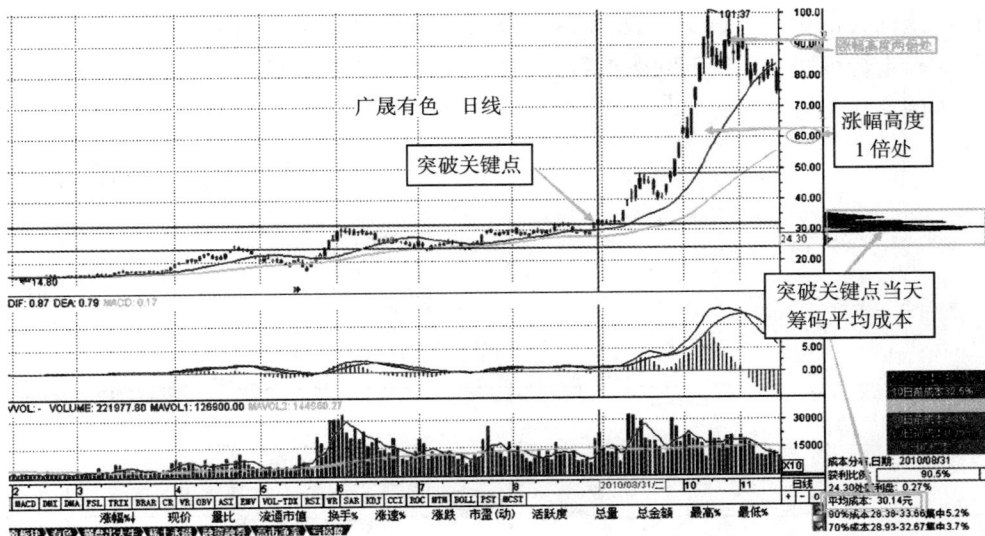

图 8-40 广晟有色 (600259) 2010 年 9 月 8 日至 10 月 18 日主升浪幅度示意图 (日线)

2010 年 8 月 31 日广晟有色突破了三个多月的箱体震荡高点打开了上升空间，那么突破关键点当天筹码分布的集中价位是 30 元左右，见图 8-40，也就是说这三个月的箱体盘整期间主力的建仓成本大概为 30 元。我们知道，一个主力从项目的立项、调研、运作等各方面都需要人力和物力成本，股价不拉离成本区 30%~50%以上主力根本谈不上盈利，而突破当天股价只有 33.6 元左右，远远还只是开始。我们前面已经对主升浪升幅有了标准定义，下面来看一下该股是否符合牛股主升浪升幅标准，在图 8-40 中 60 元价位出现了一次停顿，最后高点终结于主力成本区 3 倍处，也就是 90 元的高位。也许有人会说那高点不是 101.37 元吗？在这里要特别地强调一点，主升浪高点是一个区域，而不是一个绝对值，是横盘型牛股模型的主力内在运作盈利需求的一种共性表现，所以大家在学习的时候不要形而上学，符合横盘牛股模型的个股都能达到 2~3 倍的升幅，有的牛股还会拉升到 3~4 的高度。

我们再来看一个例子日发精机 (002520)，如图 8-41 所示，该股 2013 年 11 月 21 日突破关键点，突破价位是 11.3 元，当天的主力密集成本平均价格为 9.96 元，后面的主升浪走势在主力成本密集区 2 倍价格处即 20 元处 (9.96×2＝19.92) 开始了震荡走势，而最终还是见到了 27.19 元的高价，离两倍价格只差 2 元，为什么要举这个例子呢？是想告诉大家主升浪高度是一个区域，而非精确值，受天时地利人和多方面的因素影响，如果是从下面突破位买入筹码就不会在乎 2 倍价

格区这两元的偏离，因为对比 2013 年 11 月 21 日至 2014 年 3 月 17 日这段时间的大盘走势可知，连绵下跌屡创新低，日发精机能有这样的走势已经是"挽狂澜于既倒，扶大厦之将倾"。

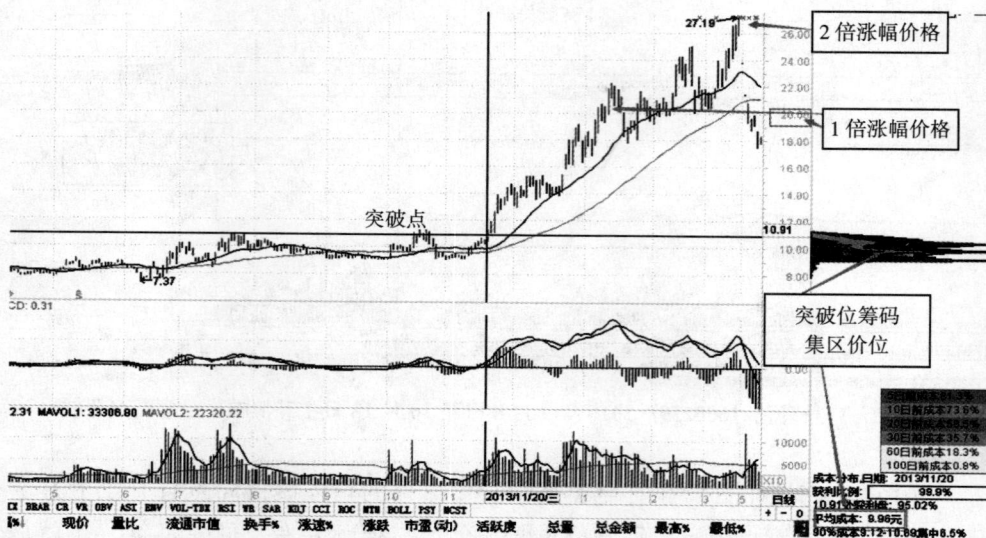

图 8-41　日发精机（002520）2013 年 11 月 20 日至 2014 年 3 月 14 日主升浪幅度示意图（日线）

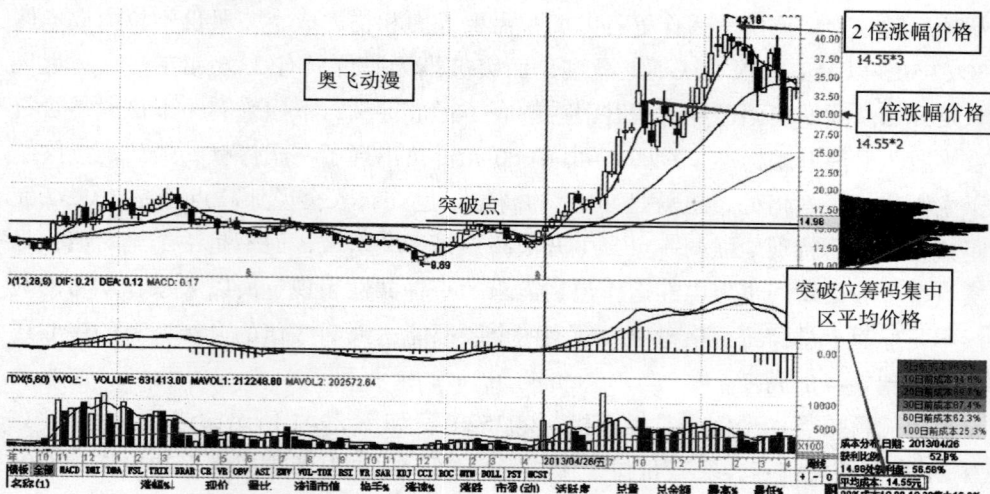

图 8-42　奥飞动漫（002292）2013 年 4 月 24 日至 2014 年 1 月 24 日主升浪幅度示意图（周线）

为了让大家能更好地掌握这一点，我们再举一个之前的例子，见图 8-42 奥飞动漫（002292），2013 年 4 月 24 日奥飞动漫突破了关键点，突破价格是 15.6

元，突破关键点时的筹码集中区平均成本为 14.55 元，根据公式，2 倍的价格为 $14.55 \times 2 = 29$ 元附近，3 倍的价格为 $14.55 \times 3 = 43.65$ 元，奥飞动漫的最高涨幅为 43.18 元，圆满完成了拉升 3 倍的任务。

第五节　牛股模型的第五重密码——持股程序与卖点

股谚有云，"会买的是徒弟，会卖的是师傅，会空仓的才是祖师爷"，这句话是有一定道理的。前面的章节大量的篇幅都在讲如何寻找牛股、如何买在牛股的主升浪，然而当我们前两项都能完成得很好的时候，下面的部分就成了非常重要的环节了，它直接关系到我们未来收益的好坏，那就是持股程序和卖点。作为一名成功的投资者，买入、持股、卖出都非常重要，三者相互影响、相互制约，三者都是我们实战操作中不可或缺的必修课。上一节讲了主升浪的整体涨幅高度的算法，让大家对符合横盘牛股模型的个股的将来涨幅有了一个整体的、直观的认识，本节就要研究在没有达到目标涨幅的时候，如何持有个股而不被主力过早地振出局。很多股民朋友都有一个通病，那就是被套的股票可以"千秋万载"，有盈利的个股反倒是拿不住、拿不稳，归根结底是怕失去既得利益的思想在作祟，这个时候我们应该多站在主力的角度想问题、找对策，俗话说"开弓没有回头箭"，除非发生意外的情况，主力怎么会放弃主升浪这个收获的季节呢？我们只需沉着冷静大胆坚持持股和卖点的总体原则，那就是"一个目标、三个程序、5F 滚动"，收获的天平会随时间不断朝我们倾斜，让我们享受复利带来的投资乐趣。

一、一个目标

其实讲了这么多，包括主升浪幅度公式在内，很多读者朋友应该能够猜到，"一个目标"就是主升浪幅度公式里的"主力成本区 1 倍价格处"，如果读者朋友看了这本书，能够做到持有到 1 倍价格处，那么恭喜你，你已经掌握和领会了箱体牛股模型的要旨和核心。那么怎么做到这一点呢？除了下面笔者要介绍的持股的三个程序外，还有一条就是以 5 周线为防守原则，增加持股信心，不破 5 周线就大胆持股到 1 倍价格处。正所谓"大道至简"，真传一句话，假传万卷书，《缠中说禅》中曾说过，5 日线是短线生命线，5 周线是中线生命线，同时 5 日线是 5F 级别过渡到 30F 级别的"分水岭"，5 周线是 30F 级别到日线级别的"分水

岭"。笔者在这本书中所讲的中线牛股模型，就是教大家如何捕捉横盘牛股模型主升浪，而主升浪的级别就是 30F，那么我们用 5 周线作为防守再合适不过了，大家不妨翻看一下过去的牛股模型的主升浪，都是沿着 5 周线持续上涨完成翻倍之旅的。下面给大家举两个例子。

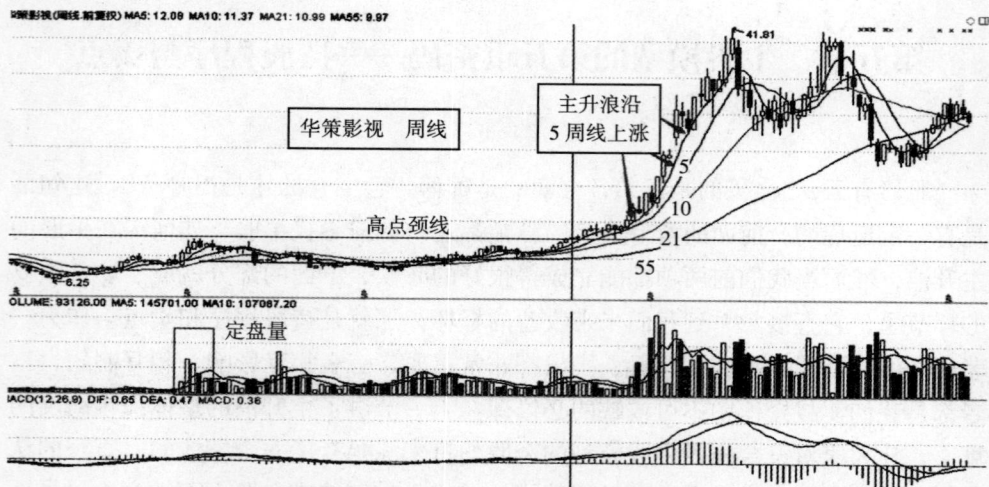

图 8-43　华策影视（300133）2013 年 1 月 18 日突破点开始沿 5 周线开展主升浪示意图

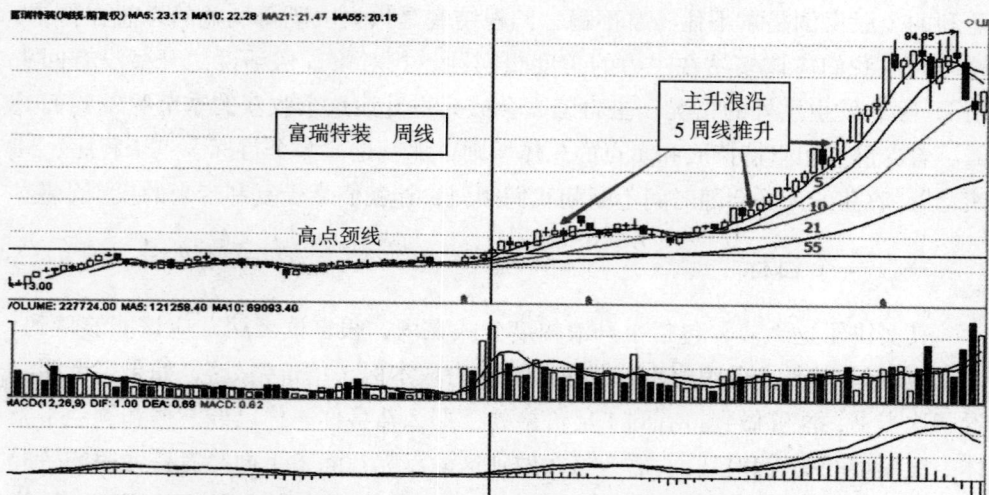

图 8-44　富瑞特装（300228）2012 年 7 月 6 日突破点开始沿 5 周线开展主升浪示意图

从图 8-43 华策影视（300133）的周线图中我们可以清晰地看到，自 2013 年 1 月 18 日形成突破点（第一买点）后，股价一直沿 5 周线上行，只在 2013 年 3

月 29 日那周短暂跌破 5 周线。在对应的日线图形上，2013 年 3 月 28 日那天盘中下跌而下午拉起，留下了长长的下引线，从这周开始，华策影视一直中规中矩地沿 5 周线高歌猛进，5 周线成了该股主升浪上涨的"生命线"。而图 8-44 富瑞特装（300228）和华策影视同出一辙，在 2012 年 7 月 6 日形成突破点买点后上涨到 36 元附近开始了调整，上涨幅度达到了 80% 左右，在调整两个多月后，又再次站上 5 周线开疆破土，连续上涨 26 周没有跌破过该线，把 5 周线作为中线股持股线展现得淋漓尽致。

二、买点后的三个持股程序

（一）固定止损 8%~10%

"凡事预则立，不预则废"，在诡秘多变的股市面前，投资者若想保住赢家的地位，每次买卖前都应制订好周密的操作计划，并严格按计划执行，为防备可能发生的意外，买入后学会止损保护无疑是使我们的操作迈向成功的重要一步。止损的数值一般采用固定止损 8%~10%，无论是第一、第二、第三的哪个买点产生的买入动作，都遵循该止损原则。为什么要定这样一个原则，其实道理很简单，就是"一次赚的要够赔三次"。因为我们不可能百分之百选对上涨的股票，因此在选错股票时，必须防止股价下跌对本金的侵蚀。采用该原则时，只要我们选择牛股模型的成功率在 25% 以上就可以轻松实现资金的增值，而 25% 的准确率对于大多数投资朋友来说都是可以做到的。

（二）保护盈利：盈利超过 10%~15%，把止损位提高到买入价

我们在买入后第一步设置固定止损保护是为了在行情朝着反方向下跌的时候不会对本金造成过大的侵蚀。还有一种情况，就是行情走势朝着预期的方向上涨，当上涨盈利超过 10% 的幅度时，把第一步的止损点上移到买入价，可以防止我们将盈利变成止损，过多地损失止损头寸。特别是在牛股模型的第一买点和第三买点时会经常碰到这样的情况，当行情出现假突破时，稍稍拉高就倒头向下，只要我们遵守这一原则，就不会白白地损失止损头寸，而是付出一些交易手续费而已，所以这一点非常重要，读者朋友要认真领会、大胆实践。

（三）跟踪止损：每上涨 5%，跟踪止损位上调 2%（初始涨幅期间以标志性阳线的 1/2 做防守）

当行情持续上涨，并完成了前面的两个步骤后，说明了一点，那就是我们买到了主升浪。这个时候除了高兴以外，还有一个更重要的步骤，那就是跟踪止损。很多股民朋友在股市中应该都坐过"过山车"，我们设定跟踪止损的目的就

是不能把盈利的操作变成获利回吐甚至是亏损，跟踪止损能很好地杜绝这一点。实际操作中，笔者设定符合牛股模型的股票初始涨幅为 30%~50%，主升浪目标位于主力突破日平均成本的 1 倍价格处，为最终获利目标，股价一旦达到该目标，立刻出手 50% 的仓位，之后获利率每上涨 5%，跟踪止损位相应提高 2%，读者朋友们也可以根据自身交易系统和当时市场实际情况加以修正，总之就是一句话，"截断亏损让利润奔跑"。

请看一个持股程序的综合案例。

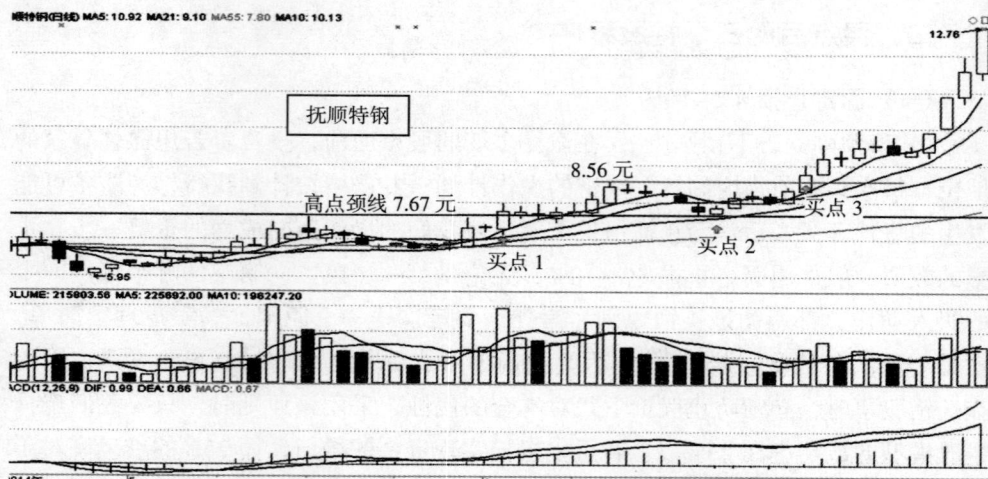

图 8-45　抚顺特钢（600399）2014 年 6 月 4~27 日突破点后跟踪止损示意图（日线）

在图 8-45 中笔者标记了三个箭头，分别代表第一、第二、第三买点，图中第一个箭头处也就是标记 1 的位置是第一买点处，突破时间为 2014 年 6 月 4 日，突破价格为 7.67 元，买入并设置 7.67 元下浮 8% 为止损位，之后的初始涨幅最高达到 8.56 元，突破后的涨幅为 11%，根据买入后持股三个程序的第二点，涨幅超过 10%，把止损位提高到买入价，也就是突破价格 7.67 元，之后的走势并没有继续上涨，而是掉头向下回踩颈线（7.67 元）形成回测点后再放量拉高突破初始涨幅高点形成第三买点，第二、第三买点处只需重复第一买点的固定止损、保护盈利的持股程序即可。第三买点后就要采用跟踪止损的原则，主力一路快速拉升，连 5 日线都没有跌破，我们只需要等待第一目标的到来。6 月 4 日突破时的主力成本价为 6.9 元，根据主升浪公式第一目标位为 13.8 元，7 月 14~15 日两个交易日都已达到了第一目标位的价格，读者朋友哪一天卖出都会赚得盆满钵满。所以说牛股模型是寻找牛股的利器，主升浪幅度公式更是卖点秘密，掌握好、运用好就可以把交易变成买点到卖点两点之间的游戏，笑看风云变幻、纵览股市涨跌。

三、5F 滚动操作

孙子曰："故善战者，立于不败之地，而不失敌之败也。"股市就像波涛汹涌的海浪，不是上涨就是下跌，而好的策略就像冲浪运动员一样无论涨跌，都能应付自如。因此努力寻找并实践在股市中"涨可获利、跌可避险、跑赢大盘、进退自如"的策略是每位投资者孜孜以求的目标。股市是另一个层面的博弈和战争，如果没有立于"不败之地"的策略，那么显然就是在打没有准备的仗，并面临不可控制的风险，就算一时获利可能也不能长久。笔者经过长时间的实践和研究发现，很多职业高手或者是历经牛熊洗礼的老股民在交易中都常常采用 T+0 滚仓操作的方式，这不失为一种好的策略，一是能不断降低持仓成本，二是利润最大化，也就是"跌时亏得少、涨时赚得多"。笔者结合大量的操盘实践和缠论的级别总结了"5F 操作法"，下面结合案例做一个简单介绍：

1. 应用原则

（1）以 5F 级别为波段基准，1F 分段操作；

（2）第二买点的仓位不参与 5F 滚仓操作；

（3）第一目标位未达到前只能动用第三买点的仓位参与滚动操作。

2. 案例（抚顺特钢）

之所以选取抚顺特钢是为了方便起见，因为该股还在主升浪进行中，30 分钟图形还能看得清晰明白，一般采用 5F 滚仓操作多发生在主升浪涨幅达到第一目标位以后和第三买点后至第一目标位之间，三个买点区间不建议大家采用滚仓操作，因为容易把筹码做丢。我们的牛股模型就是捕捉牛股的主升浪，而主升浪恰恰是以上涨为主，回调为辅，所以我们把重点放到初始涨幅部分和第一目标位到第二目标位区间，请看图 8-46。

前面我们在持股程序环节已经列举过抚顺特钢的例子，而抚顺特钢就是第一目标价格到位后采用 5F 滚仓操作的例子，图 8-46 中有六个箭头，每两个箭头之间代表日线一笔，也就是 5F 级别。我们在第一目标位也就是第二个箭头处卖掉了 50% 的仓位，因为我们的 T+0 操作级别就是 5F 级别，而再次回补的位置必须是从第二个箭头处下跌一个 5F 级别内部结构出现背驰才能进场，也就是图 8-46 中第三个箭头处。这个时候就要用到次级别 30 分钟图和 5 分钟图的联立操作了，见图 8-47 抚顺特钢 30 分钟图在图 8-47 中的 1~5 的五个箭头对应着图 8-46 中的

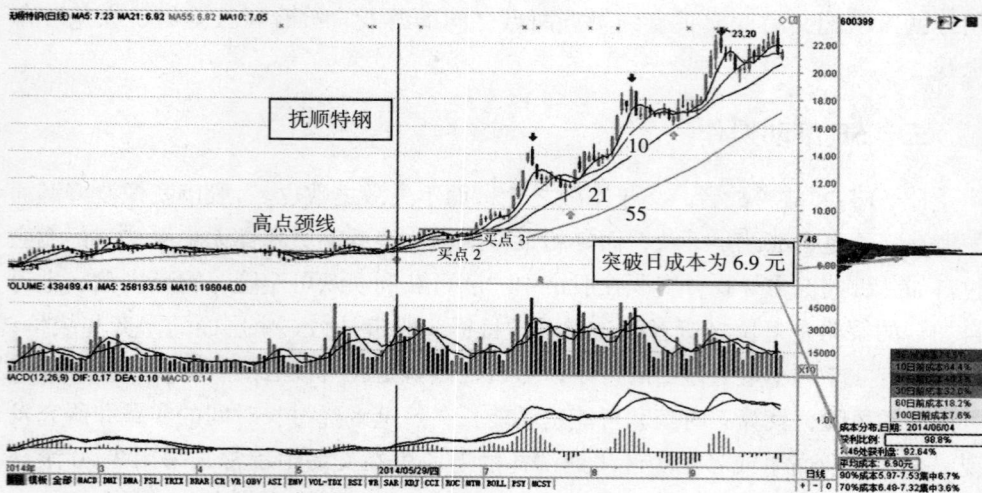

图 8-46 抚顺特钢（600399）2014 年 6 月 4 日至 9 月 1 日 5F 滚仓操作图

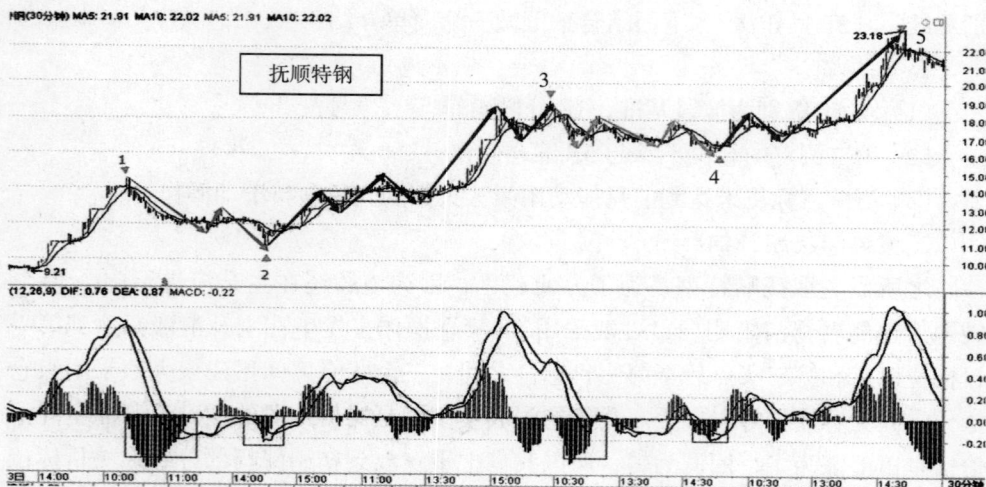

图 8-47 抚顺特钢（600399）2014 年 6 月 4 日至 9 月 1 日 5F 滚仓内部结构图（30 分钟图）

日线箭头，都是 5F 级别线段，图中 1~2 处下跌了 3 次，附图的 MACD 柱状图就出现了背驰信号，此时我们只需要找到 1~2 处中最后一笔对应的 5 分钟图出现背驰信号，就可以大胆回补了，请看图 8-48。

图 8-48 中是 a+A+b 的走势，对应着图 8-47 中 1~2 的 5F 下跌的第三笔内部结构，我们发现其内部结构发生了由小转大的走势，为保守起见可以在第二类买点回补，也就是图 8-48 中的回补点所示。至此，回补工作就顺利完成，只需要

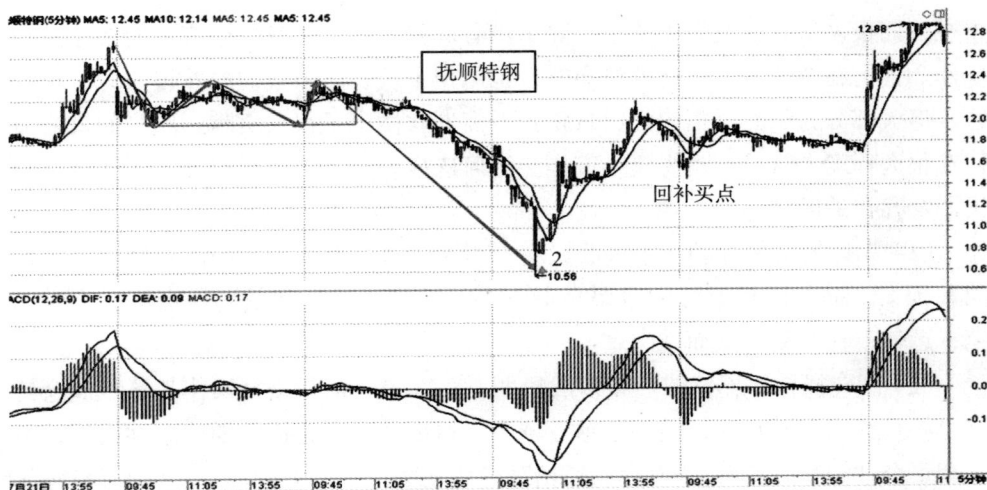

图 8-48　抚顺特钢（600399）2014 年 7 月 15 日至 7 月 24 日 5F 滚仓内部结构图（5 分钟图）

持有回补的这些仓位到向上的 5F 线段出现卖点信号，也就是图 8-47 中箭头 3 盘整背驰的位置。一个完整的 5F 滚仓买入卖出就此完成，其后的几笔 5F 操作重复前面的动作即可，这样几个来回操作下来，既降低了持仓成本、扩大了盈利，又锻炼了短线操作能力，无惧大盘牛熊，笑对个股涨跌。

第六节　牛股模型的第六重密码——仓位管理与分配模式

　　谈到资金管理，这是一个专业而又重要的话题，众所周知，有很多著名的世界级基金管理人以及世界级著名分析大师都是这方面的佼佼者和践行者，即使是他们，如果不重视正确的资金管理，合理地控制资金风险，同样会被无情的市场所吞没。前些年世界著名的日本大和银行、英国巴林银行新加坡分行的倒闭，都充分证明了这一点，所以著名的大作手利费摩尔不厌其烦地告诫两个儿子："不要弄丢了你的本钱"，"不要一次买进全部的价位，必须等待自己的判断获得确认后，再继续往上加码"，"在成功结束一笔交易时，都要记得将获利的半数抽出来锁进保险箱里。"市场是公平的也是无情的，如果不能充分考虑资金管理的重要性，未能有效控制资金风险，其结果就是哪怕只有一次失误，都有可能被市场所淘汰。股票投机活动就是资金之间的较量，所以资金管理极其重要，我们应高度重视。而很多散户在股海中搏杀，除了没有成熟的技术傍身，还有可能常年满仓操作。他们在想要抓住所有的机会时，也承担了所有的风险。虽然很努力、很辛苦，但大部分人仍然亏损累累，只是为券商创收做出了很大贡献。股民的最终失败在很大程度上就是不重视资金安排。为何这样说呢？下面简单罗列一些很多股民朋友存在的问题。

（1）无计划交易冲动。很多股民朋友买入一只股票都不是提前做好的周密计划和预案，而是随机看好的股票马上下单，造成的结果就是鸿运当头时小赚一笔，运气不佳时套在里面站岗。

（2）满仓操作不愿认错。很多股民朋友每次操作都是重仓操作甚至是满仓持有，一旦买错不愿止损，结果是越亏越多，越多越不愿止损，如此恶性循环，最后套了个"千秋万载"，美其名曰留给孙子做礼物。

（3）持股过多鸡蛋放到了不同的篮子里。我们在很多时候都听专家说过，不要把鸡蛋放到同一个篮子里，应分散风险，结果一打开账户，里面的股票一大堆，俨然一个小基金的配置比例，试问一个篮子里的鸡蛋都看不好，怎么管理好这么多股票品种呢？

（4）乱字当头，乱操作、乱补仓。

（5）频繁操作。

（6）一年四季不分牛熊长期奋战在股市，没有重点，张弛无度。

看了上面这些是不是能从中找到自己的影子？笔者也是从新股民走过来的，所以上面的这些问题在笔者身上也发生过，因此笔者才深感做好资金管理才是股市投资的长久生存之道。我们炒股的钱是自己的血汗钱，因此要把这个问题提高到在股市生死存亡这样的重要地位，因为做好它才能实现我们股市投资的终极目标——保证稳定安全获利。

一、资金管理总原则

（1）总资金量在100万元以下集中建仓一只个股，100万~300万元可以同时建仓两只，当第二只个股到达第一目标位时取出本金，用盈利去赚未来。

（2）切记分散投资、集中优势资金。

（3）不盈利不加仓，出现亏损止损绝不补仓。

（4）亏损超过整体资金的10%必须坚决清仓，市场缺的不是机会，而是本金。保本为第一要务。

（5）计划在前，操作在后，只买牛股模型的个股、只买存在安全边际牛股模型的个股，不能频繁操作。

（6）坚持写交易记录、建立账户资金曲线并且和大盘走势作相应比较，复习自己的交易记录并对自己的分析和交易做好正确的评价。

二、仓位管理分配模式

在股市操作中，理念、模式以及技术固然重要，但有效的资金管理更为重要。如果你是较稳健型的，并且是具有一定资金量的投资者，希望在市场中长久生存，尤其是打算以交易为生，除了具备高超的交易技巧之外，资金管理更是不可或缺的重要一环。在某种意义上说，资金管理比交易技巧更重要。合理、正确的资金管理将使你在股市交易中事半功倍，这样你才能从容面对股市的起起落落而从风险中获得收益。下面笔者将结合资金管理策略与大家分享仓位管理和分配模式。

首先来看美国交易冠军安德烈·布殊的资金管理方案，安德烈·布殊（1942—）1967 年开始做外汇交易员，1977 年开了自己的期货公司，1987 年参加"美国交易冠军杯"大赛，包括期货、股票、期权交易，在四个月中，他创下了 4537.8% 的盈利，成为纪录的保持者。他所采用的资金管理方案是什么呢？在交易中布殊会用三种方法：一是正常方法，二是积极方法，三是保守方法。

正常方法，就是一切正常的情况下，会拿出 5% 的钱来承担风险，比如账户上有 10 万元，就拿出 5000 元，若每次亏损控制在 600 元以内，可以亏八次，也就是说：每次下止损单，如果只允许亏 600 元的话，可以有 8 次入市的机会。账户如果亏了 5%，只剩 95000 元，就变成保守账户了。

保守账户只拿 2.5% 用于承担风险，直到资金总额恢复到原来的 10 万元。记住：如果你很久都没赚到大钱的话，那虽不太妙，但你仍"活"着。如果亏光了，那你就彻底完蛋了，一切都结束了。要赢钱的话，你一定要冒险，风险大小视资金数额而定。比如，有 10 万元，拿出 5%，赚了 5000 元的话，那么就可以变成积极性账户。

现在，可以动用的钱等于 6% 资金加 20% 利润。也就是 $100000 \times 6\% + 5000 \times 20\% = 7000$，即 7000 元。每赚到 5% 时，就加 1% 进来作为积极性的支配，有的客户会每次加 5%。比如，客户赚到 13 万元的时候，10% 账户金额 + 20% 利润 = 13 万 × 10% + 3 万 × 20% = 19000 元，13 万元中拿出 19000 元，这样就有 30 多次的入市机会了，现在客户所冒的风险仅由他的利润来承担，并不是本金。

看完上面布殊的资金管理方案是不是内心有些触动，一个好的资金管理方案不一定能使自己的账户爆发式增长，却能让我们在市场中活得更久，安德烈·布殊的例子告诉我们，初入市场要知道自己最大的风险底线在哪里，出现盈利后要用盈利抵御市场的风险，这样张弛有度，进退有法，才能在交易中立于不败之地，笔者根据多年的实际操作总结出了两种位置、三种仓位的横盘牛股模型的仓位配置。

（一）两种位置

所谓两种位置就是我们前面讲过的在颈线上和在颈线下两种，无论哪种位置我们都是以前面所讲的牛股模型为蓝本，以三个买点为切入口，以主力成本为获利目标，不是模型不买，不到买点不进，不够涨幅不出，用突破关键点为信号，用回测点买点为重心，用双突破买点为确认，按照仓位配置一年，即使操作两只牛股模型的股票就能战胜90%的人。下面笔者结合三种仓位用实例为大家详细分析一下。

（二）三种仓位

（1）保守型仓位：动用总资金量的70%建仓，突破点30%、回测点50%、双突破买点20%配置，此仓位配置为开始起步操作阶段，以控制风险、截断亏损为目的，稳扎稳打为第二步实现正常型仓位配置操作做基础准备。

（2）正常型仓位：使用100%的利润建仓，突破点30%、回测点50%、双突破买点20%配置，此仓位配置为正确操作两只牛股模型股票后采用的仓位模型，当第二只模型股票涨幅达到主力成本密集区1倍时获利了就把原来的本金全部退出股市，用剩下的全部盈利来操作第三只、第四只……牛股模型的股票时所采用的仓位配置。

（3）激进型仓位：100%的利润+25%的本金的仓位配比，突破点30%、回测点50%、双突破点20%仓位。

（三）案例分析

假设现在有一个10万元的账户，空仓状态，我们的目标是把它做到20万元以上（翻倍）。

把这个账户里的资金分成10份，每一份称为一个交易单元，这表示在每个交易单元里要投入10000元。我们在开始起步阶段可以使用总资金的70%，也就是7个交易单元，共70000元。每个买点的交易环节中的止损位是此买点投入资金量的8%，如果超过8%，无条件止损。然后，开始下面的交易步骤。

选择两只符合牛股模型的个股跟踪，当其中一只出现突破性买点时果断进场，只投入70000×30%=21000元，因为预定按投入资金的8%止损，所以最大

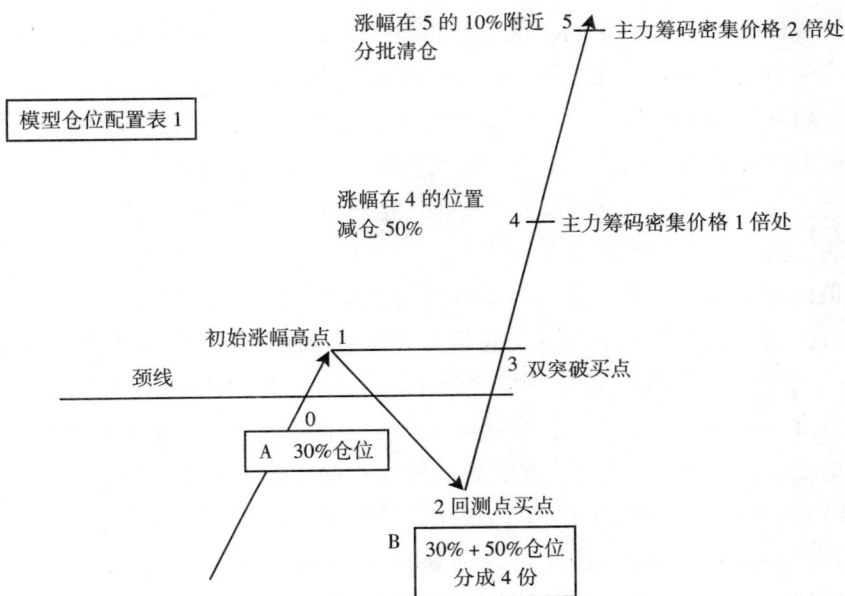

图 8-49　牛股模型仓位配置表 1

止损金额是 1680 元，亏损到这个额度无条件止损。此时止损金额占总资产的比例为 1680/100000＝1.68%，会出现以下两种情况。

1. 假突破

股票走势没有延续强势而是创出箱体的新高后掉头向下跌破止损位，亏损 1680 元。例如广济药业 2014 年 7 月 16 日、中海科技 2014 年 6 月 11 日等，在这里我想强调一下，很多朋友不愿意做突破怕被止损，这种交易心理是不健康的，一个箱体模型的股票突破高点一般在第 3~5 个就会出现主升浪，一次主升浪的涨幅足可以抵消 20 个以上的假突破止损，这样以小换大的生意有什么可怕的呢？接下来我们就等待第二买点的到来——回测点买点，在回测点买点所投入的资金为仓位的 50% 和前面第一买点（突破点）所要投入仓位的 30% 之和（假突破会导致前面第一买点所投入的仓位止损），也就是 70000×0.5＋70000×0.3＝56000 元，最大止损位为 8%，止损金额为 4480 元，鉴于这次投入的资金略多，因此我们把 56000 元三等分三次进场：

第一次在 30 分钟图形三笔或者五笔背驰的时候进场（背驰的概念请参考《缠中说禅 108 课》）；

第二次在日线形成底分型时突破底分型右侧 K 线时进场；

第三次在 30 分钟形成缠论的第二类买点时进场。

为了以防万一，这三次的单次止损也设为 8%。分三次进场会让我们有更多的时间去分析和考察这个位置是不是我们想要的回测点买点，一般这个位置不会被止损，出现止损的情况也只会是前两次投入的仓位触发止损，那么我们只损失 $56000/3 \times 2 \times 8\% = 2986$ 元，只相当于总资金的 2.98%，在可控范围。止损说明两个问题，一是我们前面的模型参数（换手、定盘量、箱体幅度、洗盘区）存在没有达标的情况；二是前面的突破存在问题，要回过头认真检查和分析每一项指标。

如果没有止损，将很快出现浮盈并等待走势突破初始涨幅高点，如图 8-49 中的 1 点，当出现双突破买点时我们买入另外 20% 的仓位，也就是 $70000 \times 0.2 = 14000$ 元，同样止损 8%，最大亏损额为 1120 元。这里出现假突破的概率较小，主升浪三浪三是快速而猛烈的，当涨幅达到图 8-49 中 4 的位置时，也就是主力筹码密集区 1 倍价格的位置时，我们要减掉 50% 的仓位，因为一般主力拉升到该位置会出现一段时间和幅度的调整，根据之前的操作经验这个时候我们的底仓盈利幅度应该在 80%~90%，也就是盈利 56000~63000 元，我们卖掉一半仓位把 63000~66500 元按照上面所说建仓另外一只牛股模型的股票，剩下的一半仓位有了成本优势，等待调整后的短差操作和主力筹码密集价格 2 倍价格的到来。

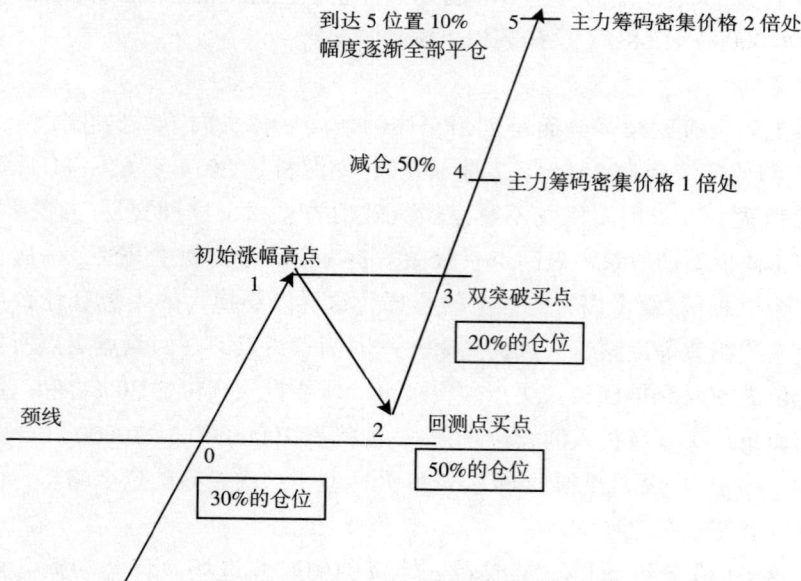

图 8-50 牛股模型仓位配置表 2

2. 真突破

股价走势形成真突破后有两种走势分类如下。

走势 A：股票走势突破关键点以后继续强势上行如图 8-50 所示，当涨幅超过 15%~20% 时，把原止损位上调到买入价，并以创新高的大阳线的最低价位跟踪止损，收盘跌破卖出一半的仓位，股价走势没有继续上涨而是在涨幅 20%~30% 的区间出现回调，比如触发跟踪止损位，获利了结 50% 的仓位，这个时候一般盈利在 15% 左右，也就是 3150 元左右，剩下仓位持有不动，等待回测点的到来。在回测点买点区域以前面我们所说的方法把 15%+50% 分三份三步进场，其后就是设好止损待价格走势突破双突破买点的时候加仓，然后等待主力筹码集中价格 1 倍区的到来获利了结 50%~65% 的头寸，剩下的仓位持有不动，50% 建仓按上面的模式建仓另外一只牛股模型的股票，15% 的获利在原股票做短差直到第二目标价的 10% 区间逐渐平仓。

走势 B：股票走势突破关键点以后继续强势上行如图 8-50 所示，涨幅会达到 30%~50% 左右出现回调走势，我们还是按照上面的规定（当涨幅超过 15%~20% 把原止损位上调到买入价，并以创新高的大阳线的最低价位跟踪止损，收盘跌破卖出一半的仓位），这种情况的回调的触发跟踪止损的头寸一般盈利应该在 30% 左右，即 6300 元左右，剩下仓位持有不动，依然等待第二个买点回测点的到来。这种走势的回测点一般都会和缠论的第三类买点相重合，这也是本书为什么用了一整章的篇幅来讲解和梳理缠论第三类买点的缘故，我们还是采用三等分三次进场的原则建仓回测点，等待双突破买点加仓 20% 头寸，持有等待第一目标位的到来，获利了结 50% 的仓位，建仓第二只牛股模型的股票，分三次建仓，等待持有到第一目标位获利了结 50% 的仓位，如此往复，大道至简。

当你走到第二只股票涨幅达到主力筹码密集价格 1 倍处获利了结 50% 仓位这一步的时候，就会发觉第一只个股的第二目标位应该已经达到，下面我们来算一笔账。

（1）第一只股票的获利：投入 70000 元，第一目标位获利 80% 左右（每个人不可能都做到 100% 的价格），即 56000 元，减仓 50% 还剩下 63000 元，持有等待第二目标位，不核算短差获利，只按持有不动仓位涨幅达到第二目标位时收益 70% 计算，获利 44100 元，总计 44100+63000＝107100 元。

（2）第二只股票的获利：投入 63000 元，第一目标位获利 80% 左右，收益金额为 50400 元，减仓 50% 头寸获利 56700 元，剩下的 56700 元仓位持有不动。

（3）总的收益为 107100+56700＝163800 元，退出原始投入 70000 元还剩下

93800 元，第二只股票里还有 56700 元仓位，合计 150500 元，现在的这个资金全部是盈利没有成本压力。

通过上面的讲解和计算是不是感觉眼前一亮？当然也有人会说，我不可能做到盈利那么多，这是可以理解的，个人技术水平和心态存在差异，我们在上面的获利比例再打个五折也就是 150500×50%=75250 元，这是很多人都可以实现的，也就是说操作第二只股票到达第一目标位退出原始本金，用盈利去操作，这个时候对模型参数、买入时机等要素轻车熟路，就可以大胆采用正常仓位或者激进型的仓位来更大比例地操作个股。上面这个策略充分考虑了实际交易中的市场风险，起步阶段不是急匆匆地满仓操作，而是循序渐进，持仓比例从试探性的 30% 逐渐上升至 80%，最后确定主升浪突破时才买入 20%，而这次加码是在已有获利能够抵抗亏损风险的前提下完成的，即使这样也是动用了总资金量的 70%。我们只需要做好第一只个股开启翻倍之旅，这个策略对于大额资金而操作流通盘较小的牛股模型股票来说，应该在突破点就要加大比例进货，不然你会发觉在回测点是买不到你想要的筹码的。俗话说，"临渊羡鱼不如退而结网"，笔者衷心希望自己的所感、所悟、所写能成为众多股民朋友手中的一把"利刃"，在投资的道路上跨越涨跌，穿越牛熊，伴随一生。

第九章

历史牛股案例解析

第一节　贵州茅台（600519）

　　提起贵州茅台，所有股民都知道，是白酒行业龙头、价值投资的典范，作为曾经的两市第一高价股和价值投资的标杆，贵州茅台一直都是公募基金和各路资金率先选择的标的物。其实，由于贵州茅台基本面优良，处于行业龙头垄断地位，该股从上市一开始就运行着箱体牛股模型的形态，上市首日换手率就达到了56.8%，首周达到了92%，可见二级市场的各路资金非常看好该股。这里顺便说明一下，对于这种开盘就出现"定盘量"的股票在以后的交易中并不在少数，例如聚龙股份、迪安诊断、尔康制药等，因此这种"定盘量"在首日达到72%~80%为最优。

　　有了"定盘量"这个牛股模型的开始，还要寻找有没有牛股基因，贵州茅台2001年8月27日上市之初，正好赶上上证指数从高点2245点快速下跌，近七个月时间就快速下跌了900点，该股依然强势维持在上市首日最低价之上，并构建了一年多的箱体震荡走势，强势可见一斑。直到2002年9月伴随大盘的再次下跌而出现无量盘整下跌走势，2003年9月23日提前大盘一个半月时间见底

（大盘见底时间为 2003 年 11 月 13 日），先知先觉的资金领先大盘开始了上涨走势，在 2003 年 11 月至 2004 年 4 月期间，指数出现了强势反弹走势，贵州茅台却一举突破了上市以来的最高点，之后指数一泻千里创出了历史上著名的最低点998 点，而该股依然逆势上涨屡创新高，牛股基因表露无遗。

我们再来分析一下它的买点和主升浪（如图 9–1 所示），2004 年 3 月 12 日贵州茅台用缺口＋放量大阳的方式突破了之前的历史高点（如图 9–1 中 1 处所示），也就是笔者前面所说的第一买点。之后该股持续上行，突破后的上涨高度刚好是高点颈线下涨幅的 0.618 倍，因此我们会在回踩高点颈线或者 0.382 的黄金分割位等待第二买点的出现。2004 年 6 月 18 日该股回踩颈线位并震荡一周的时间夯实底分型，之后便是强势突破 4 月 9 日高点，在大盘"跌跌不休"的大环境下，贵州茅台顺势回洗构建了一个 30F 级别中枢形态，在大盘自 9 月 13 日开始的一周的短暂反弹中，贵州茅台一马当先率先突破了中枢高点（图 9–1 中三处），构成了第三买点，随后的大盘指数一路下跌，该股却是波段上行与众不同，牛股态势初现，对照图 9–2 和图 9–3 的同期走势就会一目了然。俗话说，千里之行始于足下，有了前面这些作为基础，所以在 998 点之后两年的指数大牛市中，才会有翻了十几倍的两市第一高价股的诞生。

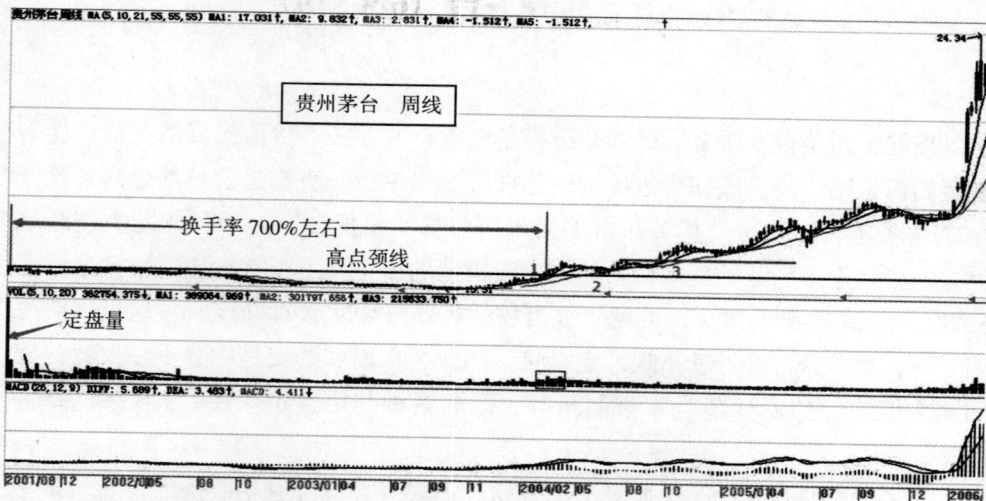

图 9–1　贵州茅台（600519）2001 年 8 月 31 日至 2006 年 6 月牛股模型全景图

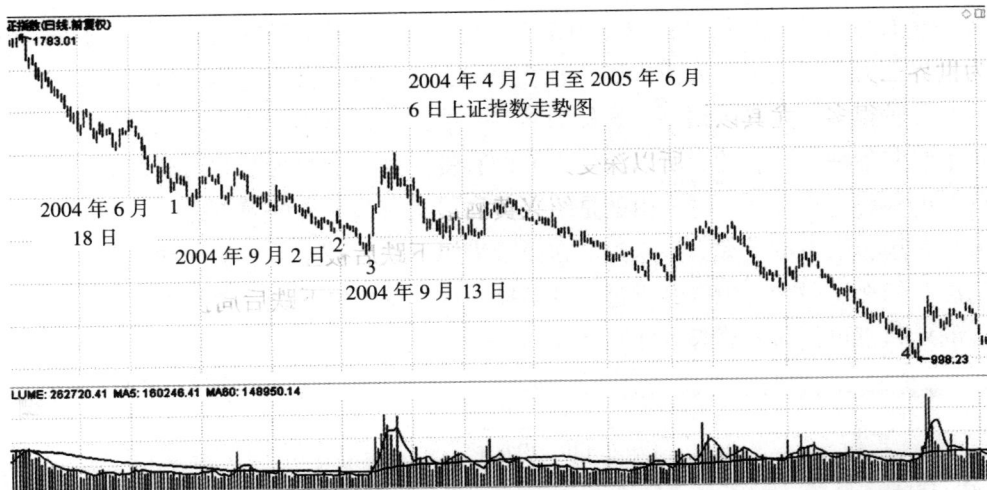

图 9-2　2004 年 4 月 7 日至 2005 年 6 月 6 日上证指数（000001）震荡下跌走势图

图 9-3　2004 年 4 月 7 日至 2005 年 6 月 6 日贵州茅台（600519）同期震荡上涨走势图

第二节　古越龙山（600059）

　　古越龙山是笔者进入市场操作的第二只牛股模型的股票，所以对这只股票笔者一直有着特殊的感情，古越龙山是 2000 年之前 A 股市场中黄酒业龙头，黄酒为世界三大古酒之一，源于中国，且唯中国有之，可谓独树一帜。黄酒的产地较广，品种很多，尤其以绍兴黄酒最为著名，绍兴酒的营养价值、烹饪价值和药用价值是其他酒类少有的，所以深受人们的喜爱，被人们誉为东方名酒之冠，是中国酒的最高杰作。而古越龙山就是绍兴黄酒最具有代表性的龙头之一，同时，该股也是历史上没有被大幅炒作过、在出现大幅下跌后被主力挖掘出的牛股，这种情况我们在选股理念中曾经讲过，计算换手率要从大幅下跌后周换手达到 20%以上的反弹不再创新处算起，如图 9-4 所示。

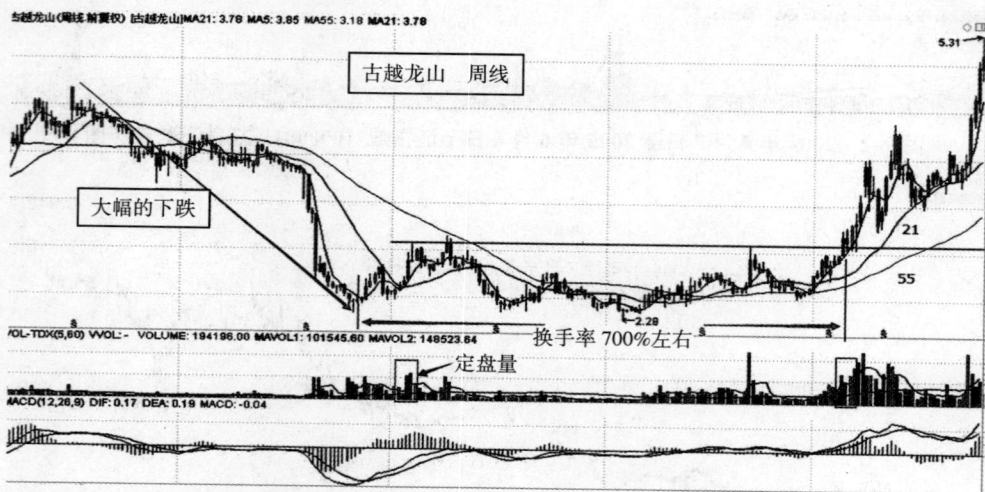

图 9-4 古越龙山（600059）2003 年 5 月至 2006 年 12 月牛股模型全景图（周线）

古越龙山 2004 年 2 月 6 日那一周出现了周换手超过 20%的放量阳线，所以初步定义那个位置是"定盘量"的位置。之前笔者在讲选股理念时曾经讲过年线和 5 月线、13 月线在趋势中的应用，其实周线上的一条均线——55 周线和以上两者有同等的作用。该股的 55 周均线走平到上翘是从 2005 年 6 月 10 日那一周放量站上 55 周均线开始的，而此时大盘指数刚刚形成著名的底部 998 点，古越龙山比大盘指数提前 17 周完成了筑底并放量跨上年线，为后面的主升打好了先期基础，先知先觉的牛股基因早已跃然纸上。

接下来看该股的主升浪和买卖点（见图 9-5），2006 年 4 月 4 日古越龙山倍量大阳 6.88%的换手突破近两年的新高，构成了第一买点，并在此处出现了两次加急洗盘，这样的洗盘模式是大幅拉升前的征兆，是主力为减轻后续拉升过程中的抛压提前做好准备。这样的大幅震荡并没有跌破 8%的"海琴"，之后出现了颈线上的初始涨幅，而初始涨幅的高度几乎与颈线下高度相等，因此第二买点我们在其后走势回踩颈线时买入，参考均线就是21天均线和55天均线所形成的夹角（见图9-5中的买点2处），这一点笔者在前面的主升浪与三个买点章节曾经详细阐述过，这里不做重复赘述。其实这个案例的重点不是1和2这两个买点，而是第3个买点，因为我们在以后的实战中会经常遇到像古越龙山这样的情况，那就是三买点出现后，并不都是出现快速拉升的主升段，而是出现回落构建一个中枢震荡，因此我们前面讲的每个买点后的三个程序就非常关键（1止损2保护盈利3跟踪止损）。当买点3出现时，我们并不知道后面是快速的主升还是新高的中枢震荡，所以我们在三买点后依然设置8%的止损保护，当三买点后面的涨幅超过10%时，我们把止损位提高到买入价做盈利保护，其后的走势果然在涨幅达到10%的位置掉头向下跌破了买入价，我们只需轻松面对止损20%的仓位即可，损失的只是手续费而已，可继续等待走势放量突破三买点后的高点再加仓跟进。2006年11月17日，古越龙山倍量突破前面7月6日的高点，打响了主升浪的第一枪（见图9-5的买点4处），此时我们要做的就是继续重复在买点3的动作买入、设置止损、盈利保护、持股直到主力成本集中价位的1倍处卖掉50%的仓位（如图9-6所示），在该股突破高点颈线时，主力的集中筹码均价在3.08元左右，那么我们的第一目标位就是6元附近，第二目标位在9元附近。大家可以回过头翻看一下古越龙山的日线图，为什么该股在2006年12月19日6.32元处做了一周多的见顶平台之后突破6.32元继续朝第二目标位挺进，其中道理就在于此。

图9-5 古越龙山（600059）2005年12月至2006年12月三大买点全景图（日线）

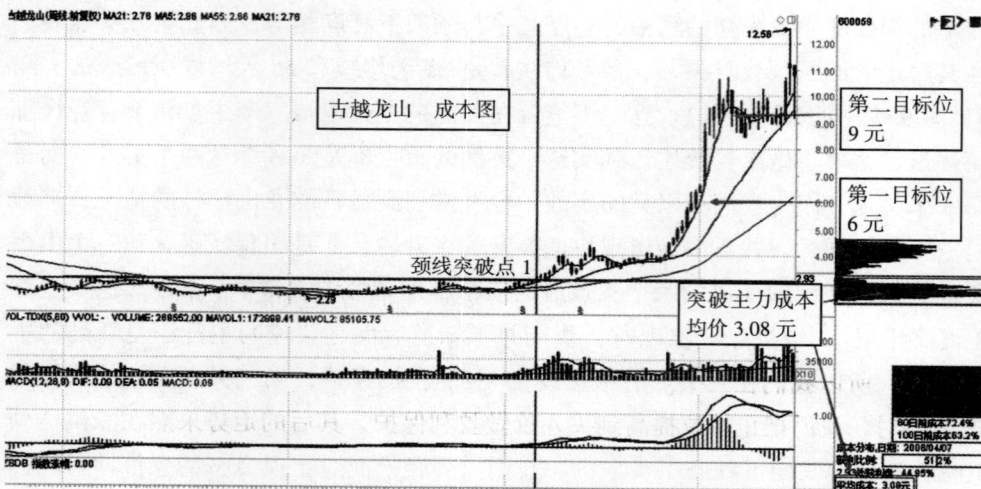

图 9-6　古越龙山（600059）2006 年 4 月至 2007 年 7 月主升浪及主力筹码成本图

第三节　鱼跃医疗（002223）

　　鱼跃医疗是 2008~2009 年的牛股之一，其实也是箱体牛股模型的代表之一，基本面的问题笔者在这里不再过多阐述，如果读者朋友们操作的牛股模型股票多了就会发现，基本上每个行业的龙头股、次龙头或者细分行业龙头都会有牛股模型的身影。这里要说明一下，不光是箱体型牛股模型，还有拉高型、123 型等针对大盘不同时期所形成的牛股模型种类，这些笔者会在以后的《牛股模型》系列专著中一一为大家推出。

　　鱼跃医疗的上市可谓生不逢时，正好赶上大盘指数从 3000 多点到 1664 点的大幅下跌过程中，俗话说真金不怕火炼，上市当天换手率达到了 74.45%，我们在贵州茅台的案例中就阐述过开盘形成"定盘量"的换手问题。该股和贵州茅台一样，上市初始就形成定盘量的个股，定盘量出现在这样的位置，只说明一点，那就是二级市场主力非常看好该股，上市初始就积极参与其中。在 2008 年 6 月 3~17 日大盘指数十连阴期间，该股还能连续收出中阳线，逆势特点充分体现，并且该股在大盘形成 1664 低点前 7 个交易日就已经见底回升，先知先觉的牛股基因也表露无遗（如图 9-7 所示）。

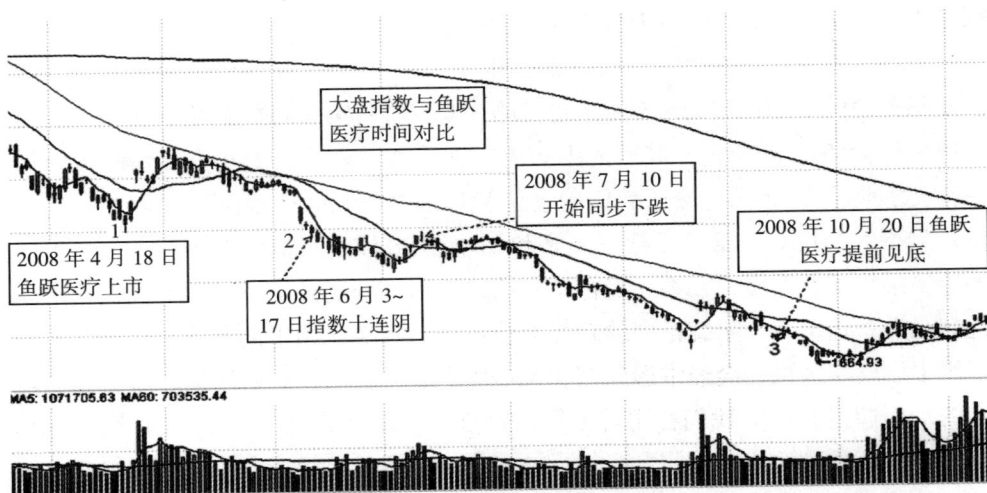

大盘指数与鱼跃医疗时间对比

2008年7月10日开始同步下跌

2008年10月20日鱼跃医疗提前见底

2008年4月18日鱼跃医疗上市

2008年6月3~17日指数十连阴

MA5: 1071705.63 MA80: 703535.44

图9-7 上证指数（000001）与鱼跃医疗（002223）2008年4月18日至10月20日走势对比图

有了上面的牛股基因做依托，就只等三个买点的形成大胆进场，2008年12月23日该股用上引线的突破方式突破了上市以来的最高点，其间换手率早已超过了标准换手，形成了第一买点（如图9-8中买点1处所示），之后的初始涨幅没有大于颈线下的一半，是属于B小于A的1/2的情况，其回测点（2买点）就是颈线下0.5~0.618的黄金位。参考55天均线，鱼跃医疗的回测点走的还是相当标准，在2009年3月3日形成强势倍量底分型，刚好在0.618的位置（如图9-8中买点2处所示），之后横向震荡几日就同样倍量长阳突破初始涨幅高点，形成

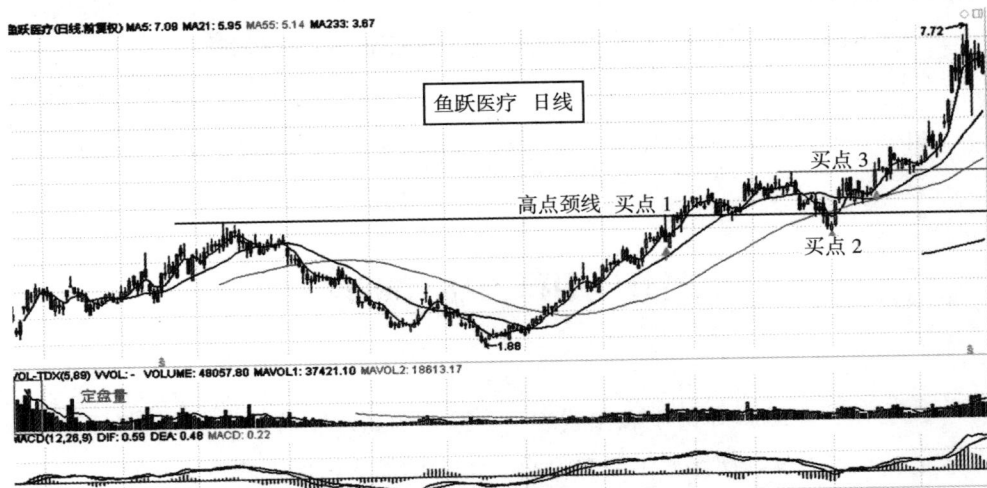

鱼跃医疗（日线 前复权）MA5: 7.09 MA21: 5.95 MA55: 5.14 MA233: 3.67

鱼跃医疗 日线

高点颈线 买点1

买点3

买点2

VOL-TDX(5,89) VVOL: - VOLUME: 48057.80 MAVOL1: 37421.10 MAVOL2: 18613.17

定盘量

MACD(12,26,9) DIF: 0.59 DEA: 0.48 MACD: 0.22

图9-8 鱼跃医疗（002223）2008年4月至2009年4月三大买点全景图（日线）

第三买点，在第三买点颈线上修正几日便一骑绝尘直奔第一目标位。

我们再来看一下鱼跃医疗的筹码情况（见图9-9），在该股形成第一买点时的筹码集中区平均价格为3.5元左右，那么根据公式第一目标就是7元左右，第二目标位为10.5元位置，其后的走势也印证了这一点。三个买点后鱼跃医疗第一波就涨到了7.72元，按照我们的仓位管理理论，在此位置附近卖掉50%的仓位，剩下的仓位等待第二目标位到来和5F级别波段法降低成本操作，该股后面的走势果然不负众望，在第一目标位和第二目标位分别做了一个30F级别的中枢继续拉升，走出了一个缠论中的趋势上涨走势。其实，如果读者朋友们能够熟练运用牛股模型理论，会经常遇到翻3~4倍的个股，我们只需要坦然面对，重复前面的动作即可，因为我们在主升浪伊始就拿到了廉价的筹码，需要的只是胆量、耐心和滚动持股的技巧。

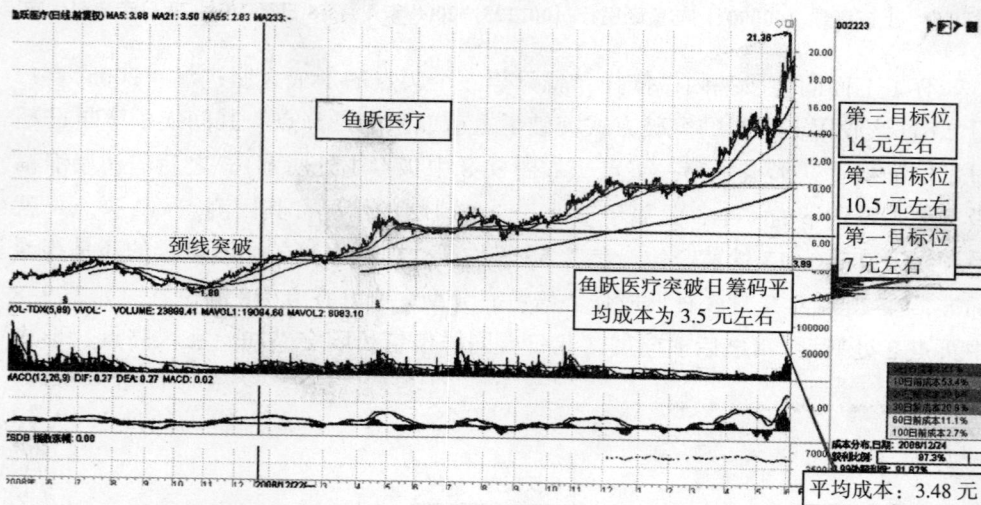

图9-9　鱼跃医疗（002223）2008年4月至2010年5月主升浪幅度全景图（日线）

第四节　中科三环（000970）

中科三环是2010年的十大牛股之一、稀土永磁行业的龙头企业，在稀土永磁行业中公司产量、规模居世界第二位，是中国最大的钕铁硼永磁材料生产商，在全球钕铁硼稀土永磁材料市场的占有率达15%以上，在国内钕铁硼稀土永磁材料市场的占有率高达 25%。就是这样的行业龙头，在 2006 年、2007 年的牛市行情中，也并没有出现几倍甚至是十几倍的涨幅，而在 2008 年的熊市行情中随大盘一路下跌，几乎创出历史低点。有一句股谚说得好，"持续大幅下跌是诞生大黑马的温床"，2009 年 1 月 9 日那一周，中科三环周线拉出一根 25%换手的周阳线，笔者在前面选股理念里不止一次提到，大幅下跌后计算换手率要非常关注周换手 20%的阳线，之后的一周里日线连续出现了梯形量的 9 连阳（见图 9-10）。串阳出黑马的道理很多人都应该听说过，从这里开始，该股就应该进入投资者的股票池做观察，一旦换手率达标形成牛股模型，就是我们重点分析和操作的标的。

图 9-10 是中科三环的日线图，在九连阳之后，该股出现了间歇性放量并站上了 233 天均线，属于边建边洗型模式。但是，中科三环在 0~1 这段期间（见图 9-10 的 0~1 处）大盘指数从 2000 点一直上涨到 3478 点，而该股却悄无声息，只是略创新高就跟随大盘同步下跌（图 9-10 的 1~3 处），这种与大盘与众不同该涨不涨的个性更加引起了笔者的注意，加上前面的串阳形态，如果后面出现逆势的牛股基因，该股就应该是重中之重了。三个月过后，从 2009 年 11 月 24 日（如图 9-10 中 4 处所示）开始，中科三环只随指数同步下跌了 3 天就放量涨停突破 1 年来的箱体高点，而大盘指数没能突破 3478 点延续震荡盘跌的走势，逆势特征开始凸显。

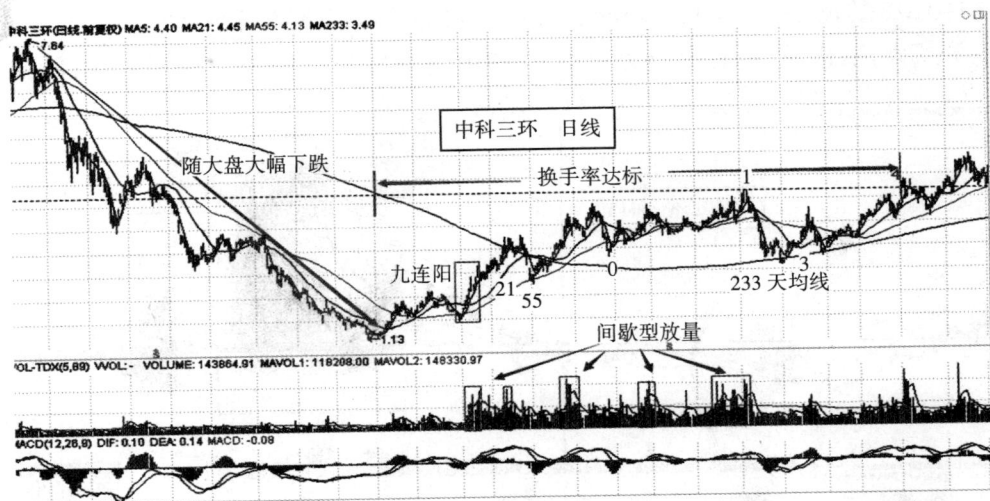

图 9-10　中科三环（000970）2008 年 3 月至 2009 年 12 月开启主升浪前箱体模型全景图（日线）

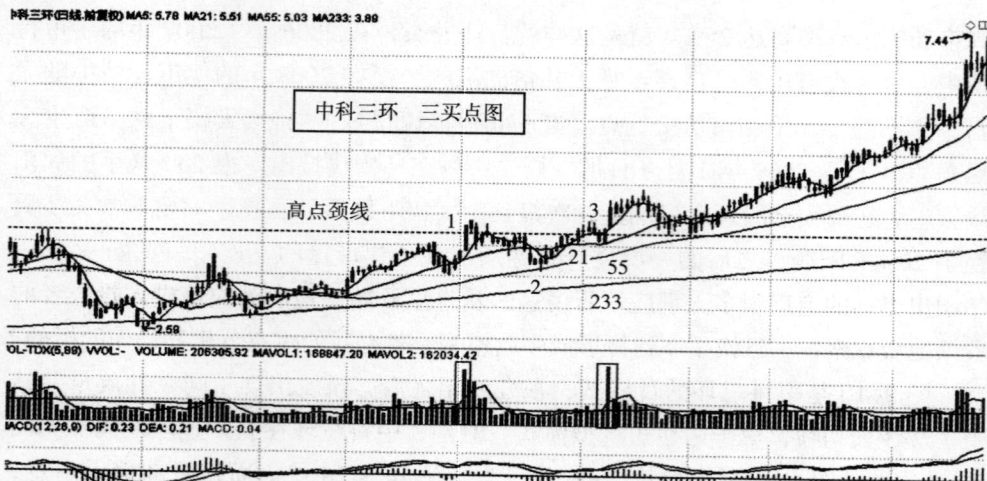

图 9-11　中科三环（000970）2009 年 12 月至 2010 年 3 月三大买点全景图（日线）

　　买点一（如图 9-11 的 1 处所示），2009 年 12 月 2 日中科三环以典型的涨停板的突破方式突破颈线高点，形成了第一买点。

　　买点二（如图 9-11 的 2 处所示），由于第一买点是以涨停板的强势形成的，但涨停板的第二天、第三天并没有延续强势，所以第二买点很可能出现 B 小于 A 的 1/2 的情况，也就是回测点在 21 天均线和 55 天均线夹角形成底分型，并且在 0.5~0.618 的黄金位，中科三环的第二买点也就是回测点完全符合标准。

　　买点三（如图 9-11 的 3 处所示），2010 年 1 月 11 日中科三环再次以倍量涨

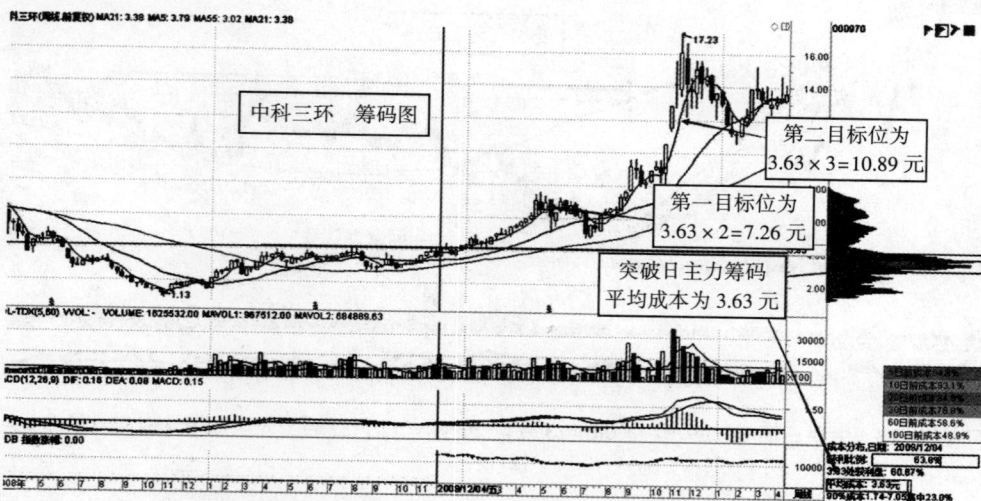

图 9-12　中科三环（000970）2010 年 1~11 月主升浪幅度及筹码图（周线）

停的方式突破初始涨幅高点，虽然涨停受大盘高开低走的影响后被打开但不改强势本色，之后震荡推升很快达到第一目标位。

我们来看一下中科三环的筹码（见图9-12），2009年12月2日第一买点突破当日，主力筹码集中成本平均价格为3.63元（如图9-12所示），根据公式第一目标位为7.26元，第二目标位为10.89元。三个买点过后的第一波涨幅就达到了7.53元附近，按照仓位管理原则，卖出50%的头寸，其余仓位等待第二目标位的到来。看到这里，读者朋友是不是有所发现？如果熟练掌握了牛股模型技巧，轻松翻倍是水到渠成的事情，因为牛股模型来源于市场，还原于市场，所以熟练掌握、灵活运用必将成为读者朋友们驰骋股市、笑傲牛熊的利器。

第五节　省广股份（002400）

省广股份作为中国本土广告产业大佬，坐落在改革开放最前沿的广州，是集品牌管理、媒介代理和自有媒体三大业务于一身的中国本土创意产业链"梦工厂"，也是本土排名第一的全案型广告公司。中国有11万家广告公司，省广股份却是沪深"广告第一股"，它的上市成为国内创意产业的一面旗帜，国家文化部授予了公司"国家文化产业示范基地"的称号。省广股份是2013年一年翻3倍多的一个大牛股，同时也是箱体牛股模型的经典案例。

为什么该股如此牛气冲天呢？除了自身业绩过硬、业务结构完整、产业链完善、行业的发展处于发展期，更重要的是它是行业的龙头、第一家广告股，如果从主力机构运作项目的角度，看好该行业的发展前景就要选行业龙头，它是这个行业的风向标，这也是笔者一再告诫要建立一个各个行业龙头的股票池的原因，这样投资者就能洞若观火一目了然，下面我们就从技术上来仔细剖析一下省广股份成为牛股的来龙去脉。

我们先来看一下图9-13省广股份与大盘的对比图，一目了然、强弱分明。2011年1~6月间，省广股份随大盘指数同步下跌（见图9-13中1~2与1'~2'对应段），从3和3'位置开始，该股和指数出现了分化，省广股份的4和5的两个低点在大盘指数同期弱市下跌的时候已经悄然止跌，并且在4~5区间急速放量，阴阳成交量伸缩收放自如，先知先觉的主力已经不知不觉地开始布局，牛股基因已经凸显，这时我们只需要把它放到股票池悉心照料、耐心等待。

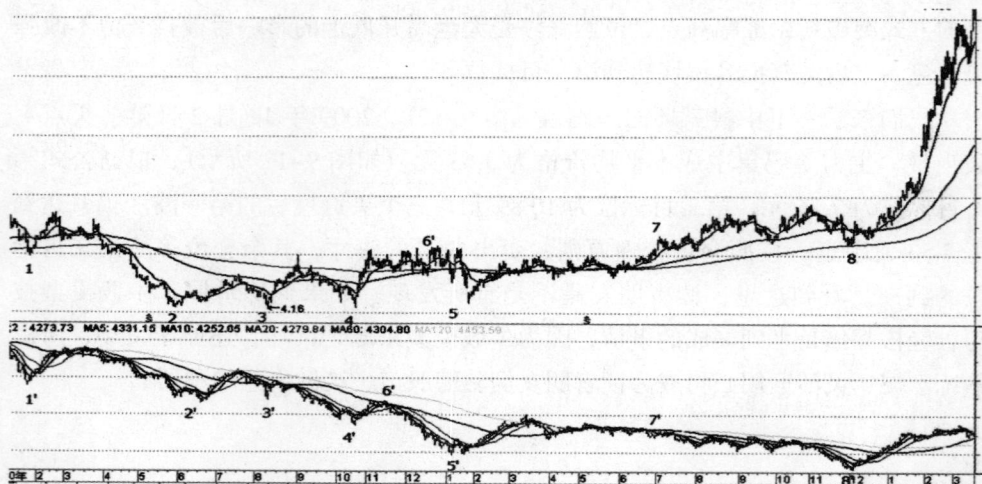

图 9-13 省广股份（002400）与上证指数（000001）2011 年 1 月至 2013 年 3 月走势对比图

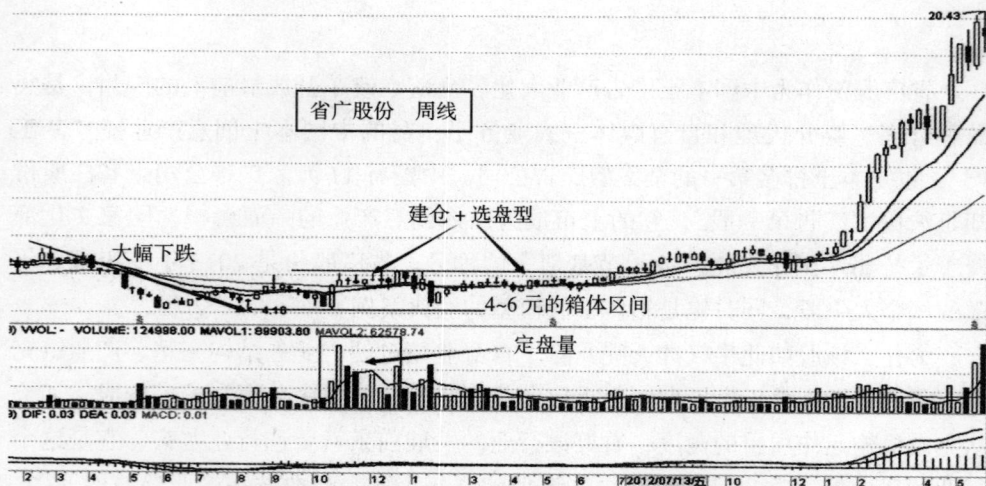

图 9-14 省广股份（002400）2011 年 1 月至 2013 年 3 月牛股模型全景图

图 9-14 是省广股份的周线图形，在图形上我们可以清晰地看到箱体牛股模型的形态，图 9-14 中 4.16 元之前是大幅的下跌过程，之后便出现了"定盘量"，并维持了一个 4.00~6.00 元的箱体震荡区间，箱体模式采用的建仓+洗盘的模式，完全符合箱体牛股模型的标准。

图 9-15 是省广股份的买点和成本图，从图中我们可以看到，2012 年 7 月 6 日那一周走势突破了震荡箱体高点，形成了突破性的第一买点。为什么没有从第一买点开始快速上攻而是在此之上震荡了几个月之久呢？这一点就是我们操作中

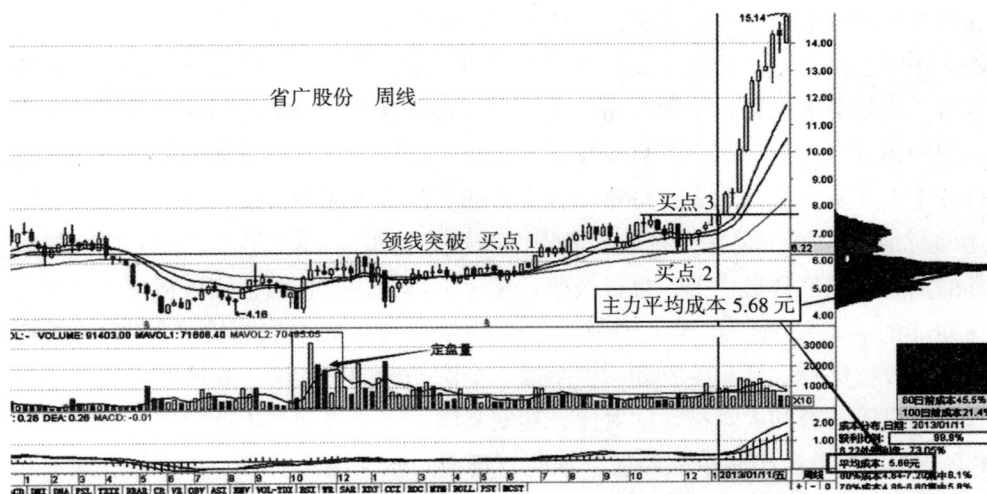

图 9-15 省广股份（002400）2011 年 1 月至 2013 年 3 月牛股模型及主力筹码分布图（周线）

需要注意的细节和要点，原因有两点，其一是因为大环境制约，这期间大盘指数连绵下跌，不具有很好的群众基础；其二是从 4.16 元开始至突破点的换手率标准远没有达标，没有充足的弹药不足以发动总攻。

2012 年 12 月 7 日这一周，省广股份日线三笔回调形成了强势三类买点和第二买点的重合，拉开了主升浪的序幕。

2013 年 1 月 11 日这一周，省广股份突破前高点形成了第三买点，正式吹响了主升浪的号角，一口气连续上攻拉出了 9 连阳完成了第一目标的涨幅。

从图 9-15 中我们可以看到突破第三买点时主力平均成本为 5.68 元，根据主升浪幅度公式我们可以得出第一目标位为 11.40 元，第二目标位为 17.10 元，最后我们看到该股的实际走势涨幅高达主力成本区价格的 4 倍之多，可谓是牛气冲天。这正是笔者一直推崇的反复做好一只牛股胜过不停地买卖牛股，因为利用牛股模型能充分地获得廉价原始筹码，只需要我们耐心地跟好牛股的节奏、涨跌次序，就可以超越二八定律迈入前 20% 的行列。

第六节　鲁抗医药（600789）

前面列举了笔者几年前参与的几个牛股模型的实战案例，现在举一个笔者正

在操作的实战案例——鲁抗医药，该公司是国内生物制药的一线企业，是抗生素四大生产基地之一。公司主要产品有人用药、动植物药等500余个品种，主要通过微生物发酵来获得抗生素产品，主导产品青霉素类半合成药品、头孢类抗生素从中间体到原料药、制剂都自成体系。医药行业因为不受经济周期的影响，医药行业中的龙头、细分龙头，每年都会成为私募基金关注的重点，特别是在大盘低迷的行情中，医药股更容易被游资炒作成逆势龙头。2014年8月初，埃博拉病毒的消息就已经甚嚣尘上，鲁抗医药、莱茵生物、达安基因领涨该板块，一场远在西非的病毒疫情，点燃了国内A股生物疫苗板块的上涨热情。如图9-16所示，为鲁抗医药、莱茵生物和达安基因三个医药股的叠加图，在该图中我们可以看到三只医药股和大盘指数的对比，达安基因先于指数和其他两只医药股在7月1日、3日连续拉出两个涨停板，证明有资金开始关注医药股，其他两只却按兵不动。由于达安基因不属于箱体牛股模型，所以只作为该医药板块动向的重要参考指标，至于为什么选择操作鲁抗医药而没有选择莱茵生物，读者朋友们如想追根溯源请参看笔者的博客，那里有关于鲁抗医药的案例分析，下面笔者就着重分析一下鲁抗医药。

我们先来分析一下鲁抗医药的月线图形（如图9-17所示）。本书的重点是箱体牛股模型，其实牛股模型还有好几种，例如"下跌型的鱼钩型、碗型"及"上涨型的双牛型、直推型、2买型"等，它们是大盘指数在不同的历史时期、涨跌周期主力顺势而为所产生的自然模式。因此笔者希望浏览此书的朋友知其理、明

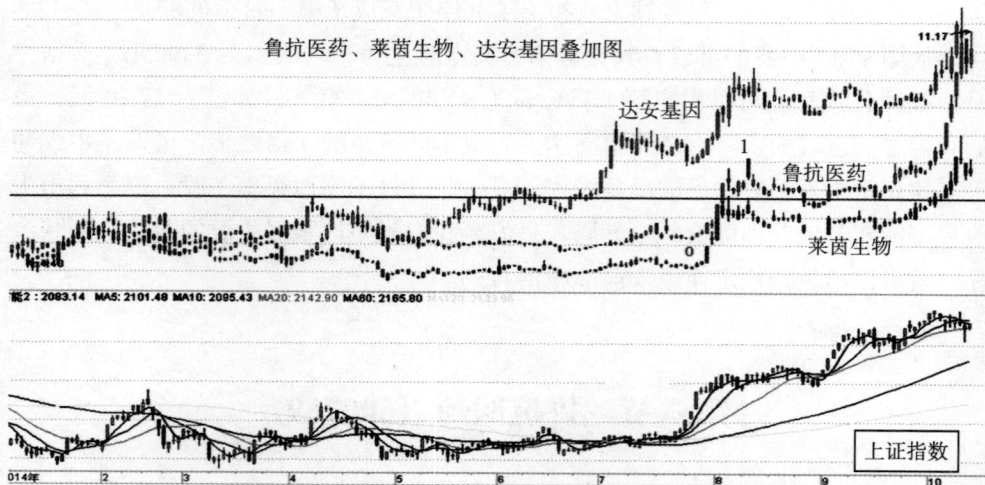

图9-16 鲁抗医药（600789）、莱茵生物（002166）、达安基因（002030）、上证指数2014年
1~10月走势叠加图

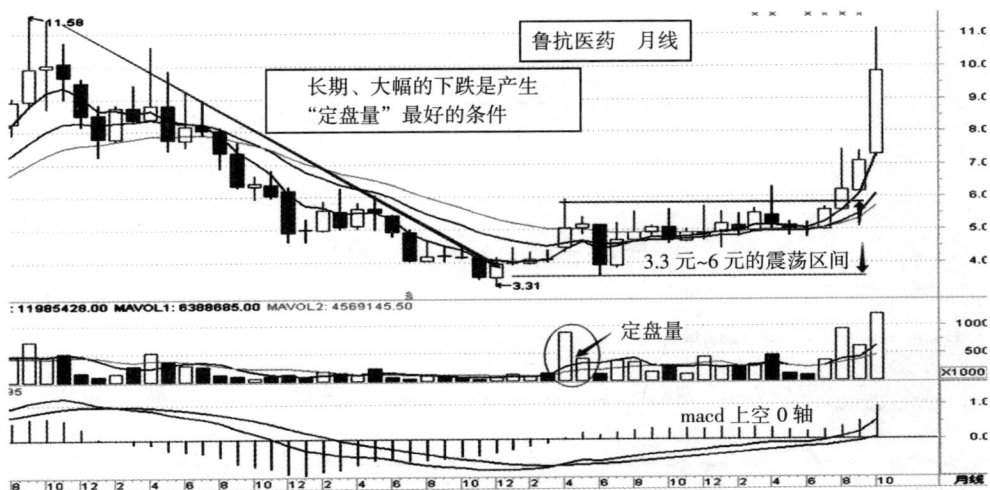

图9-17 鲁抗医药（600789）2010年10月至2014年10月牛股模型全景图（月线）

其意，图9-17之所以采用月线图，就是想告诫大家，分析股票、研究走势、选择模型要多从股票的大周期上去着眼，特别是月线、周线图，这样不容易迷失在走势的短期波动之中。鲁抗医药的月线图就非常清晰明了，在经过了近两年的长期大幅下跌后，2013年4月其"定盘量"脱颖而出，换手率达到150%，之后该股走势维持在3.8~6元的震荡区间，震荡幅度没有超过100%，而且箱体模式采取了边建边洗模式，从周线上我们可以明显看到一根一根间歇的阳量。2014年4月4日，该股主力用"四大突破方式"之一的涨停板突破一年来的箱体。这种调整型的涨停板经常会发生在"边建边洗型"的牛股模型上，也就是我们通常所说的假突破，为了规避主力的假突破，除了做好我们前面讲的持股的三个程序和箱体模式外，还要识别涨停突破之前有没有洗盘区出现，这一点也非常重要。2014年4月4日这个调整型涨停板为后面的主升浪突破奠定了先期基础，这一点也是莱茵生物和鲁抗医药的一大区别。2014年8月4日，经过四个月的最后洗盘后，主力用同样的手法突破了前面2014年4月4日的高点开启了定量主升浪之旅（如图9-18所示）。

2014年8月4日，该股形成了第一买点。

2014年8月28日，该股形成回测点，也就是第二买点。笔者是在2014年8月28日至9月2日这几天主账户进场建仓的，大家可以回过头看看这里30分钟的三买是不是笔者讲的强势三买（见本书结构篇），俗话说"真传一句话，假传万卷书"，这就是道理。

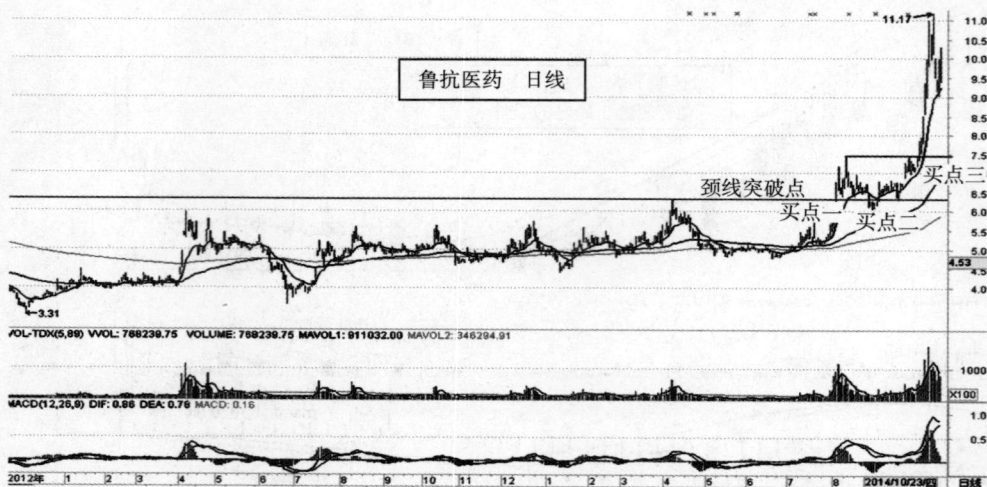

图 9-18　鲁抗医药（600789）2014 年 8~10 月三大买点全景图（日线）

2014 年 10 月 9 日突破了 8 月 11 日涨幅高点形成了第三买点，在第三突破点形成前的几天，也就是 9 月 24 日、30 日形成了小级别结构上的第三类买点，这样的突破点你还会犹豫吗？还会假突破吗？

三个买点形成后，我们只需要关注该股的卖点即可（如图 9-19 所示），2014年 8 月 4 日形成第一买点时主力的平均成本为 5.42 元，根据主升浪幅度公式，第一出货价格为 5.42×2=10.8 元附近，笔者就是在 10 月 16 日的 10.80~10.90 元出掉获利头寸的，一个半月获利 50%~60%的操作就此完成。选模型、等买点、

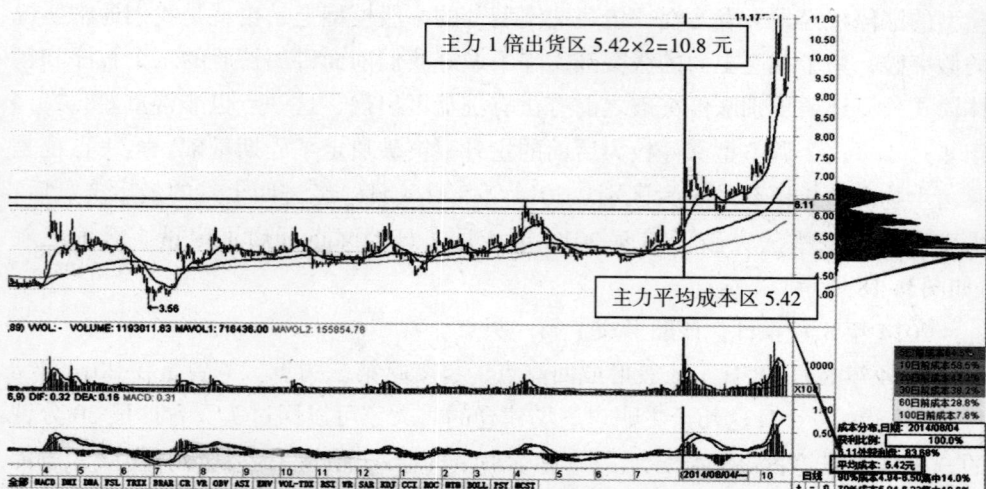

图 9-19　鲁抗医药（600789）2014 年 8 月 4 日牛股模型突破点主力筹码分布图（日线）

耐心持有、1 倍价格处获利了结，简简单单循环往复，其实交易就要非常简单：买—持有等待—卖，有朋友也在第二买点处买了该股，但是在 2014 年 9 月中旬卖掉了，没有享受到高潮的乐趣，问其原因，是因为 9 月很多股票都在涨，该股一直也不启动。在这里笔者想说，其实等待也是一种交易，这句话送给正在看本书的读者。股票不同于期货、外汇等高杠杆的交易模式，它是以月为单位来获利的，很多人都想成为短线高手，每天穿梭于股票涨跌之间，其结果往往是"赔了夫人又折兵"。鲁抗医药的案例是想告诉读者一个道理，股票市场稳定获利才是我们追求的目标，假如每年只操作两只鲁抗医药这样的牛股模型的股票，获利将是非常可观的，因为入市次数少，错误的概率就会减少；相反，复利效应也同样发生着变化，正所谓"长线是金、短线是银，波段主升才是王道"。

牛股模型是一个稳定的中线波段交易模型，以上只是列举了一小部分案例，这样的横盘牛股模型案例还有很多，例如掌趣科技（300315）、网缩科技（300017）、乐视网（300104）、华谊兄弟（300027）、和佳股份（300273）、卫宁软件（300253）、露笑科技（002617）、百圆裤业（002640）、和晶科技（300279）、易联众（300096）、长城汽车（601633）、上海莱士（002252）等，笔者不能一一阐述穷尽所有案例，更多的讨论和分析请读者朋友们关注笔者的博客或微信。

第三篇

结 构 篇
结构的秘密——缠论三买

本书第一篇提到过价、量、时、空四大要素，而结构是四大要素中空间要素的拓展和深化，无论是艾略特的"波浪理论"还是缠中说禅的"缠论"都是在这一领域发出耀眼的光芒。通过对大量牛股案例的分析总结，笔者发现，一般而言，一个牛股的运作轨迹有牛熊转换、上线瞄准、链接、主升四大阶段环节。本书第二篇主要介绍了"牛股模型"的各项参数和模式，而牛股模型的主升浪的转换位，也就是前面说的"链接"就是很多人要找的牛股主升浪的启动点，在这个链接点中，缠论的三买，确切地说是"强势三买"发挥着非常大的作用，这就是本书专门拿出一篇的篇幅来阐述它的原因，因为读者朋友们如果能熟练掌握好这一诀窍，必将成为一剑封喉、猎杀牛股的一流高手。

|第十章|

结 构 综 述

　　"缠论"始于新浪全球第一博客缠中说禅的理论"教你炒股票108课",近几年风靡于网络,所学者众多,自道氏理论、江恩理论、波浪理论等西方理论经典以后,缠中说禅的名字也被广大股票和期货交易者所熟悉,缠论更是被很多交易者奉为经典,其中犀利的语言、独特的思维、严谨的逻辑和与众不同的几何分类思想征服了数万"缠迷",同时成为众多缠论爱好者股市操作的"圣经"。笔者也是此方法的受益者之一,并在实战中结合前几章所讲的内容,取得了相得益彰的效果,最终达到了其所说"理则顿悟,乘悟并销;事须渐除,依次递进"的境界。

　　今天笔者也是秉承缠师传道授业解惑的思想,加上笔者长期实战的所感所悟,抛砖引玉,不敢说高台教化,却是自己长期在实战中的结晶,与大家分享和交流。因为发现广大缠友在学习缠论、应用缠论的过程中存在着一些误区或者说是误解,因此在谈到正题之前,先来谈两个小问题。

第一节　缠论的定义

　　正确地理解和看待缠论,它只是我们交易中的一个工具。

　　交易的道路是一个提炼精化、克服自身缺点、不断自我融合的过程,学习缠

论也是一样，缠论的精髓是给出一个完全分类的思想、多层次联立的进出标准和一个完整的可以依靠的操作体系，最重要的是根据缠论提炼和总结出适合自己的一套操作模式出来，然后买点买、卖点卖，慢慢地成长为一名缠中说禅所说的"钢铁战士"，缠论也不是神论，理论注定了只有理论的精度，而操作的精度是没办法用理论的准确性来衡量的。这是很多学缠朋友的一个误区，即使能把区间套到最低级别走势上，也永远要面对一个当下判断的问题，这个问题的准确率可以说永远都是50%，所以，缠师说"在当下的层次上永远是'不患'的"。那么缠师是怎么做到高成功率地判断转折的呢？缠师处在市场生物链的高端，缠师的资金和操作经验是我们无法企及的，但这个准确率也不可能达到理论的100%精度，他只是趋势的创造者和引导者，而我们是跟随者，因为下一秒的走势，连上帝都不知道。也就是说没有什么理论可以保证当下的买入和卖出具有百分之百的准确率。波浪不行，道氏不行，缠论也不行，当你经过了迷缠、用缠、疑缠论、思缠，到出缠论的整个蜕变过程，可能就会对缠论有更深层次的认识和理解。说到底，市场成功的关键还是在于人心，还是要靠自己。缠师和他的理论只是给你指了条路，怎样走是你自己的事，缠论就是一个交易的工具，一个让我们普通操作者更快地成为成熟交易者的拐杖而已。

第二节　买卖点的不患

买点买，卖点卖，转折点的判断这样的问题在当下的层次上永远是"不患"的、无位次的。

缠师说，"最好的操作也就是能找到这个理论所保证的绝对安全买卖点的区间"，也就是缠师说的市场中最安全的港湾。这个最安全的港湾是什么？就是我们说的买点买、卖点卖。这里所指的买卖点是什么？就是一、二、三买卖点。因为我们接下来要谈三买的分类，因此重点说说三买。三买是什么？三买的概念因何而来？其实三买的出现就是对错过了一、二买点的一个补救，因为三买出现的时候，价格肯定已经离开底部的区间了，但因为一定还有一个次级别的向上走势，所以三买也是理论保证安全的。因为这个理论已经将市场完全分类，一、二、三买卖点的定义已经给出，一旦介入以后发现错误，比如说三买了，随后又跌破了，三买不成立了，那肯定是要按缠师说的，按照中枢震荡的反弹找机会逃出来，因为这是规律。缠师还给出很多东西来辅助判断，比如均线、分型之类的标杆，还有在第几个中枢后出现这个买点之类的经验。总之就算这次判断错了，损失也不会太大。举个最简单的例子，比如6100点的时候，你判断不了上升的结束，一个1分钟三卖你没有走，到5分钟出现三卖的时候你还有幻想也没走，那么等到30分钟的三卖出现的时候，估计傻子也走了，再不走就和缠论没有关系了。学了缠论的人是不可能从6100抱到1600的。这就是理论对操作的实际意义，在没看到缠论之前，散户很可能是赢不知道为何赢，输不知道为何输，被市场煮了也就煮了。但学习了之后，起码散户可以知道可能盈利的一、二、三买点机会在哪里、是怎样出现的、何时介入才能盈利、退出的时机又在哪里。虽然这个介入的时机有可能会判断错，但走势的分类已经在你的预判之中，一旦出现一、二、三卖点的信号，就按既定程序退出，等待下一个机会。

第三节　走势终完美

多简单而有哲理的操作理念，晓其理，明其意，长此以往，你可能会是交易中的失败者吗？

一、完美走势因前一个完备买卖点的存在而完美

走势终完美是一个新的走势类型（趋势与盘整）必然的结束，而它的前提是前一个趋势与盘整真正的本级别完结。也就是说，当前一个走势类型真正完结的时候，新的走势类型从完美的出生到完美的完结才正式登场并开始有了意义，走势终完美是与前一个走势或盘整的完美不可分割的。缠文说："走势终完美"这句话有两个不可分割的方面："任何走势，无论是趋势还是盘整，在图形上最终都要完成。一旦某种类型的走势完成以后，就会转化为其他类型的走势，"这里的"一旦……完成以后"就是前一走势完美后新的走势的完美旅程的开始，即完美的开始是建立在完美的结束上的，任一事物的生发必有一事物的结束提供其表演的平台。

二、"走势终完美"的终极意义是引导"发现"而有其终极意义

发现什么？发现趋势力度，发现不同级别的生发以及对彼此的影响，发现随

时吹响的"集结号"。因为走势终完美，所以走势在完成走势时随时面对结束，也就是当走势力度和反向作用的接近均衡，以及面对盘整的破坏和变数产生时，形成相应形态，那么随时注意在不同级别的结束信号出现。走势是鲜活的也是有生命的，走势不管是上涨的转折还是下跌的转折，转折就意味着前一个走势类型的死亡，同时也宣告另一个新的走势诞生，走势是有级别的，背驰也是有级别的，转折同样也是有级别的，各个级别走势类型之间相生相克，如潮水般生生不息。

三、"走势终完美"是提供给我们一个看和干的信心基础

走势终完美的终极意义就是要全力发掘——走势类型可能结束时的可能信号（或者说一走势类型必然结束前的必然信号），并当机立断地操作，记住，是当机立断！！！而缠走势终完美的另一个意义就是告诉你这个信号必然存在，背驰是不以你的意志是否理解而必然存在并成立的，只是你是否找得准确的问题，缠从这里给大家的另一个意义，就是要大家有信心地去操作，为此理论的信心，为自己操作的信心，为了完备的买卖点之后完美的走势去操作的信心。

第十一章

三买的定义与分类

　　三买作为缠论的三大买点之一，也是主升浪过程中一个必然的结构链接和组成部分，其位置非常重要，研究好三类买卖点的结构、幅度、力度，对短线的快速盈利和中线主升浪的识别和跟进有重要的作用。就是因为三类买卖点时间短、见效快，在实战中被广大交易者所应用和实践，但能真正灵活运用者凤毛麟角，究其原因有以下三点：

　　（1）结构变化繁多，加之缠中说禅当年没有完全以图形的方式呈现，而是以数学的思维讲述，让很多人不得要领。

　　（2）缠论经过七八年的推广，很多主力机构已经将其融会贯通于实际操盘中，在操作中会出现针对性的小级别的技术陷阱。

　　（3）后缠论时代出现了很多缠论的"继承者"，在其推广和宣传缠论的当下，不免会代入自身对缠论的理解，由于"继承者"们的认知和理解的深度具有局限性，难免会出现误导后学的因素，因此笔者也是抱着交流分享的心态，写出这一章节，一是可让很多缠论的实践者在交易中少走弯路，二是广交缠友，望技高一筹者批评斧正。

　　缠中说禅对三买的定义为：一个次级别走势类型向上离开走势中枢，然后以一个次级别走势类型回试，其低点不跌破 ZG，则构成第三类买点；一个次级别走势类型向下离开走势中枢，然后以一个次级别走势类型回抽，其高点不升破 ZD，则构成第三类卖点（如图 11-1 所示）。

第三类买卖点定理：

一个次级别走势类型向上离开走
势中枢
然后以一个次级别走势类型回试
其低点不跌破 ZG，则构成第三类
买点，反之则为卖点

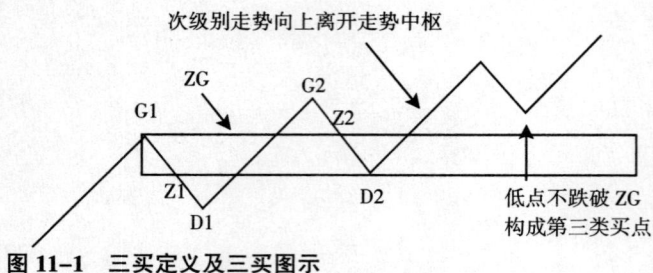

图 11-1　三买定义及三买图示

第一节　缠论三买点从形态强弱上的分类

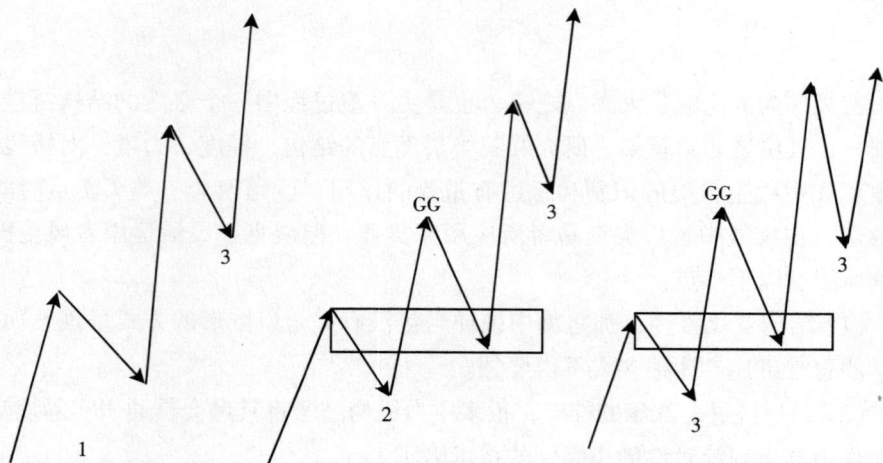

图 11-2　三买的三种走势分类

一、第一种：奔走型三买（见图 11-2 中第 1 种情况）

一个次级别走势类型向上离开走势中枢然后以一个次级别走势类型回试，其低点不破 GG 点，则构成奔走型三类买点，见图 11-2 第 1 种情况。图 11-3 就是一个实际案例：信隆实业 2014 年 8 月 15 日形成的三买，这个三买实际上是一个双重的三买，既是日线图上 30F 中枢的强三买点，同时也是离开段也就是图 11-2 中所画的三买，大家请看信隆实业（002105）自 2014 年 7 月 24 日开始到 2014 年 8 月 12 日的离开段是一个完整的奔走型三买。

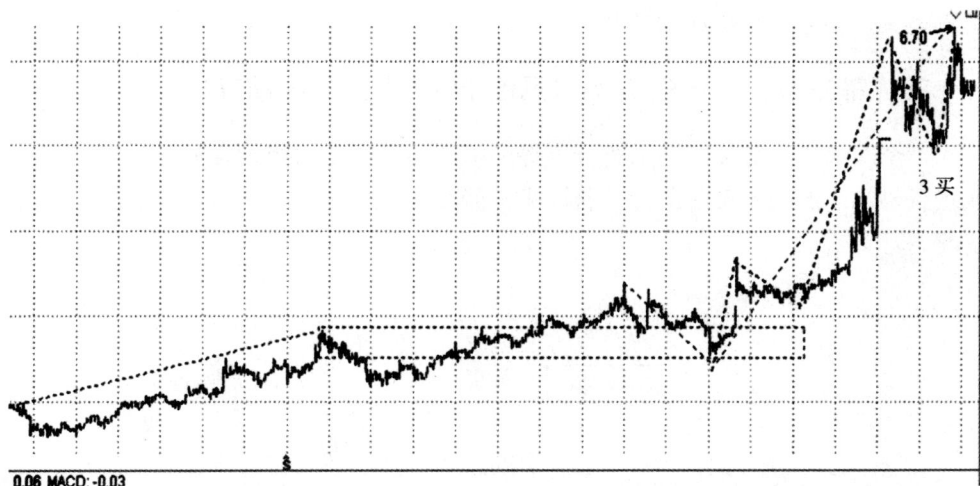

图 11-3　信隆实业（002105）2014 年 7~8 月形成三买前离开段走势图

二、第二种：标准三买（见图 11-2 中第 2 种情况）

一个次级别走势类型向上离开走势中枢然后以一个次级别走势类型会试，其低点不破 GG 点，则构成新生型三类买点，即标准三买点。见图 11-2 中的第 2 种情况。

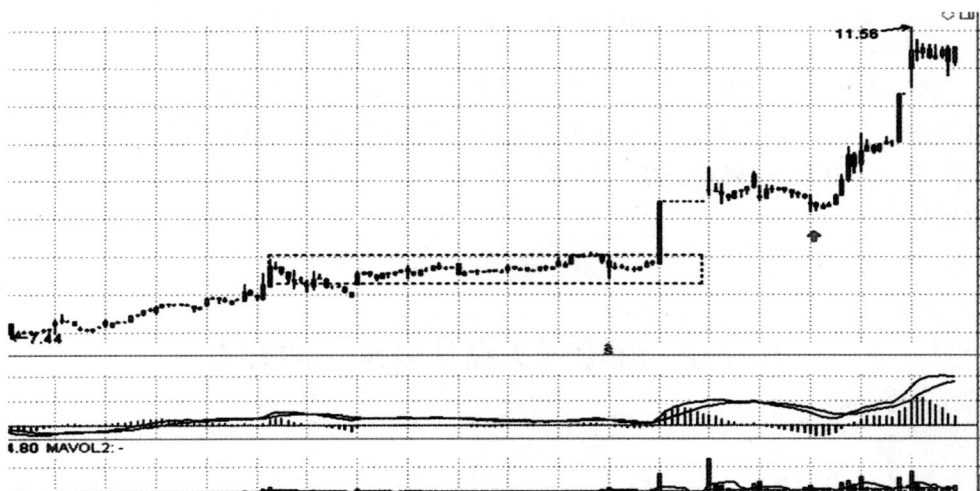

图 11-4　桑乐金（300247）2014 年 7 月 24 日至 8 月 15 日形成三买的内部结构图

图 11-4 是桑乐金（300247）2014 年 7 月 24 日到 8 月 15 日离开段的内部 30 分钟结构图，2014 年 8 月 15 日也就是图中箭头处明显的一个标准的 1F 级别的

第三类买点，之后是快速的拉升。

三、第三种：扩张型三买（见图 11–2 中第 3 种情况）

一个次级别走势类型向上离开走势中枢然后以一个次级别走势类型回试，其低点跌破 GG 点而不破 ZG 点，则构成扩张型三类买点。见图 11–2 中的第三种情况。

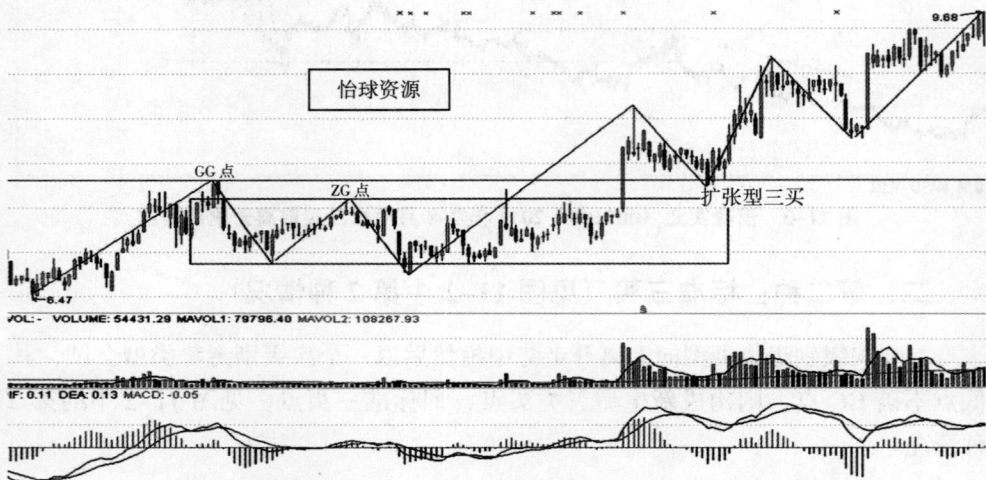

图 11–5　怡球资源（601388）2014 年 6~9 月形成日线扩张型三买走势图

怡球资源（601388）2014 年 6 月 27 日以涨停板的方式突破中枢 GG 点，后面经过半个月的回调形成三买走势，其三买回调低点 7.74 元跌破了前方 GG 点 7.81 元，而没有跌破中枢 ZG 点 7.6 元，形成了见图 11–2 中的第 3 种情况——扩张性三买。

第二节　缠论三买点从级别上的分类

缠论的级别是广大学缠的朋友在学缠道路上的一大难点，级别的概念贯穿理论和实践的始终，缠师说不理解级别，就不可能理解他的理论。到底什么是级别？

级别是递归得到的，它是结构自生长的一种递进方式。可以用笔和线段来定义最低级别（习惯上我们定义 1 分钟图上线段的走势类型为 1F 级别，近似相当于 30 分钟图上的一笔），用次级别的走势来构成本级别的走势的，这个定义只要符合递归就行了，构不构成笔、是不是线段，没有固定的要求，只要能明白是怎样定义的、不随意改变这个递归关系就可以，不影响用它进行理论分析。这就是缠师有 1 课讲级别用了两个公式 F1、F2 的含义：F1（a0）＝a1；F2（an）＝an＋1。其中第一个公式中 F1 指分型笔线段构成最低分析级别中枢走势类型的规则（a0 指分型笔线段）＝a1 指最低分析级别中枢走势类型；第二个公式中 F2 指低级别走势类型构成高级别走势类型的规则（an 指低级别走势类型）＝an＋1 指高级别中枢走势类型。因此我们没有必要太过于纠缠于分笔线段或者是否包含的问题，看清楚大方向才是最正确的思路。但是，分型、笔、线段等基础理论构件一定要掌握，因为缠师每一次实际操作用的都是基础理论。比如一个 5 分钟下跌的走势，这个走势是由三段以上 1 分钟走势构成的，当判断出这个 5 分钟的走势要结束了，就要抄底了。那么这个 5 分钟的走势要结束下跌，发生逆转而向上走。可以肯定的是，构成 5 分钟走势中的最后这个 1 分钟向下走势先要结束，转而向上。而 1 分钟走势要结束，分笔级别的向下走势就要先结束，转而向上，最后追踪到这个分笔级别的走势是否发生转折上，这就构成了一个当下判断的区间套用法。缠师这个区间套的用法就是对级别最好的诠释。

在实践中按级别的划分三买大概可以划分以下三种。

一、1F 三买

按照定义就是 1F 级别的走势离开中枢后 1F 级别走势回试低点不破中枢 ZG

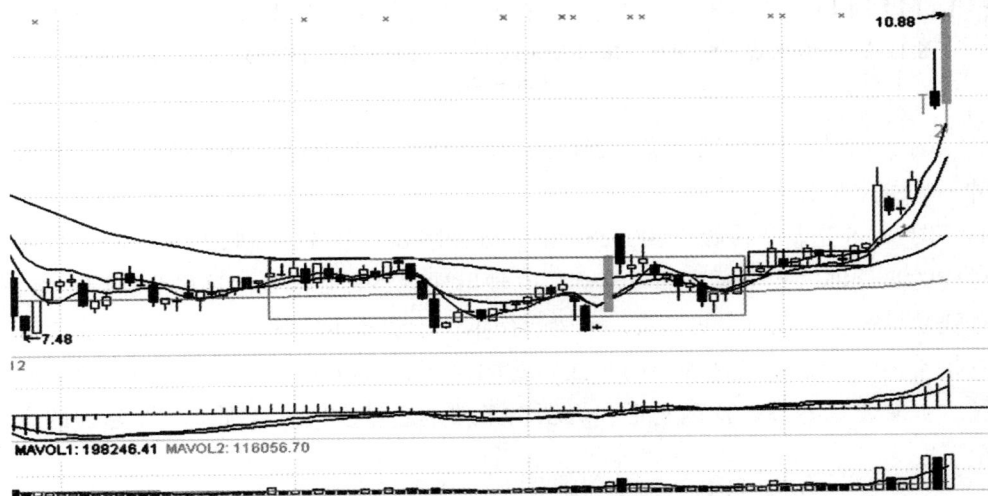

图 11-6　新华传媒（600825）2014 年 7~8 月形成 1F 三买图

点，即构成 1F 级别三买点。

图 11-6 中从 7.48 元到 2014 年 8 月 25 日是一个 a+A+b 的走势，图中中枢的级别为 30F，b 的离开段也是一个 a+A+b 的走势，b 离开段中的中枢 A 的级别是 5F 的，标记 1 和 2 处的两个位置都是三买，级别都是 1F 级别的。我们发现这两个 1F 级别的三类买点对于小的 5F 级别的中枢来说是一个三类买点，对于大的 30F 级别的 A 来说也是一个三类买点，是一个双重意义上的重合三买，那么对于 30F 级别的中枢来说，可能不太符合缠师的定义"一个次级别的离开，一个次级别的会拉"。这种三类买点是在离开段里的发生的，从长期的实践中来看，这种第三类买点也非常实用，我们称为"强三"。

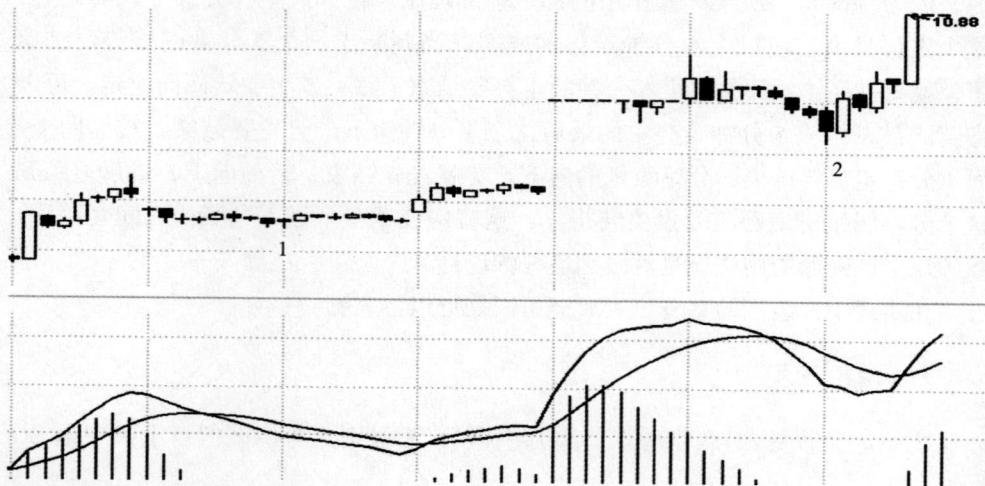

图 11-7　新华传媒（600825）2014 年 8 月 15 日、21 日两个 1F 级别三买内部结构图
（30 分钟）

图 11-7 是新华传媒（600825）的 30 分钟图，图中对应的 1 和 2 都是 30 分钟一笔回拉 0 轴。

图 11-8 是新华传媒（600825）的 5 分钟图表，笔者只摘取了与日线图 11-6 对应的 5 分钟，一个标准的三笔会拉 0 轴出现盘整背驰信号。这里要强调一点，背驰是只管前面死（走势结束）不管后面生（走势新生）的，还有就是三买信号只是主力发动主升浪过程中的一次短暂的停顿，所以这里有个时间中值位的问题，大家要好好理解这两句话，弄明白了就不会过多地参与那些三买延伸的情况了。

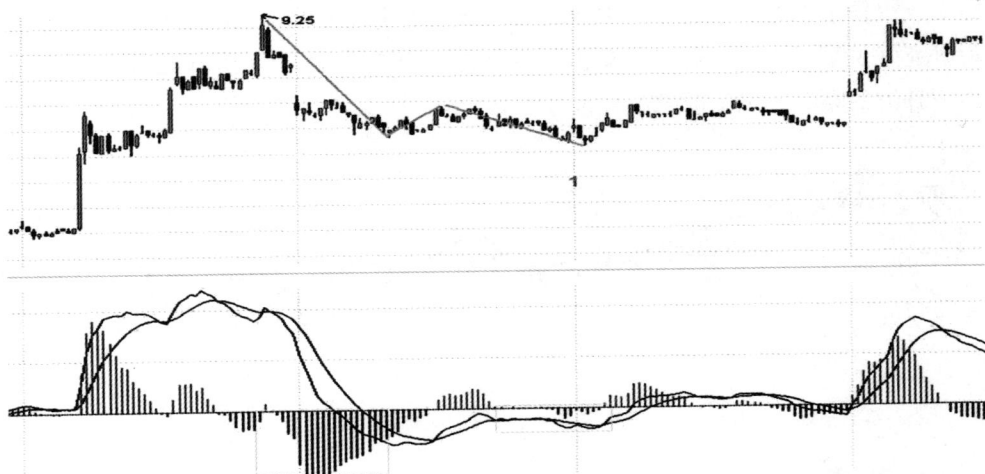

图 11-8 新华传媒（600825）2014 年 8 月 13~15 日形成第一个 1F 级别三买内部结构图
（5 分钟）

二、5F 三买

前面已经介绍了 1F 三买的具体情况，理解之后再来看 5F 三买就相对简单了，就是把 1F 三买放大一个级别而已，见图 11-9 抚顺特钢（600399）日线图。

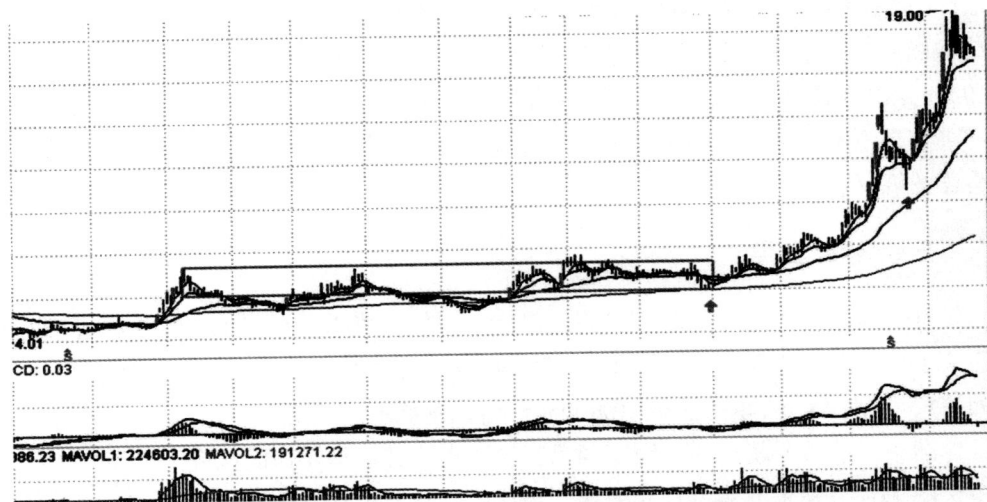

图 11-9 抚顺特钢（600399）2014 年 7 月 24 日形成 5F 级别三买图（日线）

图 11-9 中是一个 a+A+b 的走势类型，A 的级别为日线级别，图中第一个箭头向上为离开段 b 段，第二个红箭头为 5F 级别的标准第三类买点，这个第三

类买点宣告了下方的日线级别中枢的终结开启了主升浪的第二波上涨。因此可认为研究好了第三类买点对于捕捉和参与个股主升浪有着事半功倍的效果，因为它是主升浪的咽喉，也是标志。

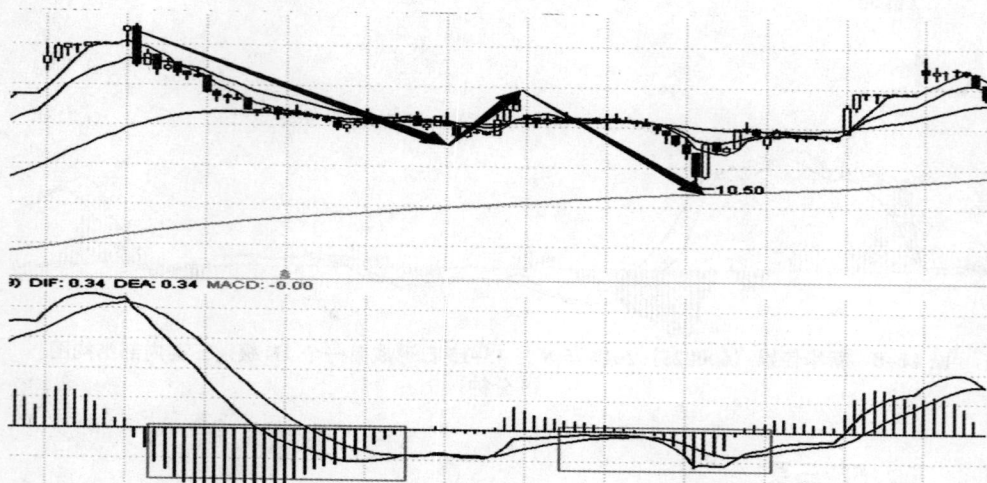

图 11-10　抚顺特钢（600399）2014 年 7 月 15~24 日形成 5F 三买回调内部结构图
（30 分钟）

图 11-10 是抚顺特钢的 2014 年 7 月 15~24 日形成 5F 三买回调内部 30 分钟结构图，对应在图 11-9 中第二个红箭头的位置，很明显，标准的三笔回拉在 10.50 元出现背驰信号，大家记住只有标准的三笔回拉才会出现强势转折，因为三买只是主升浪中一个小小的停顿与链接，这个我们在后面的回拉段内部解析中会详细解释。

三、30F 三买

有了前面对 1F 和 5F 级别三买的讲解，我们就能举一反三地理解 30F 级别的三买了，简单地说就是在日线图上一个线段级别的回拉 0 轴（相当于周线的一笔回拉），如图 11-11 东方热电（000958）周线图所示。

图中红箭头处就是 30F 级别的第三类买点，其后是快速的拉升。

图 11-12 是东方热电日线图形，周线的一笔回拉在日线图形上刚好对应的是一个 5 笔的盘整下跌，在箭头处出现了背驰信号，后面强势连扳上涨，强势可见一斑。

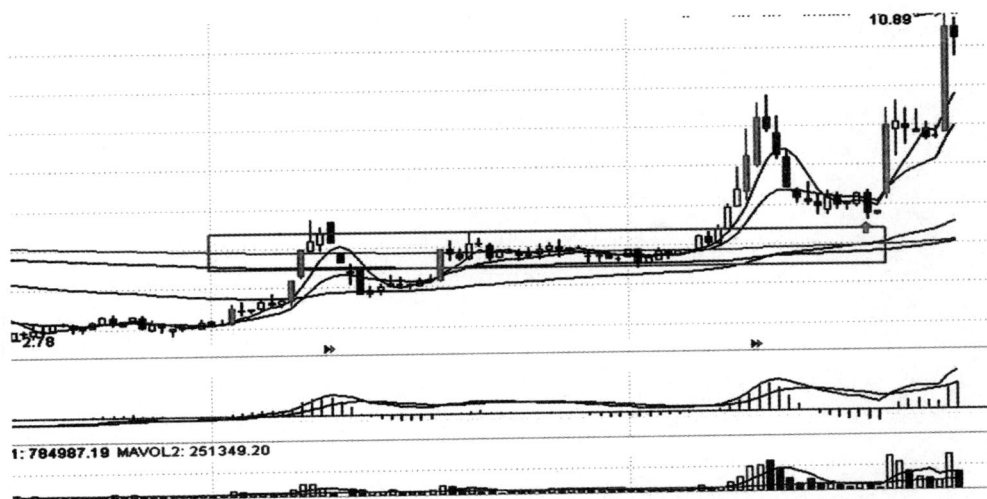

图 11-11 东方热电（000958）2014 年 6 月周线形成 30F 级别三买图

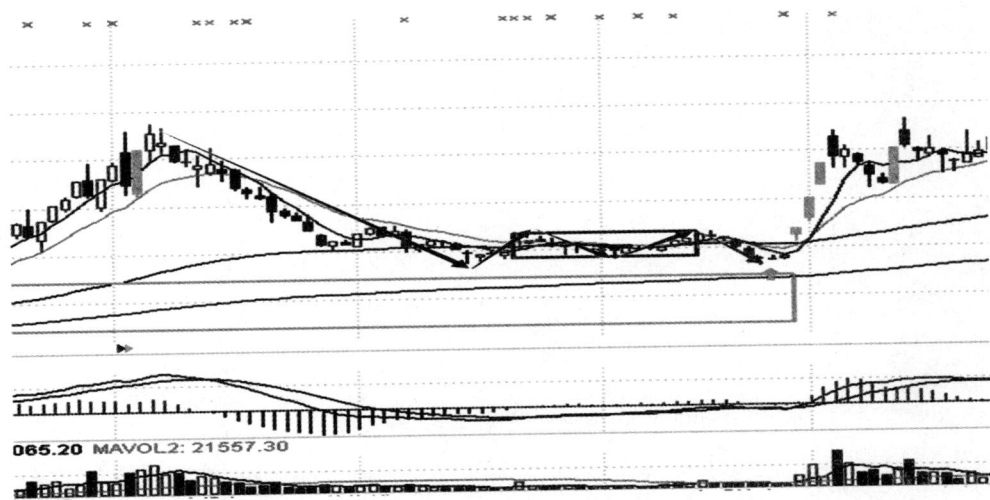

图 11-12 东方热电（000958）2014 年 4 月 8 日至 6 月 20 日形成 30F 三买日线图

第十二章

三买回拉段内部结构解析

前面的章节我们讲了三买的定义和分类，知道了这些是不是就可以准确买入那些买了就能快速上涨、放量飙涨甚至是涨停的股票呢？答案是否定的。笔者在实践三买的前期阶段，经常买到一些三买延伸、1F 升级 5F 走势的股票，后来总结发现，是因为有一些需要考量的要素没有加进去，其中就有我们接下来要讲的回拉段的问题，这个回拉段就是三买定义中那个"一个次级别的离开、一个次级别的回拉不破 ZG 点"的回拉，笔者将这个回拉分为以下三种情况。

第一节　标准回拉

所谓标准回拉转折型三买点，就是根据缠论的定义"以一个次级别走势类型回试，其低点不跌破 ZG"，这个次级别的走势类型回试是以 3 段次级别的走势类型背驰来回拉呈现的，简单来说，如果是 1F 级别的三买，5 分钟图形上至少有三笔的线段回拉，对应的 1 分钟图形至少有 3 段线段的走势类型构成盘整下跌走势，而且这个盘下走势只能是 3 个线段的回拉，而不能升级到 4 段、5 段，因为那样就容易走向线段的延伸，变成非转折型三类买点。

请看案例，图 12-1 是兔宝宝（002043）的 30 分钟图形，是非常典型的 1F

级别的三买，30 分钟图形上一个一笔回拉 0 轴，对应 MACD 指标黄白线回拉 0 轴的动作。

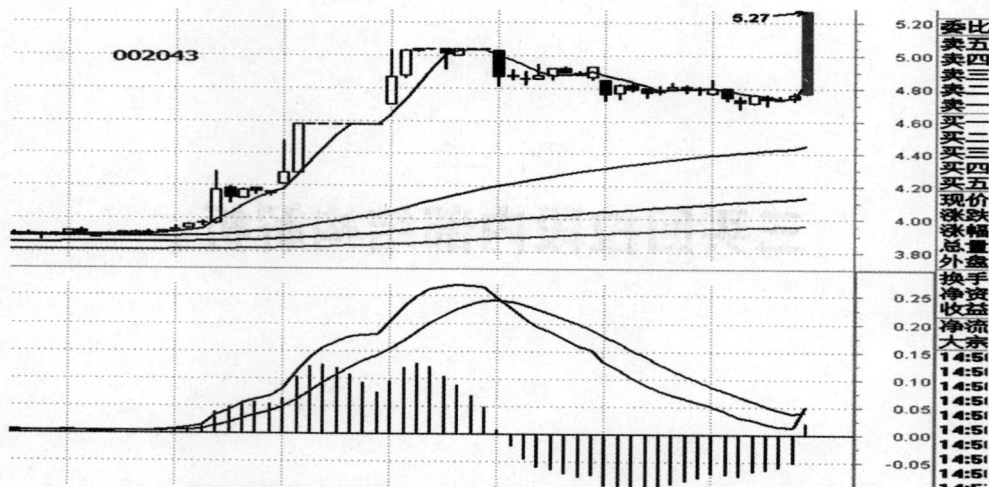

图 12-1 兔宝宝（002043）2014 年 8 月 19~22 日 1F 三买内部 30 分钟结构图

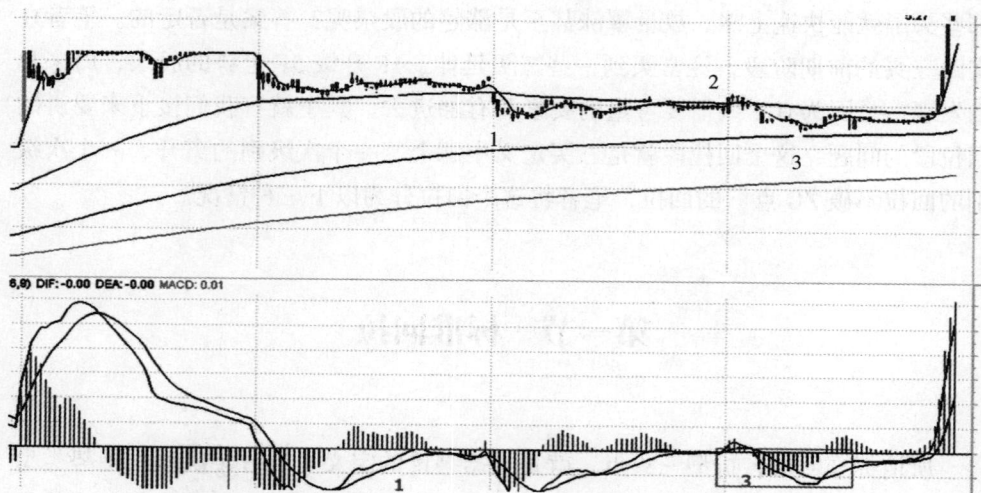

图 12-2 兔宝宝（002043）2014 年 8 月 19~22 日形成 1F 三买内部 5 分钟结构图

图 12-2 是兔宝宝（0020043）对应的 5 分钟图形的走势，我们可以看到一个三笔的线段回拉，与图中 1 和 3 的 MACD 绿柱子相比较，3 处的 MACD 绿柱面积明显小于 1 处的 MACD 绿柱面积，出现了背驰信号，后面的 3~4 这一笔就出现了大幅拉升，而且是放量快速拉升，这就是标准的转折型三类买点。

第二节 五段回拉

了解了三段回拉，就很容易理解五段回拉了，就是三段的背驰并没有出现大幅拉升走势，而是出现了回拉到中枢延续前面的盘整下跌走势，后面出现的第五段下跌，形成了 a＋A＋b 的盘整下跌走势，笔者在以前的实战中也经常买这样的回拉三买，但是遇到最多的情况就是延伸，因为在大盘行情好的情况下，这样的五段回拉会出现转折性上涨，在大盘行情不佳的情况下就会出现中枢扩展的情况，以至于由 1F 级别升级成 5F 级别的下跌结构。这样的情况其统计概率为 50%左右，所以笔者后来要讲的"买三不买五"就是这个道理，在第五段末端买入的情况也会有，那是为了第三段买入后第四段没有拉升的情况而做的一个补救买入的方式，这点在后面的仓位管理环节会和大家分享。

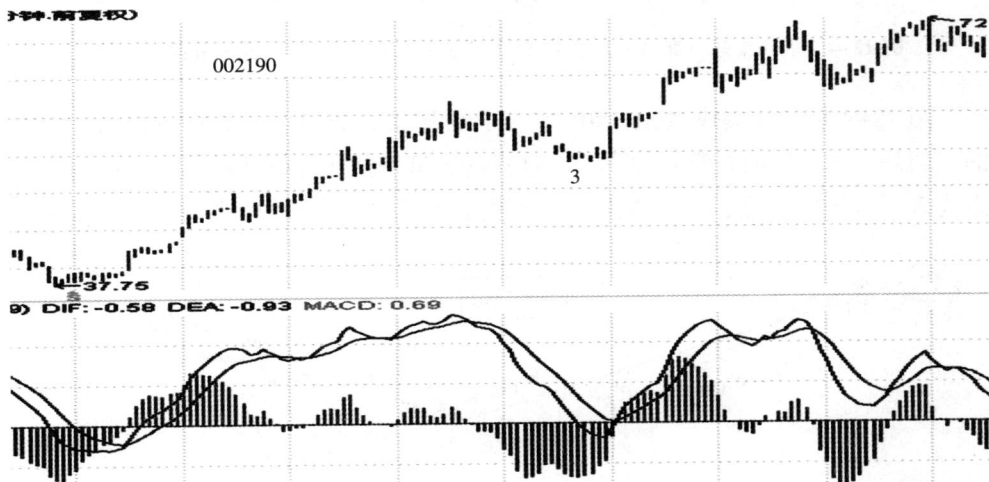

图 12-3　成飞集成（002190）2014 年 7 月 3 日形成 1F 三买内部 30 分钟结构图

图 12-3 是成飞集成（002190）的 30 分钟图形，是 2014 年 7 月 3 日形成的 1F 级别的三类买点，对应在 30 分钟图中就是一笔回调，相对应的下方 MACD 出现了回拉 0 轴的动作。这里有一个小细节，就是三笔的回拉 0 轴对应的 MACD 回拉动作黄白线不会下 0 轴，会在 0 轴上方形成金叉放出红柱，而五笔回拉会出现两种分类情况：

（1）五笔背驰没有三卖情况会使 MACD 的白线跌破 0 轴，黄线刚刚吻到 0 轴的动作，即出现三买转折。

（2）五笔盘整下跌出现三卖且转二买的情况，MACD 的黄白线都会跌破 0 轴，进入 0 轴下方。

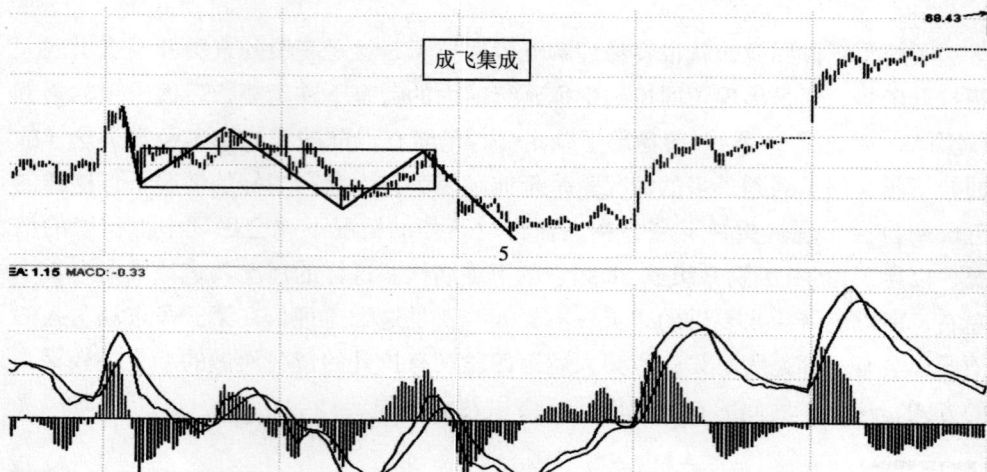

图 12-4　成飞集成（002190）2014 年 7 月 3 日形成 1F 三买内部 5 分钟结构图

图 12-4 是成飞集成（002190）的 5 分钟图形，我们可以清晰地看到，高点的回调是一个五笔的盘整背驰下跌，这样的五笔回拉还有好几种形态，不同的形态代表了不同的力度，希望朋友们在实战中多总结、多研究。图 12-5 是江苏阳

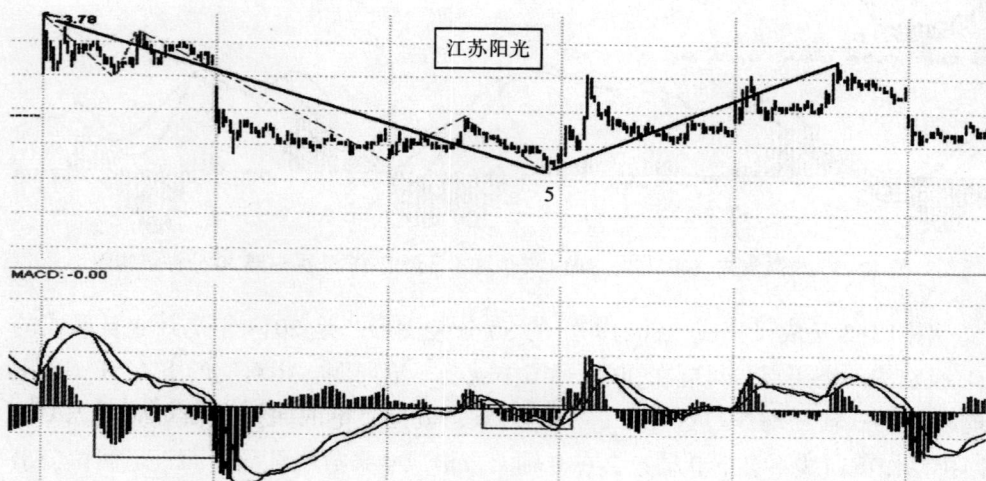

图 12-5　江苏阳光（600220）2014 年 7 月 18 日形成 1F 三买对应的内部 5 分钟结构图

光（600220）在 2014 年 7 月 18 日的一个奔走型五笔下跌的回拉。

图 12-5 的这种奔走型结构的回拉显然比图 12-4 中有一个 1F 级别中枢的盘整背驰下跌的力度要大，在日线上形成了两根跳空阴线，这样的力度结构告诉我们，后面的走势可能不会有创前期的高点形成二卖，进一步演变成第二个中枢的可能。成飞集成和江苏阳光的例子都是笔者实盘实践的例子，从这些例子中笔者得到了一个深深的感受，那就是回拉段越简单、越清晰则越有力。

第三节　延伸性回拉

所有的回拉段在五笔以后变化都会比较多，会出现三卖转趋势下跌、三卖转二买、没有三卖的中枢扩展等情况，不知道大家想过没有，在 5 分钟图上出现了盘整下跌的第五笔，对应地在日线图形上会回调几根 K 线，也就是说会回调几天，5（笔）×5（每笔最低 K 线数）/8 = 3.125 天，至少是三天以上的时间了，根据笔的定义 5 天在不存在包含关系的情况下就可能产生一笔最简单的日线了，所以这一笔非常关键，为了条理清晰，笔者把五笔以后的情况也做了一个简单的分类，同时也欢迎朋友和缠友交流斧正。

一、不带有三卖的扩展（中枢扩展）

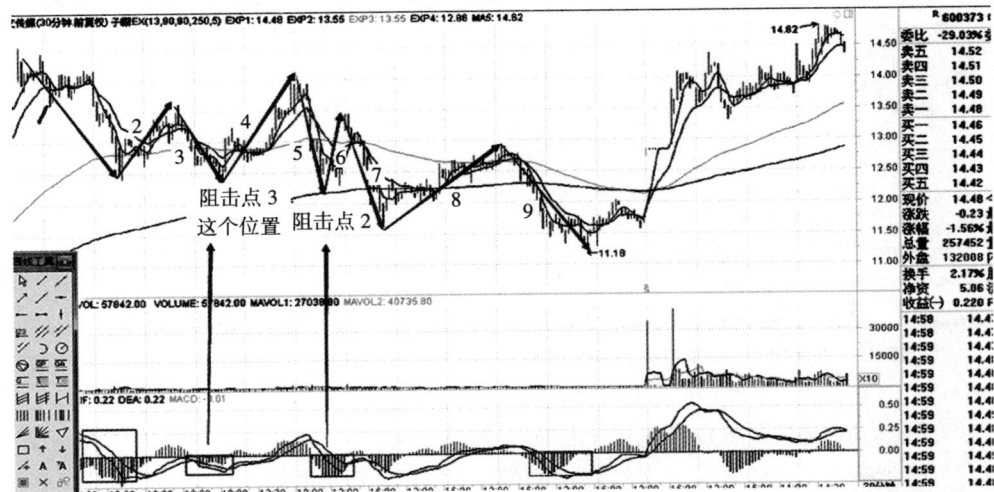

图 12-6　中文传媒（600373）2014 年 2 月 10 日至 3 月 12 日 5F 回调内部 30 分钟形成中枢扩展图

我们在实战中,经常遇到买到延伸的情况,为了更好地规避延伸这一情况的发生,我们有两个办法:一是分仓,二是只阻击两个笔末端。在图12-6中,3为主要阻击点,5为补仓性阻击点,一般符合我们条件的三笔强势回拉三买,后面第四笔多数会出现快速放量拉升或者涨停板的情况,如果在4的拉高没有能高于2的顶端而内部出现背驰的迹象,为中枢扩展的情况,可能就会出现5低于3的情况,那么我们在5补仓,当出现第六笔的时候全部出掉所有仓位,6的高度参考两个标准2、3、4中枢的中轴和上研以及4和6的放量情况。

观察5后面的5~9有没有出现三卖情况,如果没有出现,则要盯住第7笔、第9笔甚至是第11笔末端的背驰情况。出现延伸说明走势变弱,为什么还要盯住后面有没有出现三卖延伸呢?因为在操作30分钟一笔的三买的时候,主力经常在5分钟级别上制造骗线,主力会在延伸奇数笔的情况下大幅拉升,所以这里要关注奇数笔下跌末端出现背驰的情况,尤其是第9笔、第11笔、第13笔,这种不带有三卖的扩展如果出现在30分钟图上要特别注意,因为有些牛股在形成周线三买时,往往三买的回调段对应的30分钟图会采用这种扩展的方式。

二、三买转二卖的走势

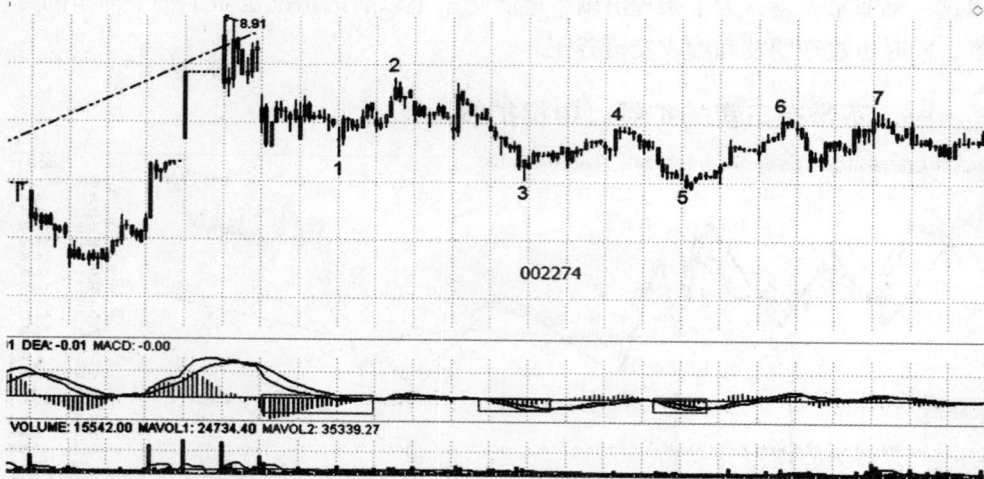

图12-7　华昌化工（002274）2014年8月15日形成三买转二卖内部30分钟结构图

回拉段在次级别出现5笔以上的回拉的情况有些复杂,第二种情况就是三买转二卖的情况,这种情况是比较好识别的,因为结构相对清晰。如图12-7所示,图中3点处形成三买进入第一仓,4处没有创出2处的新高进入中枢震荡。考虑出掉部分仓位或者全部仓位，因为已经由强变弱，或者在图中5处末端补仓，在6处出掉所有仓位，不参与中枢扩展的情况。由前面的两个例子可以看出，我们操作的三买点都是围绕着3~4这一部分的上涨，而5~6只是作为补充方案，在3失败后起补救作用。这一点请大家在实战中认真体会。

三、三卖转成二买的情况

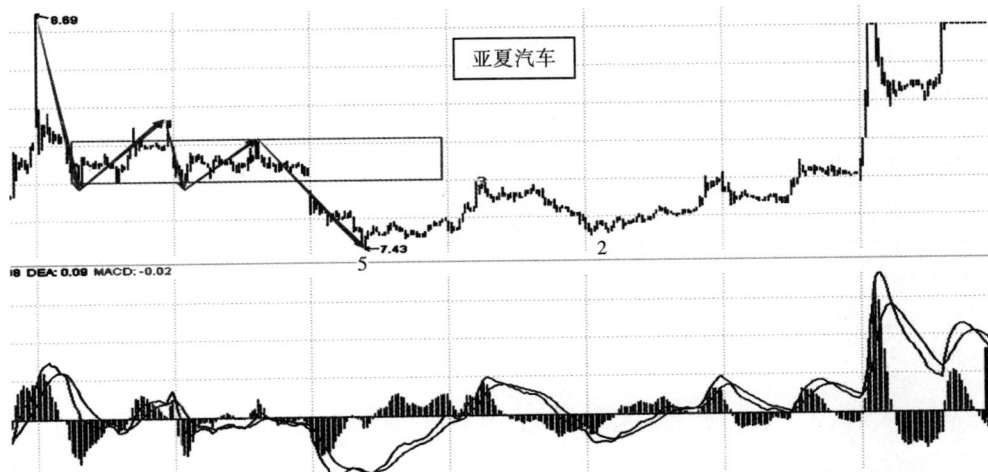

图 12-8　亚夏汽车（002607）2014 年 8 月 11~13 日形成三卖转二买内部 5 分钟结构图

　　三买转变成三卖再转二买的情况也特别多，之所以出现三卖的情况，无非是第 3 处或者第 5 处出现了力度大于 1 的下跌，也就是向下奔走型或者 a+A+b 走势类型，b 大于 a 的情况，一旦出现这样的情况就只能有一个逃命点，就是第三类卖点，如图 12-8 中的 3 所示。在这里要提醒一下朋友们，不一定每一个出现的第三类卖点都能如图中所示达到中枢的 dd 点，很多是远远低于 dd 点的，所以这也是我们强调买三不买五的原因之一。如果行情走势出现了扩张型三卖点，那么还有一个比较重要的就是三卖转二买的情况，也就是图 12-8 中在 2 处形成的第二类买点，这种情况一般在上一个级别都会出现 K 线被包含的情况，一旦出现 3 转 2 的情况我们也会视情况选择少量参与，止损位是 5 点，时间是下午。

四、三卖延续趋势下跌的走势

　　三卖延续趋势下跌的情况不难理解，就是没有能构成第二类买点，而是延续奔走型下跌或者形成趋势下跌中的第二个中枢，这两种情况如果根据我们的买点信号和原则已经是"只可远观而不可亵玩焉"了。

|第十三章|

三买的四要素

前面我们介绍了缠论三买的一些基础要点和技巧，但是这些不足以保证我们在实战操作中准确而有效地捕捉三买点，享受买入即快速拉升的乐趣，还需要熟练掌握三买四要素等要点和技巧，即板块热点、回拉段、离开段、回调幅度和时间等要素。可能有人会说是不是太多了，笔者可以很负责地说，一点也不多。这些都是笔者从长期的实战中总结出来的，研究好了这些要素，会使我们如鱼得水，弹无虚发。

第一节　热　点

为什么把热点龙头和次龙头放到首位，这是在长期实践中的经验所得，所有的投资者都想买到起爆点，缠师当年就给大家留下了三买这个起爆点，但是反过来，是否三买都是起爆点，答案是不一定的。三买是起爆快速拉升的必要条件而不是充要条件，我们在实战中经常遇到买完三买而不启动的情况，三买形成了可以拉升也可以延伸、升级等，拉不拉升是主力机构的事，那么参与板块热点龙头形成的三买就可以很好地弥补这一点，因为凡是形成的板块热点，都是主力投入资金或者市场中的敢死队参与。这样一来换手充分、人气活跃，这样的个股形成的三类买点停顿时间短、回拉段结构清晰、拉升力度强劲，及时买入点不够精确，也会很快给投资者带来平盘或者微利出局的机会。

第二节　时　间

在实战操作三买的过程中，"回调时间"这个因素往往被很多人忽视，为什么你买入的三买很容易发生延伸或者升级成上一个级别的下跌结构呢，显然你忽视了时间这个重要因素。在此将其提出来是为了引起大家的重视，不知道大家统计过没有，强势的三类买点也就是非延伸性三买一般都是回调几天或者几周启动，在这里可以告诉大家，回调时间是两天或者两周，这是为什么呢？前面在讲回拉段的时候我们也简单说过几句，以 1F 级别的三买为例，一个标准回拉段是 3 个线段出现背驰，3 个线段对应在 5 分钟线上近似三笔，一笔至少要 5 根 K 线，在不考虑包含关系的情况下换算应该是 1.875 天，也就是说强势三买正常要回调的时间应该是两天或者两周，如果大于这个天数只能说明三买可能正在走向延伸的路上，特殊情况是第 3 天、第 4 天或者第 3 周、第 4 周出现了被包含的情况，即使包含的情况出现也不能大于 4 天或者 4 周这个时间节点，如果大于则说明小级别出现了情况。例如，图 13-1 是百圆裤业（002640）日线图，在 2014 年 8 月 5 日出现了三买，从前高点 2014 年 7 月 31 日至 8 月 5 日只回调了 2 个交易日，

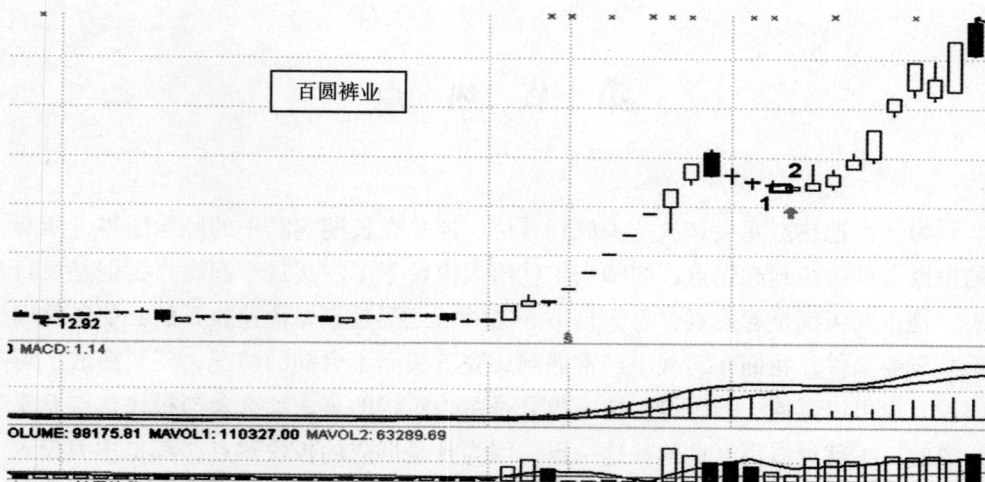

图 13-1　百圆裤业（002640）2014 年 7~8 月重组后形成三买的主升浪走势图

第三天和第四天存在包含关系，合并处理后形成了一根新 K 线后启动，试想一下，如果第四天不是被第三天包含，那么就要延伸成一笔下跌结构了。

第三节　幅度和力度

　　回调幅度是很多交易者朋友都非常关心的问题，即到底一个高点的回调要跌多少才会出现价格转折。如果只是盯着次级别背驰又不能避免碰到延伸的情况，为了解决这一问题，笔者通过改进数字交易法发明了"价格回调计算器"，可以非常简单而方便地应对上述问题，而且配合区间套背驰往往起到事半功倍的效果，如表 13-1 所示。

回调式测算（1）				
高点价格	回调档数	具体数值	时间 1	时间 2
5.04	第一档	4.772455	9.6264	0.96264
	第二档	4.7104828	11.8944	1.18944
	第三档	4.5122062	19.2528	1.92528
	第四档	4.3550704	25.2	2.52
	第五档	4.2007194	31.1472	3.11472
	第六档	3.956782	40.7736	4.07736
	第七档	3.7201409	50.4	5.04
	第八档	3.4378237	62.2944	6.22944
	第九档	3.2687471	69.6528	6.96528
	第十档	3.1352113	75.6	7.56
	第十一档	3.0044603	81.5472	8.15472
	第十二档	2.6002817	100.8	10.08

表 13-1　价格计算器

　　表 13-1 是价格计算器的简易版，在高低点的价格处输入要测算的价格就能对应得出第一档至第十二档的价格和时间，一目了然、清晰快捷。这里要说明一下，三类买点只是主升浪中一个短暂的停顿结构，所以它的回调档位不会低于第二档，而且次级别还会在第二档价格处出现背驰情况，下面用一个实际案例来说明一下。

　　表 13-1 的高点价格 5.04 元刚好是兔宝宝（002043）在 2014 年 8 月 19 日的

高点价格，该股在后面两天的短暂回调，在第三天探底 5.67 元形成盘整背驰开始强劲拉升，5.67 元对照图形刚好是第二档的位置，在当下实盘中，我们在价格回升到 4.71~4.77 元之间时进场即可（如图 13-2、图 13-3 所示）。当然也可以设置价格预警，这也解决了长时间盯多个股票不方便的痛苦。笔者所举的并非个案，而是通过大量的三买实践测算得出的，结构在不断地复制着它的自同构性，价格也在按着特定的节奏上升或者下降。再如新华传媒 2014 年 8 月 21 日形成三买的 9.71 元、同花顺 2014 年 7 月 24 日形成 5F 级别三买的 15.87 元，百圆裤业

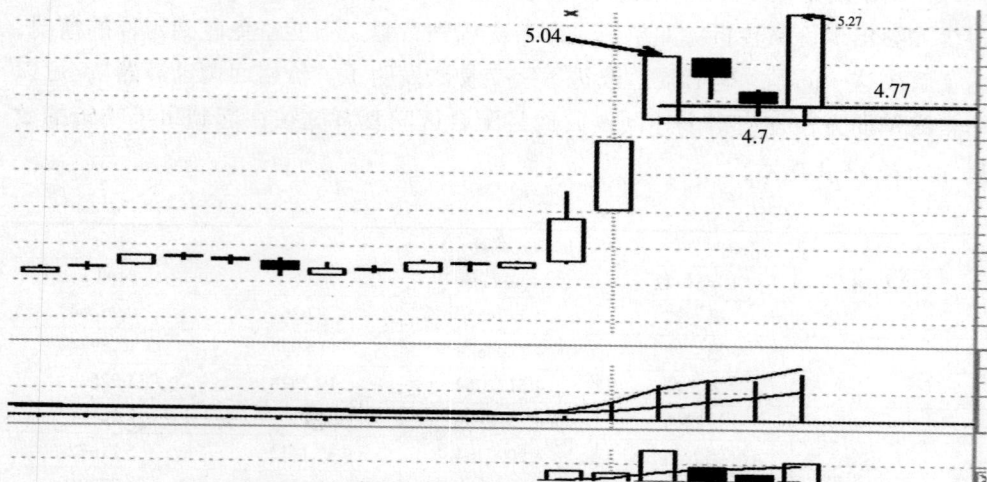

图 13-2　兔宝宝（002043）2014 年 8 月 19~22 日形成三买的走势图

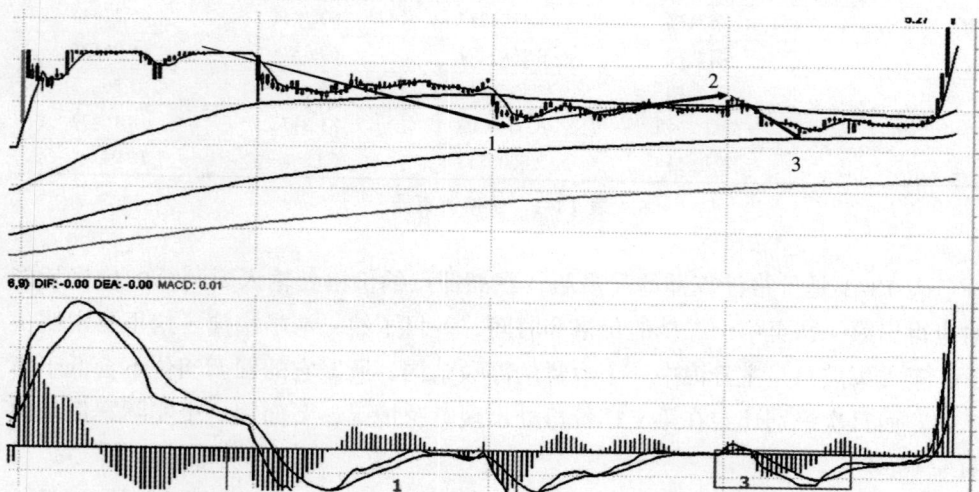

图 13-3　兔宝宝（002043）2014 年 8 月 19 ~22 日调整内部 5 分钟结构图

2014 年 8 月 5 日的三买价格 26.87 元等，在这里不一一列举，只是想通过一些例子告诉大家用这个方法可以辅助我们进行三买实战、提高操作精度、扩大收益比例。

第四节　回拉段结构

关于回拉段的内部结构，我们在第十二章用了一个章的篇幅来阐述，就是让大家搞清楚什么样的三买结构能形成快速转折，而什么样的结构会失败。大家在实战中要谨记一个操作要点，即"买三不买五，跟强不跟弱"的原则，并在交易中认真体会其中的要义。其实本书用整篇的篇幅来讲解缠论三买的问题，主要有两个作用，那就是怎么和箱体牛股模型有效地结合，寻找和发现短线 1F 级别的三买点和主升浪的启动点 5F 级别的三买点，前面的第十二章讲解了 1F 级别三买的例子，接下来为大家举一个个股主升浪 5F 级别三买点的例子。

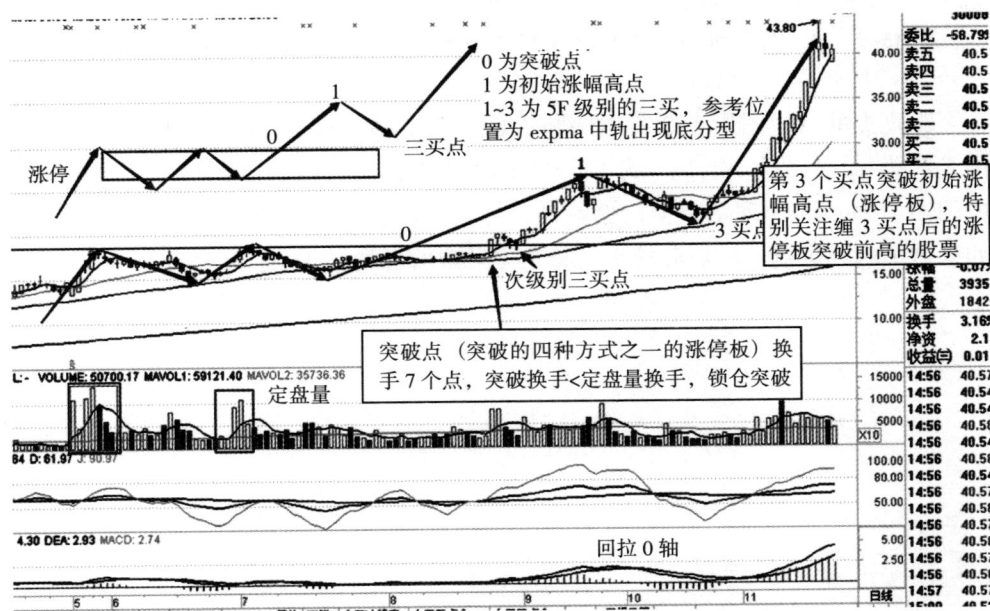

图 13-4　银之杰（300085）2014 年 10~12 月三买后主升浪图

银之杰（300085）这只股票在 2014 年 11 月涨幅超过 50%的个股里排行第二位，究其原因，该股符合箱体牛股模型和强势三买的模式（如图 13-4 所示），0

为突破位，0~1为初始涨幅，1~3为回拉段，3为回测点买点，回测点买点与缠论三买点重合，因此，三买后的离开段才有强力的主升浪涨幅，下面我们来看一下1~3内部调整的结构（如图13-5所示）。

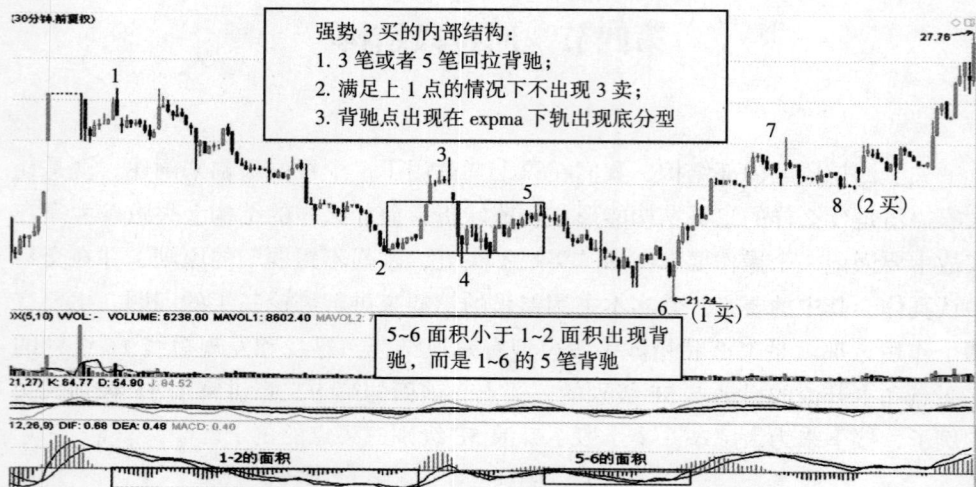

图13-5　银之杰（300085）2014年9月12日至10月27日调整内部30分钟结构图

银之杰的日线图中1~3的内部调整是一个a+A+b的5笔盘整下跌走势，其中1~2为a，2~5为A，5~6为b，从图13-5中我们可以看出，1~2与5~6所对应的MACD面积出现了减少，也就是a与b出现了背驰信号，回拉段买点出现，如果这个时候进场，后面迎接你的将是主升浪的喜悦。

第十四章

三买的买入时机与仓位管理

　　所有参与市场交易的交易者，特别是公众交易者都想骑上大黑马，有捕捉牛股的主升浪的愿望，那么什么样的个股才存在暴涨的可能？什么样的位置是个股主升浪的起点呢？笔者经过长时间的实战和总结，用五类牛股模型来解决什么样子的个股存在暴涨翻倍的可能，用三类买点解决主升起点的问题，买在主力箭在弦上不得不发的千钧一刻，与庄共舞享受快速拉升带给我们的快乐，这也是笔者为什么用一章的内容来阐述和分享三买的方法，笔者的用意不是让读者每天买卖出现三买的个股，而是选择那些符合牛股模型的牛股、黑马股的主升浪并在主升浪的转折点——缠论强势三买点进场，这样才能事半功倍、一剑封喉！也希望读者朋友们共同努力改进、完善这一思路造福股民！

第一节　主升浪与三买的因果关系

　　主升浪包含三买，三买是主升浪的咽喉、起点、必经之路，如图 14-1 所示。
　　图 14-1 是香草制药的周线图，周线图中周 K 线和月 K 线是反映股市中长期走势的两种最重要的 K 线形态。日 K 线主力有时会设置骗线，但周线中很少，月线则基本不可能，因为这里涉及资金运作的成本问题。所以大家在复盘的时候

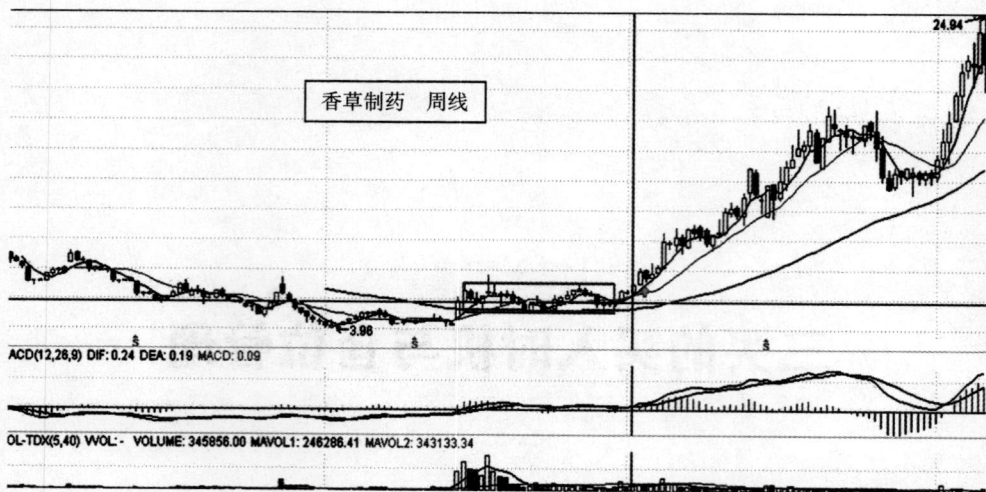

图 14-1 香草制药（300147）2013 年 1 月形成三买后的主升浪周线图

要多看大级别的走势图，就不会"只缘身在此山中"了。

前面我们讲过了第一种牛股模型形态"横盘出大牛"，对比箱体成本、换手率标准、均线形态、量堆形态都非常符合标准，笔者将十字光标放到图中位置，是想告诉大家在这种模型中根据自己资金量的不同有两个不同的买入点。

第一，是突破箱体的位置，刚好 MACD 也在这个位置两次金叉放出第一个红柱。为什么选择这样一个位置，涉及筹码问题，因为前面主力已经完成了建仓、洗盘任务，后面的工作重点就是试盘、拉升了，这里的放量突破才能买到大量的筹码，再往上会出现有钱买不到货的情况，当然这针对的是那些资金量达到一个量级的朋友。

第二，就是图中箭头的位置，这是典型的 5F 级别三买点。2013 年 1 月 25日那一周的那根阴线的最低点 7.20 元，高于下面中枢的 ZG 点 7.07 元，之后就是"两岸猿声啼不住，轻舟已过万重山"了，如果那个时候你就掌握了牛股模型和三买两个技巧，也能自由、幸福地享受牛股的高潮了。

第二节　主升浪的级别

主升浪就是 1F 级别升级 5F 级别，5F 级别升级到 30F 级别、日线级别走势类型的生长转化过程。笔者习惯性地把操作的股票分为三类。

（1）一天的股票（1F级别的三买），当天下午买入第二天卖出，或者设定移动止损保护利润。

（2）一个星期的股票（5F级别的买点）波段操作降低成本。

（3）一个月股票、牛股模型类型的股票，一般牛股的主升浪拉升期为1~1.5个月。

这样就可以做到有的放矢，短中长期相结合，既可以享受短线的激情也可以体验中线的浪漫。

第三节　三买的时机和仓位管理要点

1. 在三买的买入时机上应注意以下六点

（1）力度：只选择每天的强势热点板块龙头回调时机。

（2）回调时间：由高点的回调时间选择回调1~2天的品种，回调一天为最强、两天为标准，第三天必须放量启动。

（3）回拉段：三段标准回拉产生背驰信号。

（4）离开段：离开段的要求必须是放量离开中枢，K线标准是超过7个点的放量大阳线，以涨停为最优。

（5）回调幅度：以回调计算公式产生的档位价格为标准。

（6）进场时间：由于A股市场是t+1制度，进场时间一般选择在下午，特别是1F级别的三类买点。

2. 三类买点的仓位分配要求（见图14-2）

（1）在下午时间段回调到第三根线段，但还没有出现第三线段新低的，尾盘进2成仓位。

（2）第二天早盘新低进3~4成仓位，第4个向上线段过程中出现启动大量时进场1成仓位。

（3）如果第4个向上线段没有出现预想的快速拉升，而是内部出现背驰出掉昨天尾盘的2成仓位，等第5线段创3的新低时进2成仓位。

（4）如果下午时间段形成了3段新低背驰，进5成仓位，放量拉升时进1成仓位。

（5）止损标准：5%。

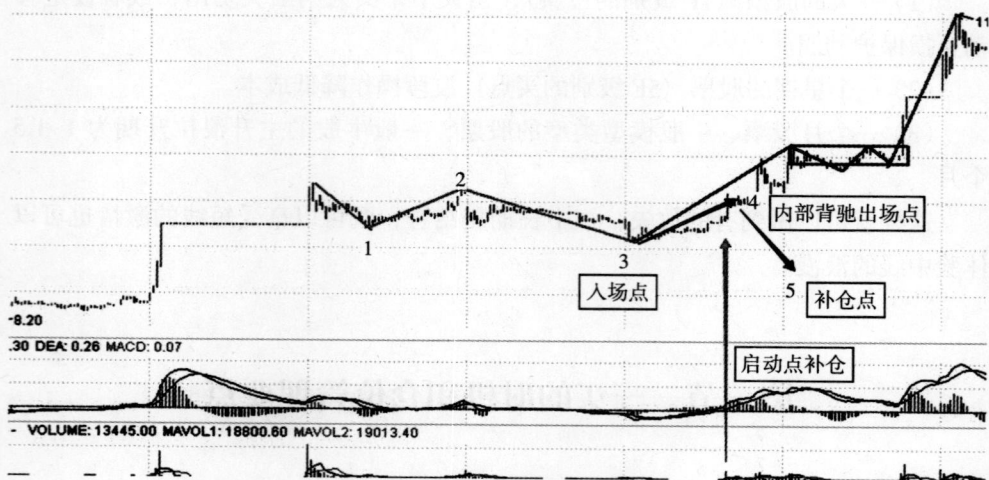

图 14-2　缠论三买点仓位示意图

| 第十五章 |

缠论三买的实战案例

笔者把主升浪从头到尾分为四个程序环节：①牛熊换位；②上线瞄准；③结构链接；④推升。而第三类买点就在其中的第三环节，不知道大家有没有认真想过第三类买卖点到底有什么作用，笔者认为，三买有两个作用：一是短线操作快速获利，只限于 1F 级别；二是 5F 三买开启牛股的正向推升。不同级别的三买代表不同的笔能否延伸成功，但无论哪一种情况，都离不开一个前提，那就是个股主升浪。笔者前面用了大量的篇幅讲解牛股模型和第三类买点，就是为了让读者朋友们把牛股模型和缠论的第三类买点有机地结合起来，待牛股主升启动的瞬间，发现并及时跟进享受牛股模型主升浪的乐趣，下面笔者就介绍几个 1F 和 5F 的三买案例以飨读者。

第一节　全通教育（300359）

全通教育是一个牛股模型和三类买点相结合的案例，巧合的是这个标的股和笔者 2007 年 7 月 25 日操作的中国铝业无论从结构、换手率、建仓周期、筹码分布方面都非常的相似，图 15-1 周线图上在 2014 年 7 月 25 日箭头处形成了 5F 级别的第三类买点，下面我们用周线、日线、30 分钟、5 分钟 4 个级别联立来看一

187

第十五章　缠论三买的实战案例

下这个 5F 级别的三买是如何形成的，图 15-1 周线图从高点的那根阴线到红箭头连续回调了 3 根阴线，第四周出现阳线突破了第三根阴线的最高点 57.90 元形成了底分型，而且是强势底分型，很像之前说的兔宝宝的日线图，这就是缠论所说的结构"自同构性"，回调时间 3 周符合回调时间要求，回调幅度我们把高点76.18 元代入"回调计算器"得出 53.96 元的回调参考价格（见表 15-1）。

全通教育 （周线·前复权）

图 15-1　全通教育（300359）周线主升浪三买图

表 15-1　回调计算器

正常回调式测算（1）			
黄金分割	高低点价格（元）	回调档数（度）	具体数值（元）
0.191	76.18	45	72.88
0.236		90	72.12
0.382		135	69.66
0.5		180	67.7
0.618		225	65.77
0.809		270	62.71
1		315	59.72
1.191		360	56.81
1.263		45	56.13
1.382		90	53.97
1.5		135	52.25
1.618		180	50.55

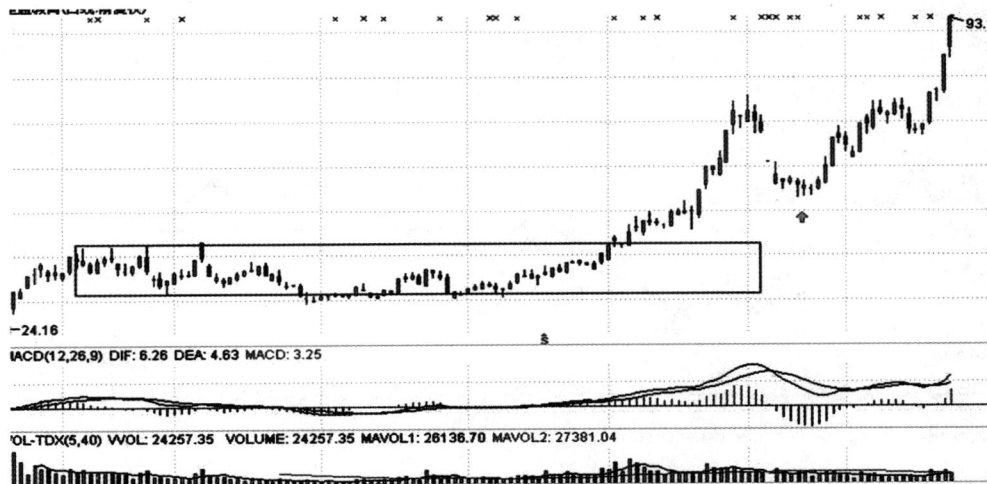

图 15-2　全通教育（300359）2014 年 5~8 月形成三买的主升浪图（日线）

对应日线图的一笔回调，MACD 从高位回拉 0 轴并在 0 轴之上再次产生金叉（见图 15-2）。

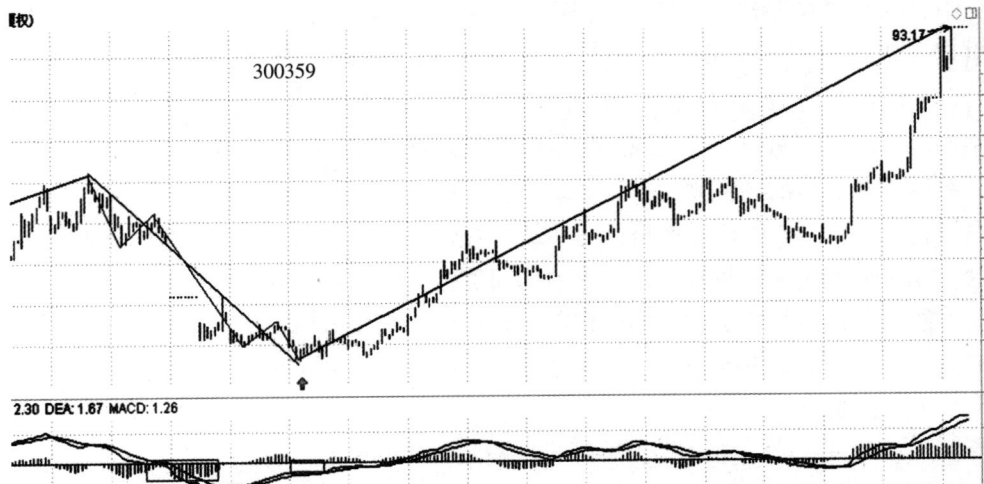

图 15-3　全通教育（300359）2014 年 7 月 1~24 日三买回调内部结构图（30 分钟）

对应在 30 分钟图上箭头之前是 30 分钟的 5 笔回调，这个 5 笔的回调由于第 3 笔中包括一个跌停板演变成了奔走型下跌结构，第 5 笔出现背驰信号（如图 15-3 所示）。

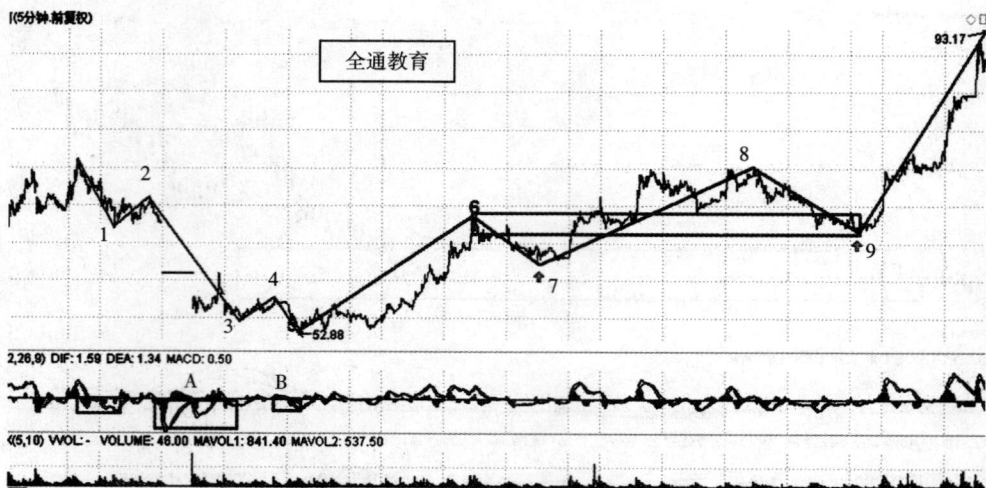

图 15-4　全通教育（300359）2014 年 7 月 1~31 日三买内部结构图（5 分钟）

在 5 分钟图上，日线的一笔回调对应的是 5 段奔走下跌，如图 15-4 中的 1~5 处所示，这里要说明一点，因为 2~3 中间存在一个跌停板的缺口，在这线段划分中，缠师曾经提到过"逆势一段顺势一笔"，我们看到图中 B<A，所以在 5 处出现了背驰信号，区间套 4~5 对应的 1 分钟内也出现了背驰，此时价格也到了"价格计算器"测算的参考价 53.9 元附近，由于这只个股日线、周线符合牛股模型要求，因此在图中 5 处应该进场 2 成仓位，参考价则为前面 4 的高点，后面的分类不能超过 4 的高点则出掉 5 处的仓位；6 超过 4 的高点，则在 7 的第二类买点加仓，止损为 5 的低点价格，这样做的好处是如果我们做错了，那么 5 和 7 处的成本相加的成本之和应该在 5~6 的中间价格，风险处于可控范围内。细心的朋友可能发现，当行情走到 7 的时候，价格已经突破了 57.90 元，周线底分型已经形成，这是一个积极的做多信号，之后的走势除了一个 9 的完美背驰点外就一骑绝尘不再回头。

第二节　长春一东（600148）

下面我们来看一个非延伸性三买在牛股模型上的应用，长春一东是一个横盘牛股模型的变形案例，也可以说是另一种模型和横盘模型的结合，这个不是本章讨论的重点，因此不做重点阐述。在图 15-5 中我们可以看到有三个箭头标示的三类买点，两个 5F 级别和一个 1F 级别，第一个三买点（第一个箭头处）是我们前面讲模型篇里的第三类买点和牛股模型的第二买点重合的情况，接下来我们就用小周期仔细地看一下这个三买点形成的过程，是否符合前面所讲的强势三买的条件。

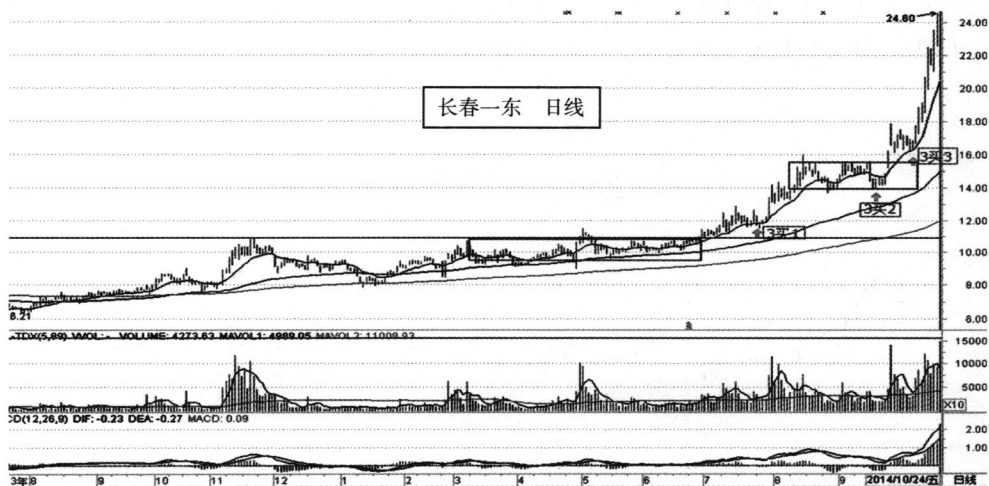

图 15-5　长春一东（600148）2014 年 7~10 月主升浪图（日线）

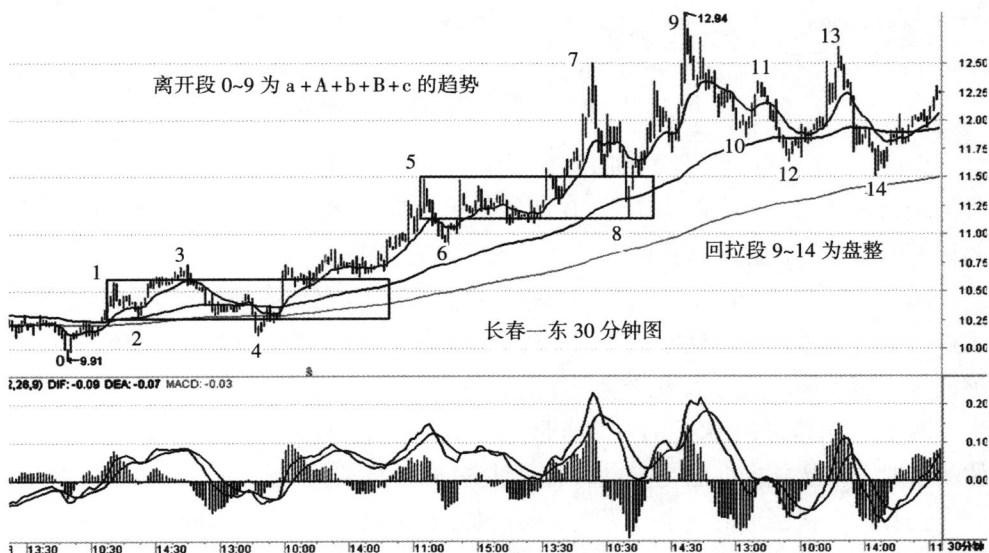

图 15-6　长春一东（600148）2014 年 6 月 10 日至 7 月 25 日形成第一个三买的内部结构图
（30 分钟）

图 15-6 是长春一东 2014 年 6 月 10 日至 7 月 25 日的内部 30 分钟的结构划分图，其中图中的 9~14 对应的是 7 月 15~25 日的日线一笔，14 为图 15-6 中的第一个箭头处，从图 15-6 中我们可以清晰地看到，该股突破日线的 30F 级别的中枢是一个 a+A+b+B+c 的趋势，也就是图 15-6 中 1~9 的结构，而其后的 9~14 是一个盘整背驰，是典型的趋势+盘整走势，学过缠论的朋友应该明白趋势+盘整的意义。我们再来看一下 13~14 的内部是否也同时形成背驰，如果形成区间套即为成立，最佳买点就已出现（见图 15-7）。

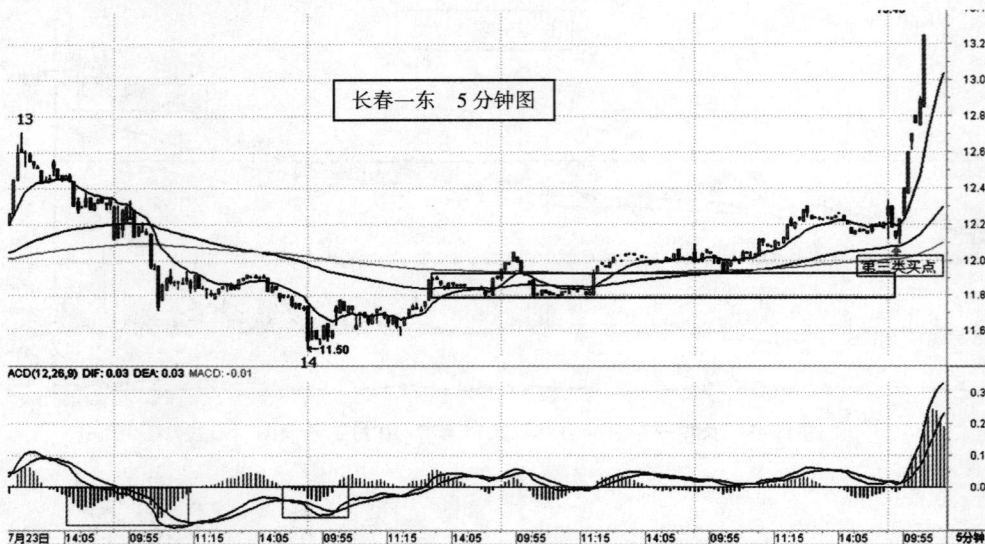

图 15-7　长春一东（600148）5 分钟图

由图 15-7 可以清楚地看到 13~14 内部的 MACD 面积和黄白线出现了背驰信号，最为细节的地方是图中 7 月 30 日早盘 9 点 50 分左右形成了一个 5 分钟图上的标准三买点，标志着日线向上延伸一笔的情况成立。

图 15-7 中第二个箭头的三买点是双回拉的情况，针对这种双回拉情况的三买点，笔者经过反复测试，最佳买点不是中枢完美点而是在完美点后面的大阳突破或者涨停突破，这一点也请读者朋友们注意。

图 15-7 中第三个箭头的三买点是一个 1F 级别的买点，内部结构仍然是双回拉的情况，依然是老办法完美点后的放量突破跟进。

长春一东案例中的三个三买点，无论是 5F 级别的还是 1F 级别的，其内部回拉段都没有超过 5 段回拉，并且第 6 段的上行里还包含了小级别的第三类买点，这些是非延伸性三买点的必要条件，有了这些就能规避掉大多数三买延伸升级的情况，杜绝了三买输了时间又赔钱的情况。

第三节　洪都航空（600316）

2014 年进入七八月之后，军工概念股此起彼伏牛股不断，如果我们用前面所讲的比价关系来梳理，可以清晰地看见资金轮动的顺序，而洪都航空是其中启动较晚的一只，从周线上来看也是符合我们讲的箱体牛股模型的个股，那么我们来看它在离开段上出现的三买的情况，如图 15-8 所示。

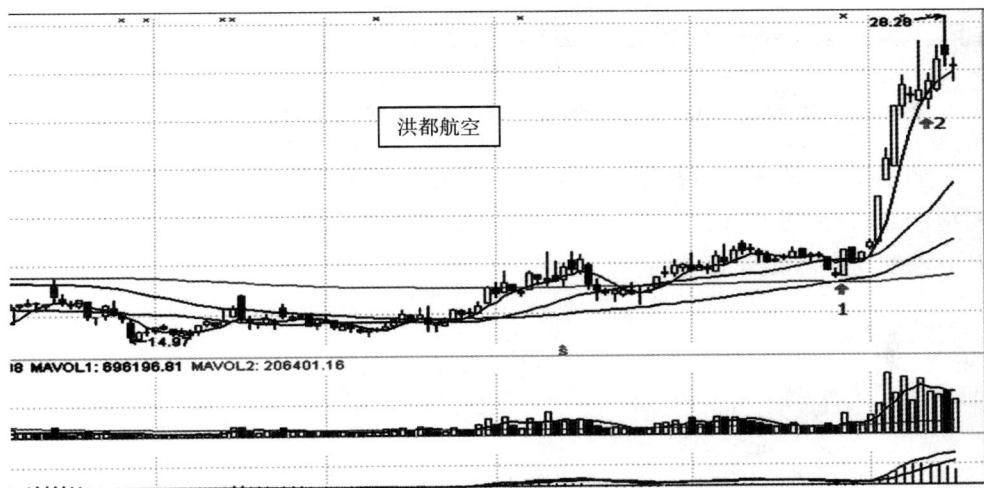

图 15-8　洪都航空（600316）2014 年 9 月形成三买结构图（日线）

为什么要讲洪都航空这个例子？因为洪都航空在离开段上到目前为止形成了两个不同级别的三买点，一个是 5F 级别的，另一个是 1F 级别的，分别为图 15-8 中的 1 和 2，我们说本级别要想延伸成为一笔，它的次级别必然包含一个三买点，我们平时操作的能够达到涨幅 1 倍的股票主升浪都是月线一笔级别的上涨，也就是日线图上形成一个标准三买后的快速拉升。我们的重点不是 1 位置的 5F 级别三买，而是 2 位置的 1F 级别的三买，如果平时喜欢操作一些短线，无疑 1F 三买是比较不错的选择，因为操作得当，两三天就能收获 10% 以上，也可以锻炼识别强势三买的能力。按照我们前面所讲，1F 级别的三买要 30 分钟一笔回拉，5 分钟上一段回拉，而且最好是三段的标准回拉，这样才能形成强势三买（见图

第十五章　缠论三买的实战案例

15–10）。

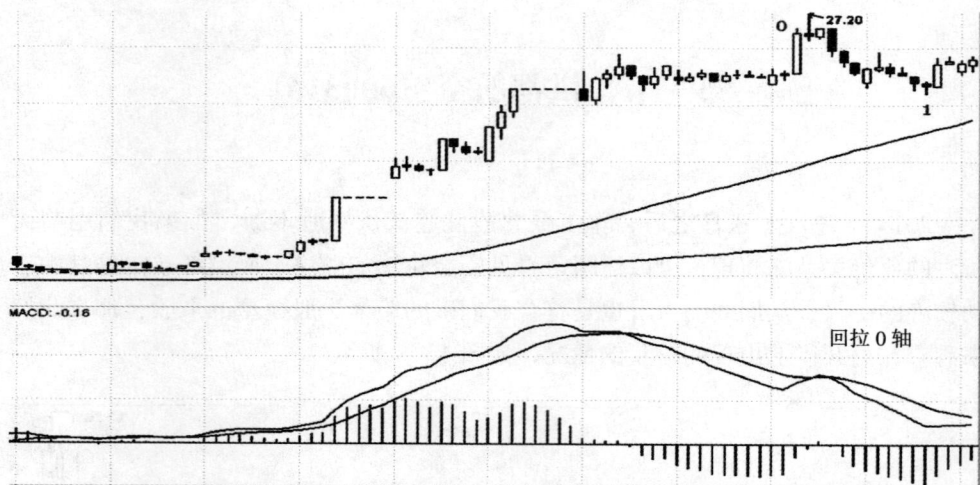

图 15–9　洪都航空（600316）2014 年 9 月 5~11 日形成三买内部结构图（30 分钟）

如图 15–9 所示，洪都航空（600316）2014 年 9 月 5~11 日形成了 1F 三买，对应的 30 分钟图形出现了从 0~1 的一笔回调结构，附图 MACD 相应地出现了回拉 0 轴的动作（见图 15–9）。

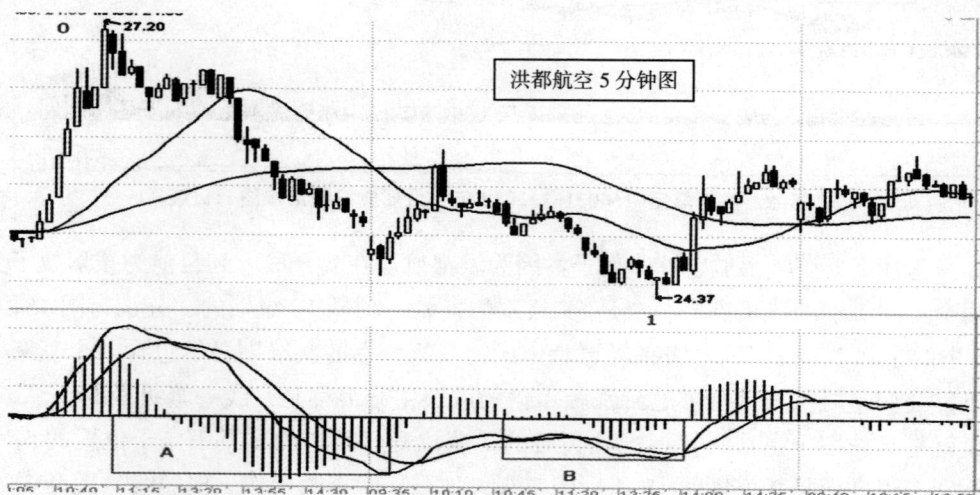

图 15–10　洪都航空（600316）2014 年 9 月 10~11 日形成 1F 三买内部结构图（5 分钟）

在 5 分钟图上对应的 0~1 这一笔内部是一个 3 笔的线段走势，而且出现了明显的背驰，见图 15–10 中 A 和 B 的面积。背驰点出现时间在下午 2 点左右，热点、回调时间、回拉段结构都符合要求，真是天赐良机。之后的拉升走势印证了前面的分析和判断，三天时间百分之十几的短期收益足可见强势三买的威力。

第四节　中国一重（601106）

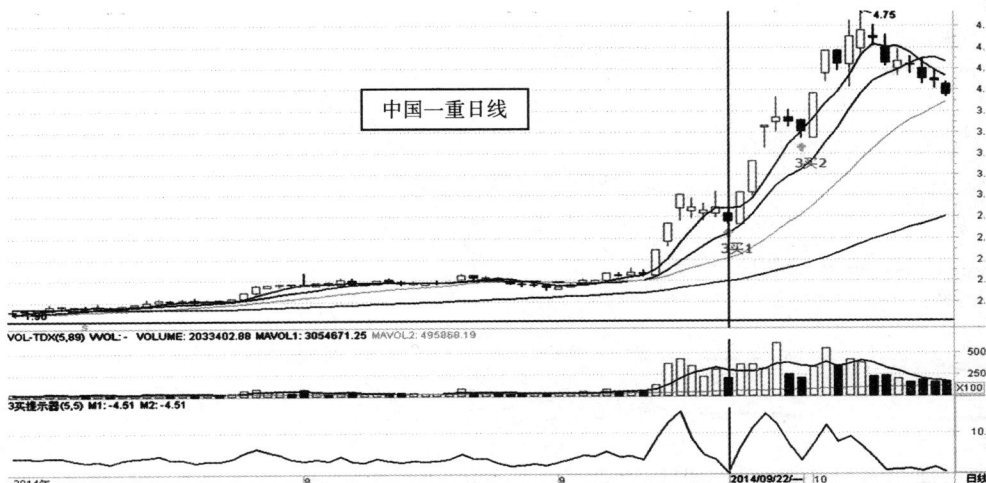

图 15-12　中国一重（601106）2014 年 9 月形成三买的主升浪图（日线）

中国一重受发改委拟定沿海核电项目利好影响，9 月带领"601"军团大涨，其中中国一重尽显龙头风范连续 3 日涨停，短短不到一个月完成了翻倍之旅（如图 15-11 所示）。在图 15-11 中我们可以看到该股的主升浪上形成了 2 个 1F 三买点（见图 15-11 中箭头标示处）。前面我们讲过，三买是给我们提供短期获利的机会，特别是在龙头股的主升浪期间，尤其是 1F 级别的三买更是我们关注的重点，下面我们就从三买的四要素来分析一下这个三买点。

一、热点

2014 年 9 月中旬，中国一重率领中国中冶、中国西电、中国化学等低价蓝筹股集体爆发，中国一重更是连续拉出三个涨停，充当了此次二线蓝筹补涨的龙头品种。

二、回调时间

从图 15-11 中我们可以清晰地看到，十字光标所对应的阴线位置，刚好是回调的第二天，符合强势三买的回调时间。

三、回拉结构

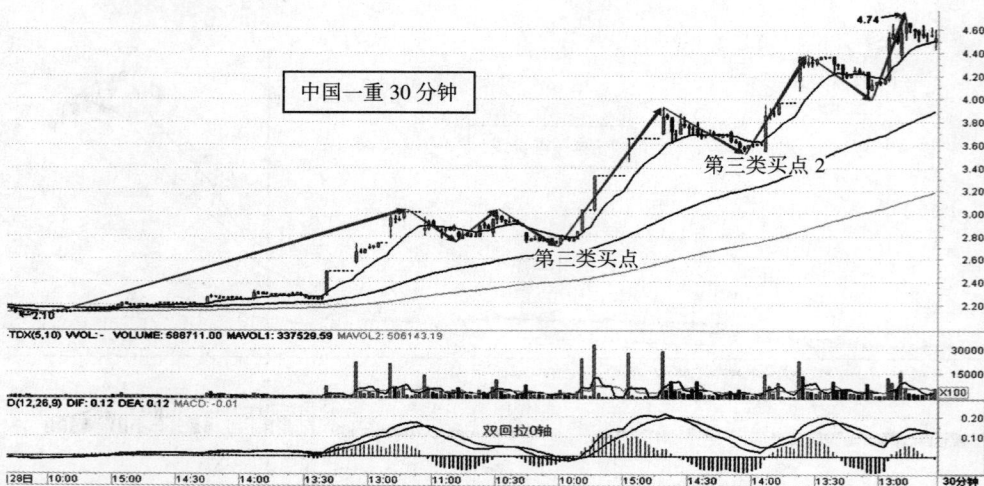

图 15-12　中国一重（601106）2014 年 9 月 16~23 日形成三买内部结构图（30 分钟）

1F 级别的三买点我们都知道在 30 分钟图上会造成一笔的调整，附图的 MACD 出现同步回拉 0 轴的动作（如图 15-12 所示），在图 15-12 中，中国一重的三买内部出现了两次回拉 0 轴的结构，也就是缠论中所说的双回拉的情况，即 3+3+3 的内部结构。下面的附图指标 MACD 放出了两波绿柱，黄白线出现了金叉再分离再金叉的情况，针对双回拉的情况笔者前面讲过，为了稳妥和安全我们会在完美点后放量拉升的时候进场，也就是 2014 年 9 月 23 日下午 1 点 25 分放量突破 2.80 元时为最佳时机。

再来看 5 分钟图的情况，根据定义，1F 级别的三买在 5 分钟图上应该同步出现线段回调并背驰，而且根据我们前面所讲的非延伸性回拉段的定义，回拉段笔数应该为 3 笔或者 5 笔，如图 15-13 所示，双回拉结构中的第二次回拉段内部为 3 笔下跌结构，在 2014 年 9 月 23 日上午 9 点 23 分出现了盘整背驰信号（见图 15-13 中 B 面积＜A 面积）。

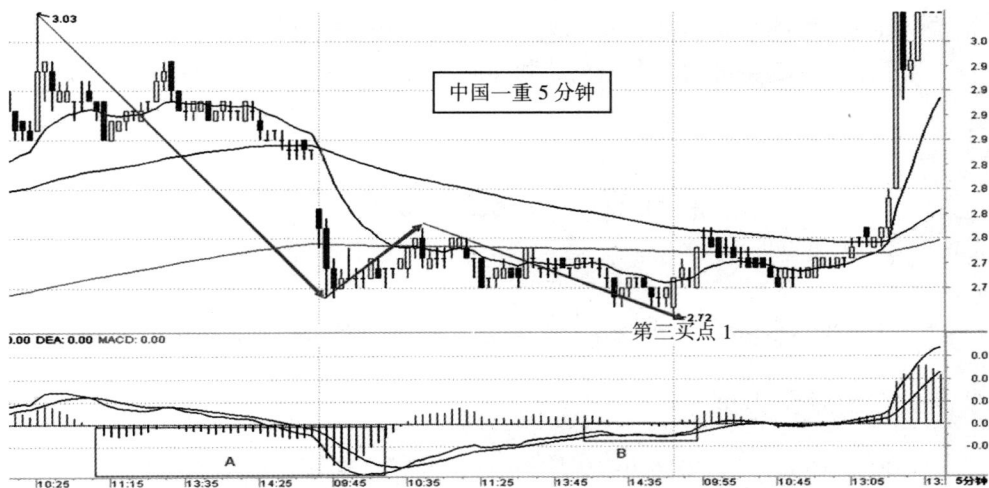

图 15-13 中国一重（601106）2014 年 9 月 16~23 日形成三买内部结构图（5 分钟）

四、回调幅度

表 15-12 价格回调计算器

放大式回调式计算器（1）			
	高低点价格（元）	回调档数（度）	具体数值（元）
0.191	3.04	45	2.83
0.236		90	2.79
0.382		135	2.63
0.5		180	2.51
0.618		225	2.4
0.809		270	2.21
1		315	2.04

在三买四要素中笔者曾经讲过"回调计算器"，这个计算指标和"三买提示器"指标结合可以很好地找到强势三买回调的买入点（见图 15-13 附图指标），中国一重 2014 年 9 月 19 日的最高价格为 3.04 元，代入回调计算器中得出回调价格（如表 15-2 所示）。一般情况下 3 元的股票强势 1F 三买回调幅度在 0.382 的位置就会出现止跌，而"三买提示器"指标会在强势三买的离开段至回拉段有一个数值从−5~17 的过程，其中−5~0 就是强势三买的买入区间。从图 15-13 中我们可以看到 2014 年 9 月 22 日阴线那天的指标数值为−4.51，阴线的最低价位为 2.73 元，刚好在 0.382 和 0.236 的价格中值，而当下的时间段 5 分钟已经形成

了背驰信号，三项共振后诞生了连续三个涨停板短线获利丰厚。

至于图 15-13 中的第二个三买点利用同样的方法即可，这里不再赘述。

第五节　九龙山（600555）

我们再举一个 1F 三买的例子，同样从三买四要素的角度来分析该案例。

一、热点和力度

九龙山（600555）2014 年 10 月 16 日涉及赛马会概念强势封于涨停，并连续拉出三个涨停板，强度可见一斑，其实，我们还可以用另一个指标来衡量它的热点和力度，那就是我们前面说的"三买提示器"，如果形成 1F 三买前的离地段的力度达到了数值 17 即为合格，如图 15-14 所示，三天的强势拉升使指标数值达到了 17.45，力度达标。

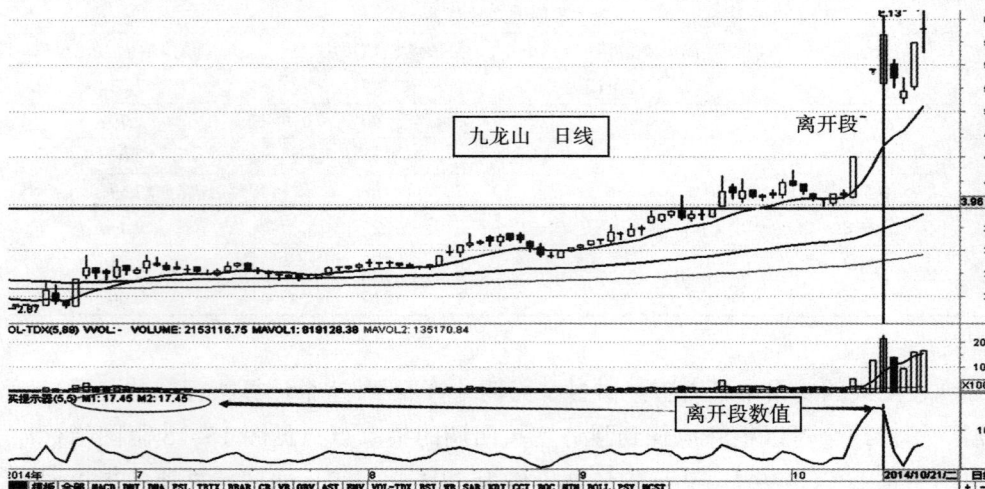

图 15-14　九龙山（600555）2014 年 10 月 21~23 日形成 1F 三买日线图

二、时间

九龙山从力度最高值那一天 2014 年 10 月 21 日回调第三天出现转折，符合时间中值标准（如图 15-5 所示）。

三、回调幅度

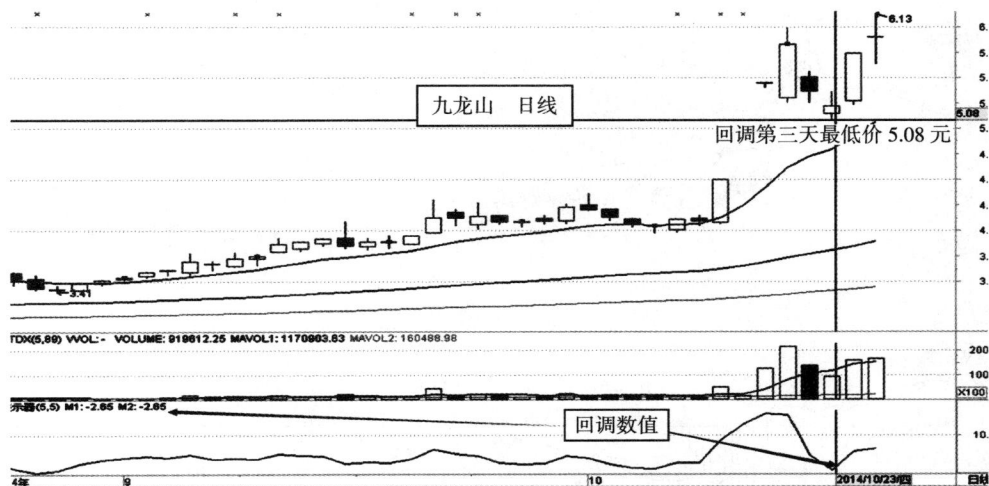

图 15-15 九龙山（600555）2014 年 10 月 21~23 日形成 1F 三买日线图（三买提示器）

关于回调幅度，我们再来看一下"三买提示器"，指标在回调的第三天，也就是 10 月 23 日达到了-2.65，处于-5~0 的买入数值区间，而当天最低价刚好跌到了回调计算器中 0.618 的价格位置——5.08 元（如表 15-3 所示）。两点共振信号已经出现，此时 5 分钟图如果再出现盘整背驰信号就达到了三点共振效果，接下来我们看九龙山的 5 分钟图形（见图 15-16）。

表 15-3 回调计算器（九龙山）

放大式回调式计算器（1）			
	高低点价格（元）	回调档数（度）	具体数值（元）
0.191	6	45	5.71
0.236		90	5.64
0.382		135	5.42
0.5		180	5.25
0.618		225	5.08
0.809		270	4.81
1		315	4.55
1.191		360	4.3
1.236		45	4.24
1.382		90	4.05
1.5		135	3.9
1.618		180	3.76

四、回拉段

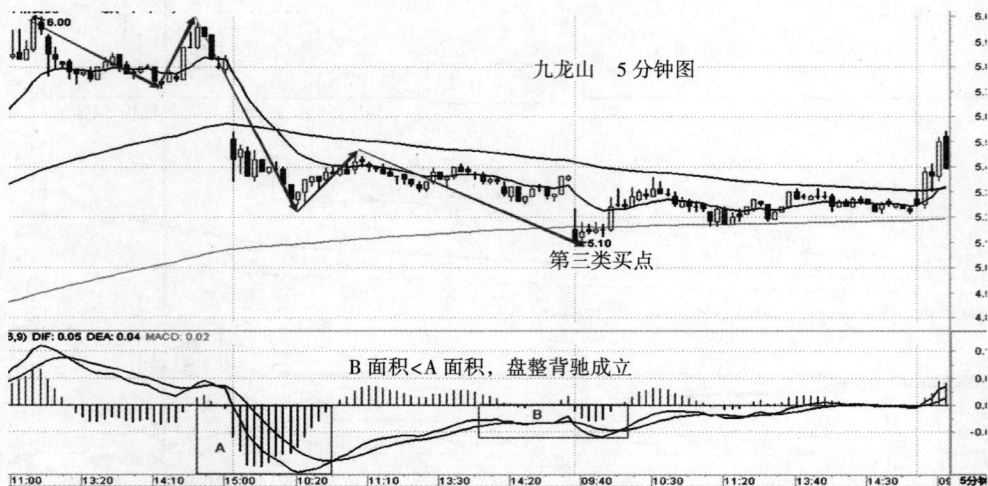

图 15-16　九龙山（600555）2014 年 10 月 21~23 日形成三买内部结构图（5 分钟）

图 15-16 中的 5 笔盘整下跌就是 2014 年 10 月 21 日开始的两天回调的内部结构，2014 年 10 月 23 日的早盘形成了盘整背驰，至此三个共振信号全部出现强势三买一触即发，其后 10 月 24 日的涨停走势就是对我们短线的最丰厚回报。

第四篇

心态篇
股票投资战略和投资策略

　　不管在什么市场，无论是中国股市还是美国股市；不管在什么时期，过去还是现在，抑或未来，都有一个大家公认的现象：在做股票的人群中，真正能长期稳定赚钱的总是极少数人。长期的统计数据表明，90%以上做股票的人都是亏损的。为什么会出现这样的情况呢？怎么通过做股票赚钱，对大多数人来说就是那么困难的事情呢？作为一个股民，又怎样才能够成为长期稳定赚钱的赢者呢？本篇将从炒股心态方面为大家介绍股票投资理念和投资策略。

第十六章

股票投资战略

中国证券登记结算公司 2007 年 5 月 8 日公布的统计数据显示：2007 年 4 月沪深两市新增 A 股账户总数高达 478.7 万户，一举超越了前两年的新增开户数总和，两市账户总数为 9394.54 万户，逼近 1 亿户大关。为什么一个月的开户数竟然能高过两年的总和？数据背后表明，新手进入股市的时间和心态是有特征的，往往是因为股市的火爆（2007 年股票市值已经是实际价值的 32 倍）；媒体刻意渲染股市暴富神话（某位捡破烂的老太太，两个月资金翻了 2 倍；某某抓住了大牛股，一个月时间带来约 4400 万元的浮盈等）；或者是受身边朋友的影响，开始对股票感兴趣从而进入股市。实际上，我们平时开始接触新事物或者要购买一件商品时，相信大家都会静下心来，仔细地分析和评估比较各方面的优劣因素，得出比较客观的结论，并指导自己真实的操作。但是，因为股市乍现的财富效应，使大多数新入市的股民忽略了这个至关重要的准备工作——客观地评价股市。

第一节　股票投资理念

一、客观地评价股市

从统计数字上看，大多数人在股市中是不赚钱的。按正常的逻辑推断，这应该导致的结果是大多数人不会进入股市的。但实际是，中国股市越是火爆，就越多人杀入股市。尤其是 2007 年，大街小巷、茶余饭后、男女老少无不是在谈论股票，感觉就是全民皆股！美国与香港股市的历史经验告诉我们，一旦全民皆股民，股市就危在旦夕，一旦资金不能支撑股市上扬，或有利空消息，就很容易导致恐慌抛空，股灾就这样发生了。那么究竟什么是股市呢？

从定义上说，股票市场是股票发行和交易的场所，投资者可以根据自己的投资计划和市场变动情况，随时买卖股票。有人称股市是赌场，笔者并不同意这种说法，而是将股市称为赌场的朋友，因为可能不能保证每次选择的股票都涨，但输赢概率各占 50%，和赌博一样。在这个市场中，没有人能够保证每次交易都能选对，但我们可以通过一些方法，找出市场的规律，增加我们选对的概率。对此，数档法就可以办到，而且很好学。有人说股市是一个投资场所，笔者只认同一半。道理很简单，一个上市公司每年的投资回报是要高于其向银行贷款的利率的，而贷款利率是要高于存款利率的（银行靠存贷差盈利），上市公司的利润率如果没有贷款利率高，就会面临亏损倒闭。投资者作为上市公司的股东，享有分红的权利，公司只要经营没有问题坚持分红，按道理投资者每年收益要远高于银行存款利率，那么中间环节的银行还有存在的必要吗？现在读者就可以明白中国建筑、中国中铁、中国石油等业绩很好的公司每年为什么分红很少的原因了。有人说股市是个投机的地方，笔者同意这种说法。全面来看，股市是投资与投机相结合的市场，股市不断出现价值低估，以吸引投资者介入，同时又表现出赚钱效应，吸引投机者入场。我们要看清形势，顺势而为。

二、"世界潮流浩浩荡荡，顺之则昌，逆之则亡"

股市正如孙中山先生的这句名言，"世界潮流浩浩荡荡，顺之则昌，逆之则亡"。笔者经过 20 多年的股市观察、参与经验，有感于"势"的伟大力量。大多数股民高位持股，在漫长的熊市中，眼看着自己的钱包（账户）一天一天地变小，痛心入骨、悲痛欲绝之时，管理层终于出台利好，股市走出了一波上升浪，在被长时间折磨后大众都认为上升只是暂时的，市场还会下跌，还是趁反弹卖出手里的股票吧。当大家开始卖出自己手里被套牢多年的股票时，股市就到底了，要开始高歌猛进了。在此之前，主力资金已经开始收集散户割肉的筹码了，并开始用各种操作方法推高股价，摊低持股成本。此时投机者嗅出了赚钱效应，蜂拥而至，不断助推股价，一般短线客在其中赚到的也只是蝇头小利。股价不断上涨，普通股民会觉得如果以前的股票捂着不动，现在收益可能都翻倍了，当这种想法传播开来并付诸于行动，越来越多人杀入股市，牛市就开始了，股市又快见顶了。如此的往复循环，加之走势的形式、事件的内容、操作的手法不断推陈出新，就构成了"势"。

在逆势中，比如 2008 年那样的大空头行情里，从 6124 点跌到 1664 点，像样的反弹有以下几次：1 月 4800~5500 点升幅 15%；4 月 2990~3800 点升幅 25%；9 月 1800~2300 点升幅 27%。全年的买入机会就这么几次，最高涨幅 27%，持续时间 6 天。持续时间最长的是 1 月那次，也只有 18 天，在这么短的时间里，这样的短期反弹涨幅又有谁能抓住多少，即便是在反弹前的低位进场，如果没有在反弹高位及时获利平仓，那么行情再次下跌，不但会获利回吐而且还有被套牢的危险。所以逆势操作是很难赚到钱的，偶尔赚到一两次都是小钱，而一旦被套就是大钱。在空头行情里，最高明的股民肯定都是在休息的，而在 2006 年、2007 年那样的超级牛市行情里，只要买了股票，必赚到大钱。这样的行情赚一次就等于 2008 年那样的行情做短线赚若干次。

顺势交易有其数学概率的支持。经过研究与实践，我们的结论是：①波段式顺势操作的盈面大于 75%；②以战略投资的角度介入市场，其盈面可达 95%；③单从技术分析的角度，抓顶和底的概率小于 1%。其实，大家看看国内证券市场的特有现象就会明白：上涨时大多数人都挣钱，而走熊时参与在其中的人几乎都在赔钱。

我们现在知道了事情本身的发展方向，以后操作就不要凭自己的意愿行事，要顺应潮流做事情，不必去强行改变。相信股民朋友们都会顺势而为，绝不会逆潮流而动，但又有几人能耐得住寂寞呢？

三、股市的内功心法

炒股炒股，炒的不是股，而是心。如果能战胜心魔，基本上就大大前进了一

步。技术上的东西，就好比是武侠小说中武功秘诀里的一招一式。看过武侠小说的朋友都知道，同一种招式用不同深浅的内功打出来会产生不同的威力。也就是说，招式与内力是相辅相成的，没有内力的招式就是花招，有其形而无其魂，根本发挥不出其威力和作用。内功心法是炒股的精髓所在。

（一）等待的心态

股票最大的诀窍不是怎么去炒，而是怎么去等待。也许大家听了都会发笑，等待也能算诀窍吗？谁不会？那么可以问一句，2006 年和 2007 年买了股票可以坚持 1 个月不看股票的人有几个，可以坚持 3 个月不看的有几个，可以坚持半年不看的有几个，大牛市和大熊市中最大的赢家都是不看股票的人。股票等待是成功的关键！为什么炒股常常失败，因为没有等待！在一个股票处于加速上涨之中时，必须要有足够的耐心持股，这需要等待；在大盘处于明显的下跌趋势之中时，必须要有足够的耐心空仓，等待买点的出现，这也需要等待。最难的不是选到黑马股，也不是买到涨停板，而是你现在还拿不准该怎么办。对此，应该耐心地等待，等待机会的到来。当大家都伤痕累累谈股色变的时候，机会就来了，而吃进股票后，还是要耐心等待，等待上涨。只要能够等待，相信你在股市里已经成功一半了。

股市中永远都不缺机会，缺少的是发现机会的眼睛。只要把握好机会，钱就会如同狂风扫落叶一样到来，而股市就算是下跌也会是阶段性的。经济在发展，资本市场就需要发展。在股市中，等待不是不做，而是一种智慧、一种能力。只有认识到等待心态的重要性才会真正挣到钱。

（二）学习的心态

在这个市场中，人人怕错过，人人又更怕失去，没有人不想得到，关键是要先付出，付出时间去学习，学习的心态很重要。各类股票投资的书籍到处都是，其中也不乏各方名师的经验之谈，但真正能学到他们成功要诀者却是凤毛麟角。绝大多数人看了许多书，学了不少所谓的"秘诀"、"高招"，最后往往还是不能达到长期稳定地从股市赚钱的效果。有些人看学习没有成效，便开始寻找各种神奇的股票软件，市面上针对这种心理的广告也层出不穷。归根结底，依靠所谓能使自己"发财"的神奇系统是很难成功的。那该怎么办？

股票的学习更像是一种实践学习，就像学习游泳、自行车，需要我们多去实践，总结操作经验。因为我们才是投资成功最关键的因素，"秘诀"或"神奇系统"不能赚到钱，投资者本身才是赚钱最重要的因素，再好的方法都要靠人去执行。做股市的成功不是取决于外在因素，而是取决于内在因素，只有这样才能最终走上成功的道路。再奇妙的方法也得靠人去执行，操作系统本身并不能赚钱，交易者才是赚钱的决定因素。只要不计眼前涨跌与一时的得失而潜心学习，当您学有所成的时候，老天会把您的一切都还给您。

（三）知足的心态

知足常乐顾名思义，指的就是对自己现在的生活、工作以及其他的事情感到满意或知足，不苛求办不到的事，也不强要本不属于自己的东西，因而能够用知足、快乐的心态来接受人生的挑战。但是，知足常乐不是碌碌无为、不思进取、安于现状的代名词，它们有着根本的区别，笔者认为知足不等于停顿不前，常乐不等于傻乐，知足不是目光短浅，常乐非同一般，不是每个人都能做到的，那是一种精神境界，需要有很好的心态和大度的胸怀。

知足的心态做股票买卖，其根本目的是赚钱。所以，知足才能达到真正落袋为安的目的。可以说，只有真正具有知足心态的股民，才能在市场中立于不败之地。因此，应学会知足，克服贪心。我们常常有这种心态：有了 20%盈利，梦想还有 30%或 40%可赚，最好再卖个最高点，结果大势上演惊天大逆转，股价急跌狂泻，弄得自己心慌慌，最后一分钱没赚到；相反，当股价已到底部时，又是出于贪心，还想买进"地板价"，结果风云突变，股指青云直上，落得一场空。最高点和最低点是走出来的，不是让我们去买卖的。

普通投资者在股票市场交易获利一年的盈利目标可以参考下面这个比例关系。想必大家都知道银行是按厘计息，股票市场交易中最小单位是分，两者之间是 10 倍的关系。现在银行一年定期存款利率是 2.25%，2.25%的 10 倍是 22.5%，那么我们一年的收益能达到 20%多就应当知足了。

只要自己做到最大的努力和辛勤的付出，无论结果如何，都应该有知足的心理。人知足则常乐，常乐则能养生。股民知足，则能保持好的心态，心态好则能保持清醒的头脑。

等待的心态、学习的心态和知足的心态都是有益于我们操作的内功心法。炒股玩的就是真金白银的游戏，必须实实在在、摆正心态。世界上所有事情要做好，都需要好心态，特别是在投资市场中。

第二节　宏观经济战略的基本框架

在证券投资领域，了解国家的宏观经济战略非常重要，只有把握住国家经济发展的大方向，才能把握证券市场的总体变动趋势，做出正确的长期决策；只有密切关注宏观经济因素的变化，尤其是货币政策和财政政策因素的变化，才能抓住证券投资的市场时机。社会主义宏观经济政策调控战略的主要目标是：保持经济总量平衡，抑制通货膨胀，促进经济结构优化，实现经济稳定增长。

一、经济周期

经济周期是指经济运行中周期性出现的经济扩张与经济紧缩交替更迭、循环往复的一种现象。一个周期由繁荣（经济活动扩张或向上的阶段）、衰退（由繁荣转向萧条的过渡阶段）、萧条（经济活动收缩或向下的阶段）、复苏（由萧条转向繁荣的过渡阶段）四个阶段组成。大牛市往往出现在经济周期的繁荣阶段。股市一般能提前反映一个国家经济发展的预期（仅限于制度非常完善的西方发达国家的股市），经济活动与股票价格之间大约有 2/3 的时间走势方向是一致的，这是事实，但另外 1/3 的时间恰恰是最有趣和最可能获利的。美国股市周期一般提前经济周期 6 个月见底；平均而言，牛市比熊市持续的时间要长，大约比例为3∶1。当然，影响经济波动的因素每次都有不同，因而经济波动是无规律的，几乎不能准确地预测。否则，我们就会消灭衰退，实现经济的长期稳定增长。应当清楚的是，我们所知道的所有经济周期，都是经济学家通过研究历史数据而得出的，依此对未来经济的走势做出预测。由于不同的经济学家研究角度、理论工具，以及假设条件的不同，推断出的结论也不一致。我们可以利用一些经济学家的观点，做出对经济周期的粗略判断。

二、国家政策

我国的股市政策导向很明显，这是客观的事实。对于在股市里投资的普通投资者来说，要想获取稳定的收益，了解国家的政策是很有必要的。例如，2007年 5 月 30 日，股市一路狂奔，管理层凌晨推出的"印花税"上浮，由 1‰上调到 3‰，在几天之内让普通投资者手里的概念股题材股价格被腰折。这是直接针对股市的调控政策，直接让股价硬着陆，短期内对股市杀伤力最大。

　　政府调控宏观经济的基本手段有两种：货币政策和财政政策。货币政策对股票市场与股票价格的影响非常大。宽松的货币政策会扩大社会上的货币供给总量，对经济发展和证券市场交易有着积极影响。紧缩的货币政策则相反，它会减少社会上的货币供给总量，不利于经济发展，不利于证券市场的活跃和发展。另外，货币政策对人们的心理影响也非常大，这种影响对股市的涨跌又将产生极大的推动作用。

　　财政政策可以从税收、国债两个方面进行论述。运用税收杠杆可对证券投资者进行调节。对证券投资者的投资所得规定不同的税种和税率将直接影响投资者的税后实际收入水平，从而起到鼓励、支持或抑制的作用。一般来讲，税征得越多，企业用于发展生产和发放股利的盈余资金越少，投资者用于购买股票的资金也越少，因而高税率会对股票投资产生消极影响。债券是区别于银行信用的一种财政信用调节工具。国债对股票市场也具有不可忽视的影响。首先，国债本身是构成证券市场上金融资产总量的一个重要部分。其次，国债利率的升降变动严重影响着其他证券的发行和价格。当国债利率水平提高时，投资者就会把资金投入到既安全收益又高的国债上。因此，国债和股票是竞争性金融资产。

　　对国家政策动向保持关注才能捕捉住市场热点。因此，只要我们了解国家主要政策的影响，同时关注国家政策变化，就能及时回避政策风险，捕捉到大的投资机会。

三、产业政策

　　产业政策就是国家根据国民经济发展的内在要求，调整产业结构和产业组织形式，从而提高供给总量的增长速度，并使供给结构能够有效地适应需求结构要求的政策措施。产业政策的功能主要是弥补市场缺陷，有效配置资源；保护幼小民族产业的成长；熨平经济振荡；发挥后发优势，增强适应能力。

　　国家在实施产业政策时，对需要重点支持的产业，往往配合财政政策和货币政策给予重点扶持。受国家产业政策倾斜的产业，将会有长足的进步，这些企业会具有长久的生命力，其股票价格将会走长期上升通道。国家限制发展的产业则相反，在长时期内其股价上涨会遇到巨大阻力。

　　在资金供应上，放宽对这些产业的筹资限制。如在《关于股票发行工作若干问题的规定》中，明确要重点支持农业、能源、交通、通信、重要原材料等基础产业和高新技术产业，通过发行股票筹集资金，从严控制一般加工工业和商业流通性企业，暂不考虑金融、房地产业等行业通过发行股票筹资。对于已上市企业，属于受产业政策扶持的企业，在进行配股筹资时，放宽配股条件。

在财政上，对产业政策重点支持的产业，加大对其财政支出的力度。例如1998 年政府发行的 1000 亿元特别国债，其中 2/3 的资金投放到国家重点支持的基础设施的投资上；2010 年，中央政府先后出台"国 4 条"、"国 11 条"、"国 19 条"、"新国 10 条"等房地产调控政策，对地方政府、地产行业、金融证券及周边产业均形成了巨大的影响，导致股票市场上地产股一蹶不振。

股市与国家产业政策息息相关。在市场经济条件下，国家通过产业政策来配置资源，这些政策直接作用于企业，从而影响经济增长速度和企业效益，并进一步对证券市场产生影响。因此，证券投资必须了解国家产业政策，掌握其对证券市场的影响力度与方向，以准确把握整个证券市场的运动趋势和各个证券品种的投资价值变动方向。

四、知己

投资股市可以说是最好的行当，几乎每个人都听说过巴菲特、索罗斯等股市风云人物的故事，可以在股市投资中获得丰厚收益，而且通过股票投资过上优越的生活，不需要像朝九晚五的上班族那样工作，但做股票也可以说是最糟糕的事情，许多人进入股市时，没有正确的心态，也没有得到恰当的训练，始终无法在股市中稳定赚钱，甚至赔掉了多年辛苦工作积累的资金，对他们来说，做股票很可能就是最糟糕的行当。

所有投身于"股海"的人，都想认清股市，却很少有人想过认识、了解自己。每一位在股市中的朋友，都应当问问自己，你更适合什么？每一条路都能到罗马，但不是每一条路你都能走。你不一定非要来股市，股市也不是适合所有人。

每个人的脾气秉性不同、习惯爱好不同、生活经历不同，这些不同因素都将反映到他的交易心态与交易风格中去，了解自己非常重要。和技术分析一样，个人的性格也可以通过他的历史来归纳总结，不同的性格和经历将会有适合他的不同的交易策略，只有适合自己的交易系统才能帮助自己成功。确定自己的能力范畴，这看似容易，做起来却非常难。人往往在盈利时过分高估自己的能力，在亏损后却过分低估自己的能力。从网上看，有多少人认真分析过自己的失误呢？人的本性就是好大喜功。

每一位股民应当都先给自己定位，看看自己都有什么优势和劣势：

有无时间盯盘？有，无

自己的工作能为做股票带来方便吗？能，否

身边有做股票高手吗？有，无

买入股票想赚多少钱？每年 10% 以上，每年 20% 以上，每年 100% 以上

自己能承受多大的亏损？10% 以下，20% 以下，30% 以下

持股时间？1 天，几天，1 周，1 月，1 年

炒股用的资金量？自己的全部财产，1/2 财产，1/3 及以下财产

想买几只股票？1 只，2 只或以上

自己有时间和兴趣学习股票知识吗？有，无

能输得起吗（曾经割过肉吗）？能，否

每个投资人都会有一套适合自己的投资方法，只要是能够持续赚钱就要坚持。没有一种放之四海而皆准的方法，而是要不断总结自己的方法并不断完善它。笔者相信，能在股市中赚到钱的人，不是靠赌博和运气，也不是每次交易都能成功，肯定是大力研究股市技法，在实践中反复验证，摒弃错误，循序渐进地掌握了股市奥妙。知彼知己，方能取得战略上的优势。

第十七章

股票投资策略

战略分析更多的是方向性的把握，而策略是具体的行动计划。策略是从属于战略的，战略也是需要策略支持的。在我们做股票时，应当经常探讨策略：第一步做什么，第二步做什么，什么时候买入，什么时候卖出。战略一般不会轻易改变，策略会时常调整，执行起来也是千变万化。具备精心的战略、认真的策略，目标就离我们不远了。

第一节　止损和止盈

一、止损——生存之道

巴菲特有句最重要的投资名言："成功的秘诀有三条：第一，尽量避免风险，保住本金；第二，尽量避免风险，保住本金；第三，坚决牢记前两条。"处于转型期的中国股市更需要风险的提示。当先入市者沉浸在赚钱的喜悦当中时，媒体应该保持最起码的清醒，更应该提醒投资者风险，让民众以投资的心态而不是以赌的心态去参与股市。投资股票一定首先考虑风险，然后才是收益。投资股票的第一个原则是一定不让本金亏损。这也是我们为什么在开始就先讲止损的原因。

许多新股民刚入股市的时候，指望着自己会很快赚到一大笔钱，但从没设想过，如果出现不顺利的情况，自己应该如何面对。许多人往往还没学到什么真正有用的投资技能，就已经赔掉了自己的本金。如果赔掉 50% 的资本，就必须用剩余的资金获得 100% 的利润，只有这样才能恢复到原有资金数额。这是一件很难的事。市场中即使是对专业的投资经理来说，如果能够年化投资回报率达到 20% 以上，就是很不错的业绩了。止损能为我们的账户生命力带来什么？

第一，不存侥幸心理执行止损，延长账户生命力。在交易中，投入的本金被击穿，以前的盈利可能全部丧失，账面出现亏损。当趋势出现与原先判断截然相反的走势时，不及时止损，全部资本金会面临灾难的结局。由此可见，要想生存就必须学会止损。止损的宽窄与个人情况有关，但主要是与市场正常波动的幅度相匹配，并附加一定的时间条件。作为中长线交易者，止损的大小以能够承受日常的价格波动为宜，避免频繁地触动止损位。

第二，止损就意味着放弃，为账户带来生机。放弃的也许是一次机会，但可以为再次寻找更安全、更好的入场点提供机会。

第三，止损提醒我们判断的失误，纠正错误。决定止损出场的当时，并不能确认是否犯了方向性错误。但可以确定是进场时机不当。如果多次出现止损信号，连续出局，那就很有可能是我们方向判断错误。此时，远离市场有助于厘清思路、找出问题、走出困顿。

看重眼前利益而不愿下决心止损是许多人的通病；然而，投资者如果对未来充满必胜的信念，那么当前的困难将变得微不足道，因为时间会给成功的投资者带来财富。损失是暂时的、必须的，它是成功过程中不可分割的组成部分。暂时地放弃金钱是为了保存资金实力，也是为了将来得到更多、更好的回报。可见，止损是生存之道。

二、止盈——收获之道

止盈的概念在于见好就收，千万不要幻想卖到最高。

许多投资者总是担心，如果卖出后，股价可能还会上涨。止盈操作就失去了后市行情中更高的价格。这种情况是客观存在的，在实际操作中很多时候会出现卖出后还会有更高的卖出价的情况。投资者往往都是贪心，希望赚取股票每一分钱的利润，这种想法是很可怕的，而且风险很大。止盈可以帮助我们收获已经到手的利润，并能回避以后的风险。

华尔街铁律第一条就是止盈和止损，但事实上很少有投资者能真正做到这一点。市场变幻莫测，个人永远无法把握股价的最低点和最高点，如能在相对低点和相对高点进出，已经是大有收获了。

第二节 资金管理

大家都知道一个道理，鸡蛋不要放在同一个篮子里。原因很简单，假如一摔就全部摔坏了，摔坏了一个还有另外一个。这个道理在做股票的过程中很重要。资金管理包括两个层面内容，一个是资金来源；另一个就是分批次动用资金。

一、资金来源

一定要用闲钱投资，所谓闲钱是指投资者 5~10 年都不用的钱，这样即使发生亏损也不会影响投资者的正常生活。2010 年 5 月 8 日，南京某媒体就披露了一个典型的例子：有人把自己价值近 500 万元的房产及汽车进行了财产抵押，并通过一家融资机构运作，贷来了 1000 万元现金，年利息为 25%，且规定，贷款机构监控股票账户，如果亏损掉本金 20%，即 200 万元，就会被金融机构平仓处理。到那时候，算上一年利息，3 套房产、2 辆汽车就要充公了。做股票不能有这种赌徒心态，因为十赌九输。

二、分批次动用资金

有个小故事可以说明我们为什么要分批次动用资金。小车在高速公路上行驶，如果 120 迈的速度算是安全舒适的话，那么每增加 10 码，其事故出现的概率将会呈指数上升；当速度达到 220 迈以上，不论驾驶技术如何，事故出现的可能性提升至 100%。从资金分配的角度而言，实践经验表明：当资金的利用率达到 30% 时，对于股票交易而言是最恰当的。在实际交易时应做到：

第一，总体持仓量要适当，以心境最佳为宜；

第二，分批次动用资金，降低建仓成本的风险度；

第三，如要加仓，必须在首批已经获利的前提下；

第四，设定最大下单额度，不要莽撞行事。

做好上面资金控制的四点，交易者内心会相对平和，有助于交易者充分发挥水平。往往在实际操作中，我们最容易犯的错误就是急功近利，总是全仓进全仓出，试图在最短的时间内博取最大的收益，希望短时期内取得优异的战果。

在实战中，我们常常碰到犹豫不决的情况，此时可以先卖出一半仓位。这样的话我们可以做到进可攻退可守。如果持有的股票涨了，那另一半仓位可以弥补卖出的错误判断；如果股价跌了，你已经卖出一半，减小了下跌风险。

股市就是战场，悲也好，喜也好，保持一颗平常心是必要的。通过股市，能见证一个人的成长。归根结底，在做任何投资之前，都必须深思熟虑，制定清晰的战略，结合所处的环境，稳步地执行下去。每个人都有自己的投资风格，有些人觉得自己不能打败市场，喜欢一次性投资后长期持有；有些人希望降低投资成本，倾向于每次少量投资，长期多次不间断地投入。做股票切忌不可贪，千万不要去追求短期利益的最大化，这样想的人是不适合玩股票的，真正能在股市里活下来并赚到钱的人，一定是有长期稳定的获利，积小胜为大胜。其实，挣钱的奥秘在于时间与良好的心态。

第三节　遵守纪律

在实盘交易中最重要的是什么？最难的是什么？读者朋友们可能会说是预测市场。确实，预测市场最重要，但它不是最难的。笔者的答案是：遵守纪律！交易中的一切行为都需要纪律来约束，应严格地遵守我们之前已经设计好的操作策略，按部就班地执行交易指令。

翻开交易历史，就会发现市场中的投资者有时是多么幼稚可笑，多少人曾经犯过同样幼稚可笑的错误，历史还会重演。虽然市场在不断地发展，但市场中的人性弱点却没有得到有效改变，对金钱的贪婪和恐惧依旧不变。

我们要想长久地在市场中生存，必须把交易纪律当成圣经。只有遵守纪律我们才能够少犯错误并生存下去。遵守交易纪律可以保护投资者的账户安全，并让投资者的资金账户持续增长，因为亏损的最大根源就是不遵守纪律，读者朋友们完全可以总结一下自己的交易经历，看看情况是否如此。

应接受"止损对了是对的，止损错了也是对的"的观念。严守交易纪律，也只有遵守每一笔策略的信号，才可能抓住每一次操作的获利！金融投资是一项严肃的工作，不要追求暴利，因为暴利是不稳定的，我们追求的是稳定的交易。做交易的本质不是考虑怎么赚钱，而是有效地控制风险，风险管理好了，利润自然而来，交易不是勤劳致富，而是风险管理致富！

人性的懦弱、恐惧、贪婪、浮躁、犹豫不决等弱点时刻影响着投资的判断和交易心态，这是导致最终发生损失的罪魁祸首，只有遵守严格的操作纪律才能获得长久的胜利，才能在股市上永远立于不败之地。

后 记

"是故非淡泊无以明志，非宁静无以致远，非宽大无以兼覆，非慈厚无以怀众，非平正无以制断。"

——《淮南子·主术训》

"做股如做人，做人如做股"，这是笔者刚入行时老师经常挂在嘴边的一句话，当时不明其意，但随着交易生涯的增长，细细品味其意甚深，实乃股者之精髓矣。同样的一套方法，运用的人不同会产生不同的结果，何为故？因为很多人还在求术的范畴徘徊，没有进入悟道的大门。古语有云：有道无术，术尚可求；有术无道，止于术。本书就是从术和道的层面去解读股市，用庖丁解牛的模式去还原牛股，打造属于自己的交易模式。

在八年的交易生涯中，笔者曾经读过很多国内外交易类书籍，有的自成一体独具一格，有的技巧老套乏善可陈，但从来没有想过自己也要出一本关于股票交易类的书籍，这次也是机缘巧合，以书籍的方式结缘于世，牛股模型本来就是笔者历经长时间的研究和摸索而总结出的一套交易模式，并在实战中披荆斩棘屡试不爽，现在市面上的炒股类书籍如汗牛充栋，但真正具有实战珍藏价值的书籍却是屈指可数，多数股票类书籍乏善可陈没能与时俱进，笔者推出牛股模型系列书籍就是想推陈出新，给更多的读者朋友一种新的思维，一个中线的交易模式，一个稳定的交易系统。如果用一句话来评价本书，笔者可以信心十足地说：这是你

投资生涯中不可不读的一本好书！不管身处投资的哪个阶段、运用哪种投资方式，这本书都极具珍藏价值。

本书是笔者想打造的《牛股模型》系列图书的第一本著作，采用要点+案例的形式、图文并茂的风格，让读者朋友们一目了然、一学就会。牛股模型是一个交易模式的统称，本书所介绍的方法和技巧仅仅是笔者整套交易体系中的一部分，笔者也力求在工作之余陆续推出后续的牛股模型实战专著系列，但是由于时间和工作原因，可能导致这一愿望拖后或不能完成，有鉴于此，为方便广大投资者更快、更全面地学习牛股模型的交易方法，笔者愿意在全国范围内，广泛接受社会各团体的邀请，到各地去专题讲学。各地的朋友们也可以直接向笔者报名，同时也欢迎各地投资培训机构与笔者一起开展培训工作。由于笔者操盘任务和培训工作繁忙，因此凡是咨询大盘及个股的来电或来函，请恕笔者一概不接待和回复，在此表示歉意。

另外，书稿在编写过程中很多朋友都给予了帮助，陈拓林、金鼐、刘道远几位好友更是竭尽全力玉成此书的早日出版，笔者在此表示由衷的感谢！

最后，祝每一位读者朋友在自己的交易生涯中鱼跃龙门，财源广进！

子　麟

2014 年 9 月 22 日于北京